HISTÓRIA DO
Café

HISTÓRIA DO Café

Ana Luiza Martins

editora**contexto**

Ilustração da capa
Antonio Ferrigno, "Fazenda Victória, dos Condes de Serra
Negra – Botucatu, SP". Óleo sobre tela, *c.* 1898.

Montagem de capa e diagramação
Gustavo S. Vilas Boas

Preparação de textos
Ruth Kluska

Revisão
Daniela Marini Iwamoto

Consultoria histórica
Carla Bassanezi Pinsky

Dados Internacionais de Catalogação na Publicação (CIP)
(Câmara Brasileira do Livro, SP, Brasil)

Martins, Ana Luiza
História do café / Ana Luiza Martins. – 2ª ed., 1ª reimpressão. –
São Paulo : Contexto, 2024.

Bibliografia
ISBN 978-85-7244-377-7

1. Café – Brasil – História 2. Café – Comércio – Brasil
3. Café – História 4. Cafeicultura – Brasil
5. Indústria cafeeira – Brasil I. Título.

07-7023   CDD-633.730981

Índices para catálogo sistemático:
1. Brasil : Café : História 633.730981
2. Brasil : Cafeicultura 633.730981

2024

EDITORA CONTEXTO
Diretor editorial: *Jaime Pinsky*

Rua Dr. José Elias, 520 – Alto da Lapa
05083-030 – São Paulo – SP
PABX: (11) 3832 5838
contato@editoracontexto.com.br
www.editoracontexto.com.br

Sumário

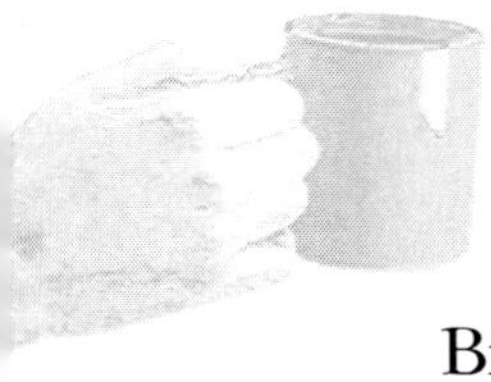

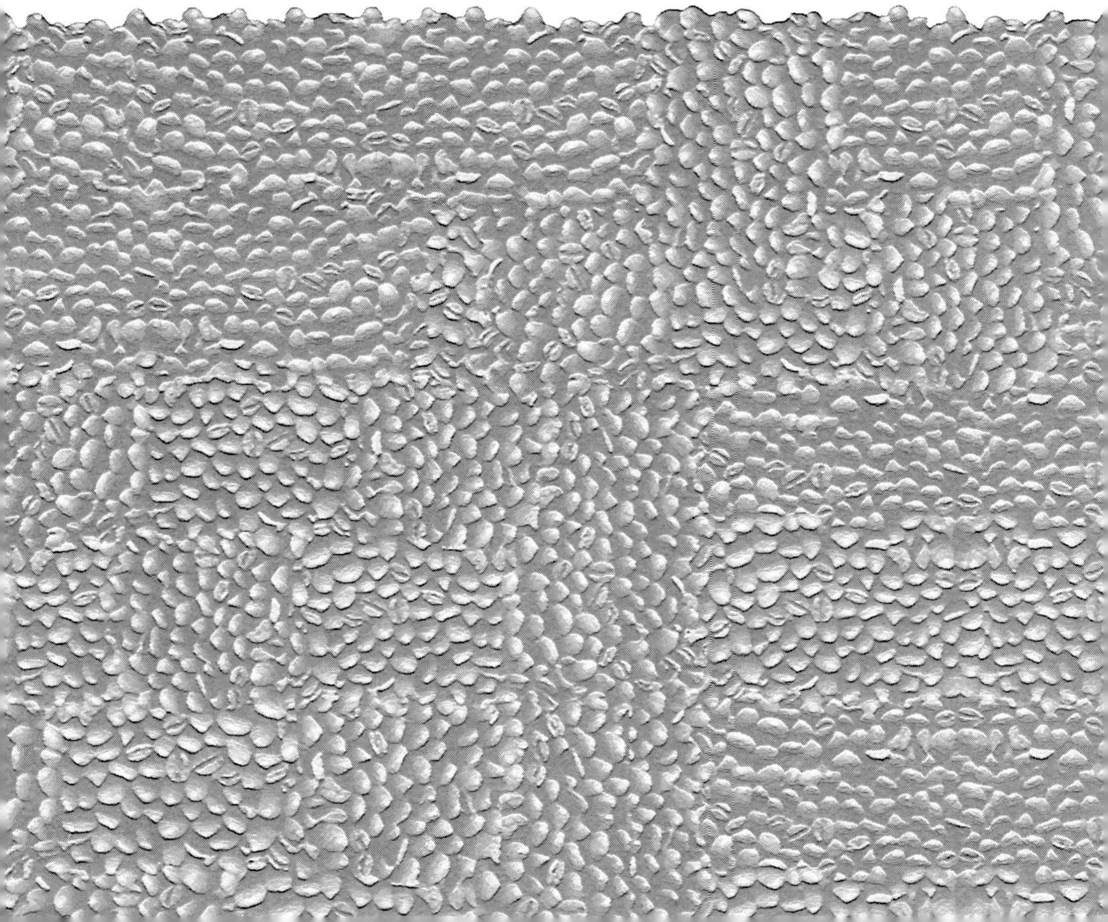

Um cafezinho, garçom, por favor!

O café, todos sabem: queimar, moer, precipitar em alta ebulição,
depois bebê-lo quente, eis a receita, eis o processo.
Não é isso, garçom?
Charles Ribeyrolles

Não, caro leitor! Não é só isso. A explicação ligeira, dada por um apreciador da bebida num elegante café de Paris, por volta de 1860, está longe de ser correta.

Transformar o café em bebida deliciosa sempre implicou longo e por vezes penoso processo, até que o produto chegasse ao destino final, para ser apreciado e disputado nas mesas do mundo. Plantar, colher, beneficiar, despachar e comercializar o grão aromático são tarefas complexas que precedem seu consumo, etapas que não são de pouca monta. O circuito do café, porém, ultrapassa esses estágios de cultivo e comercialização, geralmente afetos a qualquer produto mercantil. Das floradas brancas dos cafezais, passando pela colheita da cereja vermelha e pelo ensacamento do grão classificado, até se verter o saboroso líquido negro no mercado internacional, esse fruto exótico, em sua origem, tem desencadeado intensa mobilização de homens, máquinas, economias, sociedades e políticas, definindo parte dos destinos do mundo.

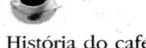

Não há exagero nesse registro. Desde sua descoberta, a *Coffea arabica* traçou novas rotas comerciais, aproximou países distantes, criou espaços de sociabilidades até então inexistentes, estimulou movimentos revolucionários, inspirou a literatura e a música, desafiou monopólios consagrados, mobilizou trabalhadores a serviço da Revolução Industrial, tornou-se o elixir do mundo moderno, consolidando as cafeterias como referências internacionais de convívio, debate e lazer.

Seu alcance, porém, foi além. Traçou o perfil e a história de muitos países que se desenvolveram à sua sombra, vincando-lhes a sociedade e a cultura. Essa identificação imediata pode ser aferida no Brasil, até hoje o maior produtor mundial de café. As safras generosas nascidas dos cafezais brasileiros sustentaram o Império, fizeram a República e hoje geram divisas significativas para a economia do país. Sua competitividade atinge novos patamares, com excelência de *sabor, aroma* e *corpo* – os três itens básicos para a classificação e a apreciação da bebida. E inaugura nova etapa de sua produção, cuidando agora do mercado de cafés *gourmet,* demanda que traz sofisticação a toda essa cadeia produtiva.

Sabe-se que é possível contar a História por meio das bebidas. Cerveja, vinho, destilados, chá e até a Coca-Cola – cada uma a seu tempo – marcam processos culturais e representam dinâmicas sociais, econômicas e políticas distintas. Não foi diferente com o café, que se propagou do Oriente para o Ocidente, prestando-se às demandas mercantilistas que alimentaram o capitalismo, acompanhando as revoluções científicas e financeiras que presidiram a sociedade moderna, figurando como um de seus motores.

Um simples gole dessa bebida torna você, leitor, parte de uma imensa cadeia de produção, embalada em muita aventura e ousadia. Em sua trajetória, o café afrontou religiões, rompeu monopólios sólidos, escreveu páginas literárias. Nos países onde se difundiu, traçou destinos coletivos definidos pela divisão internacional do trabalho, que conformou sociedades contraditoriamente agrárias e modernizadas, marcadas por diversos paradoxos: "há latifúndio, monocultura e escravidão, como há metrópoles, cidades mortas, fronteiras; há caboclos, barões, burgueses e imigrantes, como amores, preconceitos, maldades, negócios". E lembre-se sempre de que, quando oferecer um café, não estará apenas tendo uma atitude simpática de anfitrião correto. Antes, está proporcionando uma das mais prestigiosas formas de convívio social e estímulo espiritual que nos é dado a conhecer.

Além disso, confira o que diz o ditado: "Segure uma xícara exalando o aroma de um bom café e você estará com a História em suas mãos".

Para ler este livro

Para compreender o roteiro e a abordagem deste livro, de tema tão amplo que se confunde com a própria História do Brasil, convém ter presentes alguns de seus propósitos.

Inicialmente, levou-se em conta a nada desprezível bibliografia histórica pertinente ao café, vasta, mas ainda insuficiente para o país que responde pela primeira produção mundial desse grão. Nela, existem momentos potencializados de estudos, balizados, sobretudo, a partir de 1927. Nesse ano aconteceram as comemorações do bicentenário da chegada do café ao Brasil, ocasião em que, além de diversas publicações celebrativas, se produziu a obra basilar de Afonso Taunay, em 15 volumes, editada em 1931, trabalho fundante no gênero. A seguir, sobretudo a partir dos anos de 1930, fosse pela crise de 1929 e subsequente necessidade de conhecimento da economia paulista e nacional, foram produzidos vários trabalhos pelos institutos agronômicos e instituições do governo, e outros, no âmbito do Instituto Histórico e Geográfico de São Paulo, de cunho histórico, que se ampliaram a partir de 1934 nos quadros da recém-criada Universidade de São Paulo. Alfredo Ellis figura nesse momento como autor especialmente debruçado sobre a temática.

Também, durante e após o IV Centenário da Cidade de São Paulo, em 1954, surgiram novas abordagens, sublinhando-se o trabalho de Sérgio Milliet, *Roteiro do café e outros ensaios*. A partir dos anos 1970, fruto dos cursos de pós-graduação das universidades, tem-se a produção acadêmica, que vem enriquecendo a historiografia do café, cobrindo de forma pontual seus aspectos econômicos, sociais, políticos, arquitetônicos, agronômicos e culturais, com títulos imprescindíveis e inovadores. A partir desse momento também podem ser arroladas obras especializadas, de cunho retrospectivo e trabalhadas com rigor acadêmico, a exemplo do catálogo da exposição *O café*, coordenada por Emanoel Araújo. E ainda livros paradidáticos, que acabam por compor uma crescente produção sobre o assunto. Por fim, através dos recursos *on-line*, o tema é alvo das análises mais diversas, com acessos recorrentes, sobretudo em função do recente *marketing* que o produto vem conhecendo na mídia.

Essas referências são alusivas exclusivamente à *historiografia do tema*, pois nas demais áreas de conhecimento – e, sobretudo, nas revistas dos institutos especializados de café e no periodismo em geral – o assunto é tratado em várias de suas vertentes. A área de agronomia, em particular, vem desenvolvendo pesquisas que passam pelo entendimento socioeconômico do café, mas não só. Os agrônomos José Peres Romero e João Carlos Peres Romero realizaram belo e exaustivo trabalho, que resultou no livro *Cafeicultura prática: cronologia das publicações e fatos relevantes,* com verbetes esclarecedores sobre o tema. As obras mais recentes editadas sobre o assunto, embora tratando também da presença do café no Brasil, o fazem de forma panorâmica, decorrente de produções editoriais sobre o café no mundo, privilegiando, sobretudo, aspectos econômicos, agronômicos ou mesmo iconográficos.

No conjunto dessa produção, porém, notou-se a ausência de obra historiográfica sobre a matéria no Brasil, de produção recente, tratada em um só volume, se possível de forma sucinta e interdisciplinar, que contemplasse de suas origens até o presente. Trabalhando na perspectiva das atuais demandas do diversificado público leitor interessado, procurou-se preencher essa lacuna numa abordagem de tratamento tópico, de linguagem acessível aos leigos sobre o tema, mas presidida pelo rigor documental de fontes diversificadas e pelo cuidado com a noção de processo, com a crítica historiográfica, com as novas metodologias de produção da História.

Junto a isso, buscou-se que sua narrativa se desse através das tantas paisagens naturais e culturais definidas pelos cafezais. Desde aquela do exótico Oriente onde germinou, até as primitivas florestas virgens predatoriamente ceifadas nas terras do Brasil, transformadas em campos ondulados de plantações lineares de pés de café que se perdiam no horizonte, cenários que criaram a miragem de que o ouro verde "dava para tudo". Do rural ao urbano, do Império à República, da opulência à ruína, procurou-se alinhavar esse relato de Brasil, tendo como fio condutor as tantas imagens criadas pela representação do café, que descortinam, através de suas alegorias e cultura material, novas formas de narrativa.

Nesse sentido, esse tratamento contempla e se detém – muitas vezes mais longamente – em aspectos sociais, econômicos, políticos e culturais, gestados por conta do café, e que pedem análises circunstanciadas. Razão pela qual questões como o trabalho escravo e o trabalho livre, a política oligárquica brasileira, a arquitetura e a produção de uma cultura afeta ao café serão objetos de análises em capítulos e/ou subcapítulos específicos por conta de suas ligações intrínsecas com a economia cafeeira e com a própria explicação do país.

Para tanto, o livro está dividido em quatro capítulos, que possibilitam acompanhar a trajetória do café no Brasil em seus principais desdobramentos:

- O capítulo "Origens" trata das origens da planta na África e seu avanço pelo Oriente, percebida desde o início como produto de mercado, de alta rentabilidade e sua dispersão pelo mundo. Situa também sua chegada ao Brasil, no quadro da política econômica mercantilista que presidia a então colônia de Portugal e avança para sua implantação inicial no Rio de Janeiro.
- O capítulo "Império do café" volta-se para a difusão do café no Brasil no século XIX e sua preponderância na construção do Império, figurando como produto plasmador de uma sociedade e de práticas culturais que vincaram o país.
- O capítulo "República do café" contempla o papel decisivo do café na República, tratado em dois momentos: antes e depois da crise de 1929, balizando nossa história republicana.
- No último capítulo, "Goles finais de uma história", analisa-se o avanço contemporâneo dos cafezais e as práticas que vêm definindo seu uso, manejo e consumo no novo milênio.

Para concluir, alguns lembretes de interesse para o curso crítico da leitura: a despeito de o tema sugerir evocações de um passado faustoso, de cenários bucólicos e paisagens idílicas, seria oportuno que não se perdesse de vista o caráter predatório da trajetória do cafeeiro no Brasil. Longe de ser um imperativo dessa lavoura, essa postura decorreu, sobretudo, do inicial despreparo dos governos e produtores que presidiram sua implantação no país. A busca do lucro desenfreado, da tradição colonial, marcou sua propagação, sem cuidados para a qualificação do produto. Sabe-se que hoje esse quadro vem sendo revertido seja pela iniciativa oficial, seja pela privada, com cuidados ambientais voltados para a questão do manejo, da preservação de parte das áreas virgens e com os aportes do turismo rural das propriedades históricas. Concomitantemente, refinam-se os cuidados técnicos que valorizam nosso grão.

Seria desejável também que esta leitura não se restringisse à exclusiva reflexão sobre as dimensões específicas da cultura cafeeira, mas também que – em termos de processo – esclarecesse hábitos equivocados de nossa história, quando, até o presente, na terra em que o agronegócio se viabiliza com sucesso, ainda persiste a secular tendência à monocultura, ao produto da vez, selando nossa secular e cíclica dependência econômica.

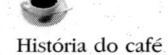
Pretendendo que este seja um livro para público amplo e de fácil leitura, as notas de rodapé foram omitidas. Entretanto, todos os autores consultados, adotados e citados nesta redação encontram-se na bibliografia final, organizada de forma que ela própria possa servir de guia para novos e especializados estudos sobre o tema.

Por fim, mas não menos importante: tome um cafezinho antes de iniciar este livro. Ele tem o condão de reavivar o espírito, ajudar a memória, tornar maior seu prazer.

Beba seu café e boa leitura!

Origens

O começo de tudo

Ainda que verdadeira essa velha história, ao pastor
observador só caberia a metade da honra da descoberta;
a outra pertence incontestavelmente àquele que,
pela primeira vez, pensou em torrificar essa baga.
Brillat-Savarin, *A fisiologia do gosto, c.* de 1797

Cabras mais espertas: uma lenda, uma história

A Lenda de Kaldi, registrada em manuscritos do Iêmen, do ano de 575, é considerada a primeira referência alusiva ao café. Esse relato vem merecendo várias versões, como costuma ocorrer com toda a narrativa lendária, escrita ou oral, de caráter maravilhoso, fruto da imaginação popular e mesmo da criação poética. Alteram-se, assim, cenários e personagens, sem, contudo, esvaziar-se a mensagem principal: a descoberta do efeito estimulante da fruta por um pastor de cabras etíope. Mencionam-se também monges orientais como responsáveis por esta revelação, e, por vezes, paisagens quase paradisíacas são descritas para retratar as pastagens onde se deu a descoberta. O mais difundido desses relatos é a Lenda de Kaldi.

O pastor Kaldi, personagem da lenda mais difundida sobre a descoberta do café, em representação idealizada, com suas cabras na Etiópia, ao nordeste da África.

Kaldi era um pastor de cabras da Etiópia (nordeste da África), que, certo dia, observou o efeito excitante que as folhas e frutos de determinado arbusto produziam em seu rebanho. Os animais que mastigavam a planta se tornavam mais lépidos, subiam as montanhas com agilidade, revelavam melhor resistência, percorriam quilômetros de subidas íngremes. Ao experimentar os tais frutos, o pastor confirmou seus dotes estimulantes, e a notícia se disseminou pela região, provocando de imediato seu consumo, na forma macerada.

A propagação da lenda, famosa durante séculos, confere-lhe foros de veracidade, apropriada até o presente como baliza inicial para a descoberta do café como fruto comestível e de teor estimulante. Seja ela fantasia ou realidade, importa registrar que a revelação do potencial do grão projetou no mundo a planta que, mais tarde, escreveria a história do Brasil.

Propagação inicial

A fruta vermelha que nasce da flor branca e perfumada do pé de café tem sua origem geográfica nas terras quentes a nordeste da África, em

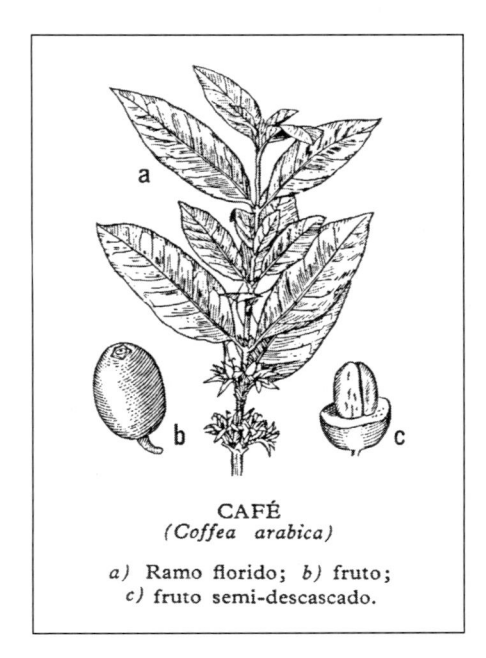

Desde o século XIX, os botânicos divulgam o café em seus vários estágios, salientando a beleza de sua flor, com perfume semelhante ao jasmim, e os frutos encarnados, denominados cerejas. Nesta ilustração do galho de café, c. de 1900, se destacam as folhas, a flor e o fruto, em tratamento científico.

CAFÉ
(Coffea arabica)

a) Ramo florido; *b)* fruto;
c) fruto semi-descascado.

tempos muito remotos. Ali nascia o verdadeiro café selvagem, em meio à mata, no centro da também lendária região de Kafa, no interior da Etiópia, país de clima árido-tropical, onde hoje se localiza a cidade de Bonga. Até o presente, o arbusto do café é parte daquela vegetação natural.

Os etíopes iniciaram seu consumo na forma de fruto. Alimentavam-se de sua polpa doce, por vezes macerada, ou a misturavam em banha, para refeição. E produziam um suco, que fermentado se transformava em bebida alcoólica. Suas folhas também eram mastigadas ou utilizadas no preparo de chá.

A África foi o território de origem, mas coube aos árabes o domínio inicial da técnica de plantio e preparação do produto, quando o café da Etiópia, atravessando o Mar Vermelho, foi levado para a vizinha península arábica. Ali, de acordo com os mesmos manuscritos do ano de 575, a primeira região a receber as sementes do fruto foi o Iêmen (sudoeste da Ásia). Só por volta do ano 1000 seria conhecida sua infusão, com as cerejas fervidas em água, servida para fins medicinais. Naquela altura, monges e dervixes começaram a usar o café como bebida excitante que os auxiliava nas rezas e vigílias noturnas, postura que indiretamente se constituiu em aval para que seu consumo se propagasse. O processo de torrefação, porém, só foi desenvolvido no século XIV,

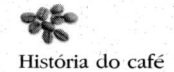
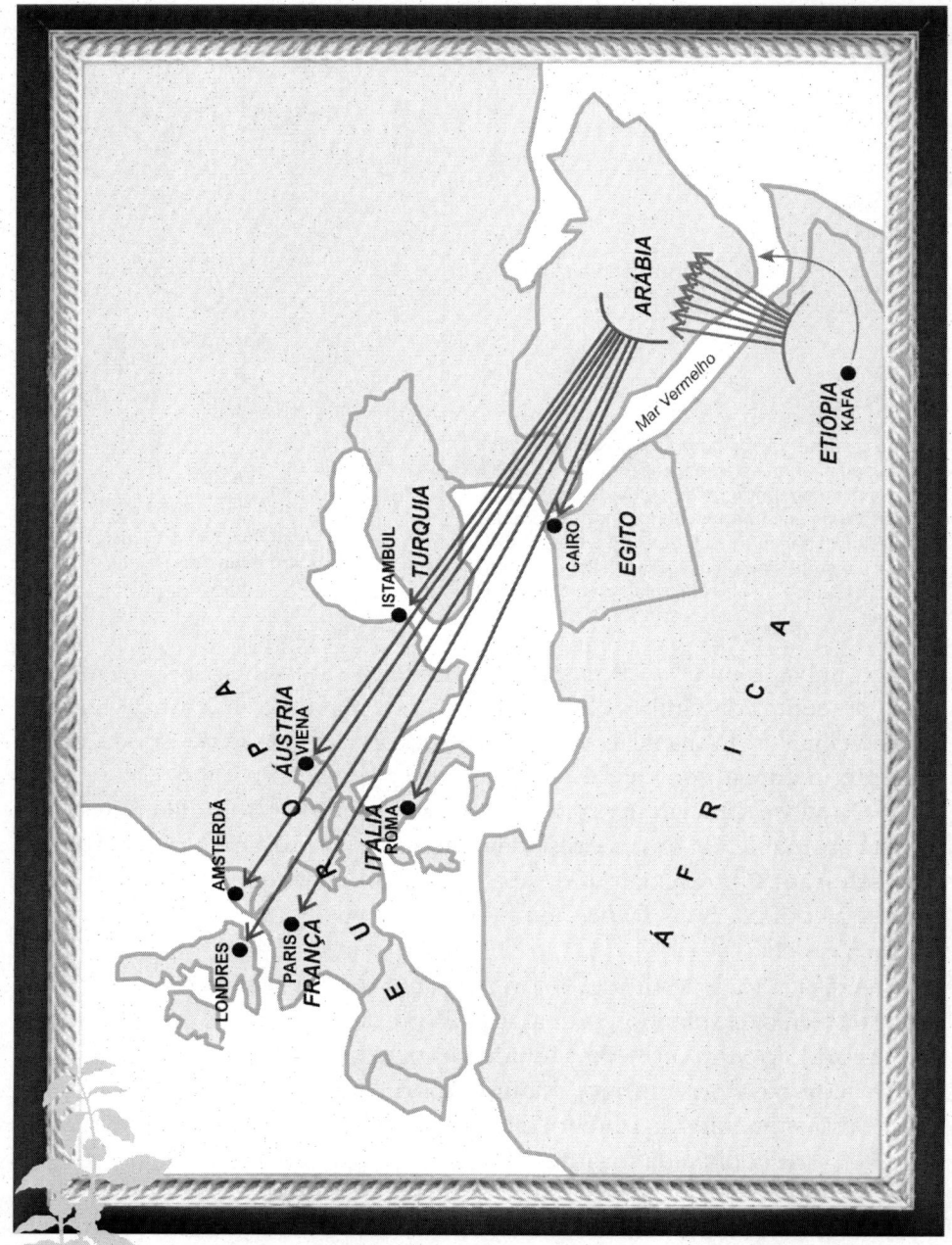

Mapa do percurso da planta, da África para a Arábia, em trajeto que sai da Etiópia, a nordeste da África, onde se localiza a cidade de Bonga, atravessa o mar Vermelho e atinge a península arábica, a região do Iêmen.

quando a bebida adquiriu forma e gosto como a conhecemos hoje. As plantas foram denominadas *kaweh* e sua bebida recebeu o nome de *kahwah* ou *cahue*, que significa "força", em árabe.

O passo seguinte foi a sua produção comercial, no Iêmen. Ali, desde o século XIV, os pés de café foram cultivados em terraços, com a irrigação facilitada pela água dos poços que serviam à população. Detendo o controle sobre a produção em escala comercial, o país manteve por bom tempo o monopólio de sua comercialização.

Era compreensível o cuidado para com o desenvolvimento de um produto que acenava com viabilidade comercial. A política econômica mercantilista deslanchava em busca de mercados pelas rotas marítimas dominadas pelos árabes. O comércio de especiarias do Oriente vinha como atrativo maior naquele universo que se abria para as práticas da economia capitalista nascente. Colocar em circulação novas drogas, rendosas, que se tornassem mercadorias competitivas, era bastante conveniente naquele cenário de crescente disputa mercantil. O café, propagando-se com facilidade nas terras quentes da península arábica, acrescido da característica estimulante, apresentava-se como produto da hora e da vez, no qual valia a pena investir. Logo, a popularização da bebida no mundo árabe foi efetiva para sua consagração no mercado. E seria também para o Ocidente, dado o apelo irresistível que guardava como produto exótico, do fantástico e dourado mundo islâmico, planta para muitos embriagadora e, até então, misteriosa.

Nasce um ritual

O hábito de tomar café como bebida prazerosa, em caráter doméstico ou em recintos coletivos, deslancharia a partir de 1450. O produto era apropriado para a cultura árabe-islâmica, pois vinha ao encontro dos preceitos religiosos do islamismo ditados pelo *Alcorão*, que condenava bebidas alcoólicas. A princípio, um de seus consumos correntes foi entre os filósofos sufis, que, ao tomá-lo, permaneciam acordados para a prática de exercícios espirituais.

Ao longo do século XVI, os árabes ampliaram as plantações em face do interesse pela bebida que atraía pelo teor excitante, pela proveniência oriental e pelo seu potencial de comercialização. Em 1520, a região de Moka, principal porto do Iêmen, foi responsável por um dos maiores cultivos do produto no mundo árabe. E seu porto, o maior exportador.

Cabe à Turquia, contudo, o pioneirismo do "hábito do café", que ali se popularizou e transformou-se em ritual de sociabilidade. Na luxuosa capital

A) Turcos reunidos para beber café, em estabelecimento do Cairo. Os consumidores estão sempre em grupos, estimulados pela bebida. B) Vendedor ambulante de café em Istambul, no início do século XVIII. C) Criada doméstica turca no preparo do café.

Constantinopla, centro cosmopolita implantado estrategicamente entre três continentes, com população expressiva e que abriga palácios e mesquitas requintadas, surgiu o "café", estabelecimento aberto ao público. Data de 1475 a abertura daquele que é considerado o primeiro café do mundo – o Kiva Han – marco do consumo generalizado da bebida.

Desde então, tomar café passou a ser ritual que se propagou pelo mundo afora. Em 1574, os cafés do Cairo (Egito) e de Meca (Islã) eram locais procurados, sobretudo por artistas e poetas. Em Meca, cidade sagrada para os muçulmanos, a sudoeste da Ásia, em direção à qual se devia rezar cinco vezes ao dia, ingeria-se a bebida enquanto se exclamava 116 vezes: "*Ya Kawi*". Assim, impregnada na cultura do mundo islâmico, a bebida foi absorvida até mesmo pela legislação turca. Sabe-se que as esposas podiam pedir divórcio caso o marido não provesse a casa de uma cota de café.

Em contrapartida, o excessivo consumo do produto, liberador de emoções, tornou-se ameaça para o clero muçulmano, que em cerrada campanha pressionou o sultão Murad III a interditar a bebida. Interferência mais drástica, porém, foi desferida em 1511, contra Khair Beg, governador de Meca, que não só proibira seu consumo nas casas públicas e mosteiros como também determinara a incineração dos estoques, afirmando tratar-se de bebida excitante, condenada pelo *Alcorão*. Sua atitude contrariou o sultão, que o condenou à morte e decretou uma lei que tornava a bebida sagrada.

As campanhas contrárias à difusão foram em vão. Seu consumo já se arraigara no cotidiano árabe, a ponto de não só ser revogada a proibição como ainda se lançar um imposto sobre o café, fonte poderosa de divisas para o tesouro do país. A bebida negra dominou o mundo árabe. Exatamente por seu potencial econômico, as sementes foram guardadas com rigor, até as primeiras décadas do século XVII. Cuidadosamente defendidas, as sementes só deixavam as terras da Arábia após a retirada de seu pergaminho. Isso porque o grão do café, em geral, só germina se mantiver a fina película que o envolve. Esse cuidado foi tomado, posteriormente, pelos vários países que, na sequência, detiveram sua produção.

Antes que se encerrasse o século, em 1592, Prospero Alpino (1553-1616), botânico veneziano, professor da Universidade de Pádua, visitando o Egito em 1580, registrava: "Os turcos têm uma bebida preta, que bebem a grandes tragos, não durante as refeições, mas depois delas, como uma sobremesa. Bebem-na para estar com os amigos – e não há reuniões que se façam sem café."

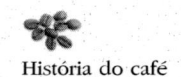

DISCVRSO
sôbre
A SALVBERRIMA
BEBIDA
chamada
CAHVE,
OV
CAFE'

POR FAVSTO NAIRONO BANÉSIO
Maronita.

Leitor de Lingua Caldéia ou Siriaca
do Ilustre Arquiginásio
Romano

EDIÇÃO
DO DEPARTAMENTO
NACIONAL
DO CAFE

Rio de Janeiro, Brasil. 1945.

Capa da edição brasileira do livro *Discurso sobre a salubérrima bebida chamada cahue ou café*, de Fausto Nairono Banésio, um dos primeiros livros somente sobre o café, escrito em latim, 1671.

A contribuição mais importante que este botânico viajante deixou encontra-se nas obras *De Medicina Aegyptiorum* (1591) e *De Plantis Aegypti Liber* (1592), nas quais constam as primeiras descrições científicas do cafeeiro. Obras igualmente notáveis, por seu pioneirismo sobre o assunto, são: *De saluberrima potione cahue seu café nuncupata discursus* (1671), de Fausto Nairono Banésio, primeiro livro exclusivamente sobre o café, escrito em latim; *De l'usage du caphe, du the et du chocolate* (1671), de Philippe Dufour e J. Spon, reeditado apenas em 1685 por Philippe Dufour; *Histoire du café* (1716), de Antoine Jussieu, primeiro classificador do cafeeiro como *Jasminum arabicum*, sendo depois reclassificado por Lineu como *Coffea arabica*, apesar de sua origem etíope.

Esta rica bibliografia confirmava a crescente importância do produto, não só como curiosidade botânica, mas, sobretudo, como semente de alto interesse comercial.

Grãos sem pergaminho ganham os mercados

Enquanto a planta permanecia como exclusividade árabe, os grãos do café – sem o pergaminho que os faz germinar – passaram a correr mundo apenas para o preparo da bebida. As notícias de sua excelência atingiam os centros europeus e ampliavam seu sucesso.

No continente europeu, a porta de entrada do café em grão para o preparo da bebida foi a cidade de Veneza, no ano de 1615, o grande mercado de especiarias e artigos de luxo, centro difusor de produtos finos distribuídos para as cortes europeias da época. Já se conhecia então a prática da torrefação e da moagem, e, dessa forma, o café passou a ser consumido. Consta que sua propagação, como grão torrado e moído, se deu a partir da Botteghe del Caffè, um dos mais tradicionais pontos de venda da cidade. Logo, a semente negra conquistou a Europa, ávida do exotismo das drogas do Oriente, vista como se fosse uma especiaria. Sua infusão era bebida rara, encontrada em poucas mesas, elegante, cobiçada e, finalmente, muito apreciada. Era o "licor do Oriente". Em breve seria o "licor dos Trópicos".

A grande receptividade, contudo, esbarrava em fortes resistências, numa Europa também marcada pelos embates da Contrarreforma, onde as posições religiosas se acirravam em defesa da tradição católica. Nesse sentido, o café foi identificado como alimento procedente do lado herege do mundo, associado a estimulante pecaminoso, consumido por elementos pagãos, que se opunham ao catolicismo. Religiosos sugeriram que a bebida fosse excomungada. O papa Clemente VII, convocado para analisar a questão, apreciou-a e propôs até seu batismo, para que se tornasse uma verdadeira bebida cristã. Na Alemanha, a moda do café foi tamanha que o brilhante Johann Sebastian Bach compôs, em 1732, a *Cantata do café*, uma de suas raras composições de caráter profano e jocoso, uma história de amor, na qual exalta as qualidades da bebida, de forma arrebatada: "Ah, como é doce o seu sabor! Delicioso como milhares de beijos, mais doce que vinho moscatel! Eu preciso de café"...

Todavia, não só as resistências religiosas constituíram-se em entraves iniciais para sua propagação no mundo ocidental. Mais que as restrições de ordem moral, o saboroso líquido negro passou a ser temido pela ameaça econômica que representava, sobretudo para os mercadores de vinho. Dominando tradicionalmente o comércio de bebidas, esses comerciantes viam no café sério concorrente. Inevitável, pois, que concomitante à sua difusão nos mercados europeus sobreviesse ampla campanha para desacreditá-lo. Frederico, o Grande, rei da Prússia (1740-1786), para melhor controlar aquele comércio de grãos em franco desenvolvimento, tornou-o monopólio estatal, comercializado apenas pelo governo.

Contudo, o alto consumo da bebida e a potencialidade comercial acenada pelo produto demandaram ambição maior: a obtenção da muda ou,

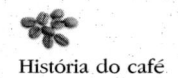

preferencialmente, do grão, revestido pelo pergaminho, este sim responsável pela germinação da semente, produtora da muda do café.

Presente requintado e planta de estufa dos jardins botânicos

Controlando o comércio europeu e possuindo os melhores navios mercantes, coube aos holandeses obter as primeiras mudas, a princípio apenas como raridade botânica. Por trás do gesto, porém, havia a intenção de conhecer as características da planta, que se sabia de extrema viabilidade comercial. Em 1616, o Jardim Botânico de Amsterdã recebia os primeiros pés de café, que passaram a ser cultivados em estufas, merecendo cuidados fundamentais para seu cultivo e estudo das possibilidades de adaptação. Em seguida, foram plantados em caráter experimental nas colônias holandesas. Apostando no produto, com mudas procedentes de Moka, os holandeses deram início ao cultivo sistemático do café no ano de 1658, em Java, a leste da Índia – origem da famosa mistura de grãos Mocha-Java. E prosseguiram no Ceilão, atual Sri Lanka, ilha do oceano Índico. Em 1699, levaram mais mudas para as colônias insulares da Indonésia, Sumatra, Timor, Bali, Malabar e Celebes, e, em 1718, plantaram no Suriname, na América do Sul. Sempre sob controle da Holanda, essas regiões figuram como as primeiras exportadoras de café comercial do mundo. Amsterdã tornou-se poderoso centro difusor do produto.

Mas a França não ficou fora desse circuito por muito tempo. Desde 1644, o café passou a ser introduzido no porto de Marselha, por mercadores acostumados a consumir a bebida no Oriente. Em 1699, a chegada do embaixador turco Suleiman Aga a Paris foi o *coup de foudre* a despertar a Corte francesa para o hábito do café. Em grande estilo! O embaixador não só presenteou Luís xiv com os grãos para seu preparo como ainda promoveu festas ritualísticas que marcaram época, em espaços cênicos luxuosos organizados, especialmente, para o prazer da beberagem do café, das quais D'Israeli deixou um relato, impressionado:

> De joelhos em terra, os escravos negros do embaixador, ataviados com os trajes mais deslumbrantes, serviam o melhor café de Mocha em minúsculas chávenas de porcelana casca de ovo, quente, forte e aromático, servidas em pires de ouro e prata, pousadas sobre paninhos de seda bordada ornados com barra de ouro, às grandes damas que abanavam os seus leques entre muitos trejeitos, inclinando seus rostos maliciosos [...] sobre a nova fumegante bebida.

Cultivo do café na antiga ilha Bourbon, hoje ilha Reunião. Trata-se de uma das primeiras experiências da França com o novo produto, que em 1715 foi transplantado do Jardin de Plantes, de Paris, para ser cultivado em escala comercial naquela colônia das Antilhas. Com sua aclimatação, os franceses também entravam no mercado do café.

Com esta extravagância sedutora, os grãos viraram coqueluche. Mais que nunca, o café revestiu-se do apelo de planta exótica, raridade botânica, requinte digno de presente régio. Foi com esse propósito que o burgo-mestre de Amsterdã, por volta de 1713, ofereceu ao rei Luís xiv uma muda, que foi levada para o Jardin des Plantes, de Paris. Em 1715, esse exemplar foi transplantado para a ilha de Bourbon (hoje, ilha Reunião), no então mar das Índias, onde se aclimatou e também garantiu aos franceses a posse do produto. Registre-se que na então ilha Bourbon já havia uma variedade indígena, denominada *Coffea mauritiana Lam*, que, em 1718, os holandeses levariam para o Suriname.

De planta exótica ao consumo internacional

As dificuldades iniciais de aclimatação da planta do café – sujeita às intempéries e aos riscos de deterioração nos longos transportes – e a oscilante política de fixação artificial de preços, determinando quase sempre

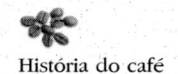
sua elevação, tornaram os carregamentos que chegavam aos portos muito disputados. A ampliação de seu cultivo passou a ser ambição dos países europeus na concorrência de mercados. Por volta de 1720, o comércio de café proveniente da Ásia totalizava noventa toneladas, motivando os franceses a se empenharem em desenvolver novas plantações em suas colônias.

A história de Gabriel Mathieu de Clieu, oficial da marinha francesa, com versões fantasiosas, vem sendo contada recorrentemente para relatar a chegada do café à ilha de Martinica, ao norte da Guiana. Seria esse personagem o responsável pela introdução do café na América Central e, portanto, indiretamente, no Brasil.

Sabe-se que Clieu fora nomeado por Luís xıv para um posto na Martinica, e pelos serviços prestados recebeu o título de cavaleiro. Desejoso de desenvolver uma cultura lucrativa na ilha, obteve em Paris algumas mudas de café no Jardin des Plantes e se aventurou a transportá-las através da longa viagem marítima. Saindo de Nantes, o trajeto foi marcado por inúmeros lances aventurosos, que conferiram heroísmo e bravura à sua missão. Ataques de piratas e tempestade na Costa da África foram percalços que enfrentou, obstinado com a preservação daquelas espécies. Sobrevindo falta de água potável a bordo e temeroso de que as mudas não sobrevivessem, destinou parte de sua porção de água doce para a rega diária. Finalmente, conseguiu desembarcar com uma planta ainda viva, já brotando. Mas os cuidados extremos continuaram. Plantando-a no jardim de sua residência, manteve uma guarda permanente para protegê-la até que prosperasse e vingasse. Em 1726, Clieu obtinha sua primeira colheita de café, originária dessa matriz, e cinquenta anos mais tarde a Martinica possuiria dezenove milhões de pés da rubiácea. Hoje, no Jardim Botânico da Martinica, uma estátua de Gabriel Clieu perpetua seu feito e homenageia o introdutor do café naquela porção da América. O café estava então mais próximo do Brasil, pois naquela muda estaria a origem de nossos cafezais.

Café: de bebida a lugar

O uso do café como bebida não se limitou à experiência doméstica. Nem aos vendedores ambulantes, que experimentaram e consumiram regularmente a infusão, antes mesmo que se propagasse nos cafés. Dotada de caráter agregador, estimulante à troca de ideias, liberava a comunicação entre os homens, que passaram a consumi-la em lugares públicos. Às iniciais vendas do produto em grão, geralmente em mercados, seguiram-se as lojas para venda da bebida, que funcionaram como pontos de encontro, espaços de troca de ideias.

Logo, o Kiva Ham, em Constantinopla, primeiro café do mundo, foi seguido de cafeterias no Oriente, conhecidas como *kaveh kanes*, famosas pelo seu luxo e suntuosidade. Não é de se estranhar que o inovador espaço da sociabilidade, movido à beberagem proveniente da infusão do grão exótico, surgisse numa das mais prósperas e sofisticadas cidades do Oriente. Ali também, em 1554, foi aberto o primeiro ponto de venda do produto em grão, como estabelecimento próprio para sua comercialização, como se fora um empório do café. Na sequência, Meca, Cairo e Damasco abriram seus cafés, registrando só no Cairo mais de mil lugares públicos para seu consumo. Consta, inclusive, que ali foi introduzido o açúcar para adoçar o café.

Logo, o modelo da casa de café – a cafeteria –, como ponto de encontro e lugar de convívio social, vingou pelo mundo afora, atestando não só a ampla disseminação da bebida, mas, sobretudo, a função celebrativa, advinda de seu próprio teor, estimulante e liberador de emoções. Empreendimento lucrativo, esses estabelecimentos comerciais para encontros de negócios e lazer floresceram em paralelo à trajetória do produto, sobretudo nos centros urbanos europeus, intensificando a cobiça mercantil.

A Inglaterra foi o primeiro país a cultivar o hábito dos cafés públicos. Em 1650, foi aberto em Oxford um dos primeiros pontos de venda, por um comerciante de nome Jacob. Mas foi em Londres, capital que despontava como centro urbano efervescente, que se fundou, em 1652, o Pasqua Rosée, que trazia o nome do proprietário, ao que consta de origem grega. A iniciativa foi conturbada, pois a bebida ainda era vista com reservas pela Igreja local. Mas a resistência foi rapidamente vencida, e sua aceitação deu origem às famosas *coffeehouses*, ponto de reunião de altos comerciantes, banqueiros, políticos e intelectuais. Por volta de 1708, mencionam-se em torno de três mil cafés na cidade, fenômeno que mereceu a seguinte consideração da literatura inglesa: "[...] Zelosos da saúde e da bolsa, os londrinos não gostavam de reunir-se em tabernas, mas começaram a frequentar os cafés, porque uma xícara desta bebida, recentemente importada da Turquia, custava apenas um *penny* e acreditava-se que curasse males ligeiros".

Ao longo do século XVIII, fazem parte do cenário londrino os famosos cafés Lloyd's, Dick's, Jonathan's, Rainbow, Nando's, Tom King's, Chapter,

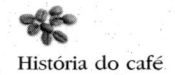
Turk's, Grecian, Percy, Smyrne, estabelecimentos que permaneceram na memória local. Um dos mais tradicionais, o Bedford Coffeehouse, mereceu em 1751 a publicação do livro *Memoirs of the Bedford Coffeehouse* [Memórias do Café Bedford], atestando sua importância.

Na sua maioria, os cafés ingleses estimularam convívios diversos, constituindo-se em locais de discussões filosóficas e políticas, definidos então como "seminários de rebelião". Denominação posterior foi "universidade a vintém", onde se obtinha "instrução mui variada" e por preço módico. Mas esta proliferação de cafés ingleses teve duração limitada. A partir de meados do século XIX, o desenvolvimento da cultura do chá nas colônias do Império britânico determinou seu consumo pela população, em detrimento do café. As casas de café passaram a ser casas de chá, o produto da vez no rol dos artigos britânicos.

Coube à França eternizar esse modelo de espaço lúdico através dos charmosos cafés parisienses, que celebravam não só o convívio informal da população, mas também guardaram momentos históricos de amplo alcance. A cidade de Marselha foi porto de entrada do produto, com referências de seu comércio já em 1644, seguido, dez anos mais tarde, do aparecimento dos primeiros cafés franceses. Ao longo do século XVIII, com um quarto da população da Europa, a França figura como um dos países de maior concentração de cafés. Sabe-se que, em 1720, só Paris possuía 380 estabelecimentos, que chegariam a 900 no final daquele século, ocasião em que a França concentrava 27 milhões dos 175 milhões de habitantes europeus.

Em 1688, foi aberto o mais famoso dos cafés parisienses – o Café Procope. Fundado por Procópio dei Coltelli, é tido como o mais antigo do mundo em atividade, embora funcione hoje como restaurante, abrigando em seus vários salões evocações e memórias das glórias revolucionárias francesas, das tertúlias de seus homens de letras. As mesas preferidas de Voltaire e Rousseau lá se encontram, em meio às muitas estantes que guardam as obras que produziram. Centro da vida literária da capital ao longo dos séculos XVIII e XIX, em seu interior conviveram La Fontaine, Voltaire, Benjamin Franklin, Danton, Marat, Robespierre, Napoleão, Balzac, Victor Hugo, Gambetta, Verlaine, Anatole France – entre tantos.

Sabe-se que os trezentos cafés registrados em Paris, no ano de 1721, saltaram para quatro mil no início do Império, com frequência definida por públicos específicos, assim percebidos, em alguns deles: o Bourette, cultivado

Café Greco. Fundado em 1760, próximo às escadarias da Praça da Espanha, em Roma, é tombado como monumento nacional.

pelos literatos; o Café Anglais, pelos entusiastas da Comédie Française; o Café Alexandre, pelos músicos; o Parnasse e o Café Foy, por políticos e intelectuais. No Café Foy, dois dias antes da tomada da Bastilha, em 12 de julho de 1789, Camillo Desmoulins fez relato inflamado à multidão, mobilizando-a para luta, que revoltada conclamava: *Des Armes! Des Armes!* [Às armas! Às armas!]. Embora não haja registro da frequência de Napoleão aos cafés de Paris, sabe-se que era incondicional consumidor da bebida. Do prazer de sua beberagem, deixou especial relato: "O café, forte e abundante, desperta-me. Dá-me calor, uma força invulgar, uma dor não sem prazer. Prefiro sofrer a ser insensível."

Assíduo frequentador do Café Procope, Balzac em "Dos estimulantes modernos" deixou impressão arrebatada da bebida, como se fora uma mobilização de guerra: "O café cai-nos no estômago e há imediatamente uma comoção geral. As ideias começam a mover-se como os batalhões do Grande Exército no terreno onde a batalha ocorre. As coisas que recordamos surgem a todo o galope, de estandarte ao vento."

A Itália, primeiro país europeu a importar comercialmente o café, viu rapidamente seus tradicionais vendedores ambulantes de limonada e infusão de ervas serem substituídos pelos *caffetiéri*, os vendedores de café que dominaram a venda de bebidas de rua. Em Veneza, embora a cidade tenha sido sua porta de entrada na Europa, em 1615, só no ano de 1683 instalou-se na Piazza San Marco o primeiro café daquele grande empório comercial. Mais de um século depois, em 1720, Floriano Francescari abriria também, entre os arcos da mesma praça, o Caffé Florian, até hoje templo de fruição não só de maravilhoso café, mas também do melhor cartão postal da cidade. Ainda que se pague caro por uma xícara, vale cumprir este programa de guloso e usufruir do local histórico, já frequentado por Lord Byron, Goethe, Marcel Proust, Rousseau e Stravinsky. Ir a Veneza e não tomar um *capuccino* no Florian, aproveitando a atmosfera renascentista do Palácio dos Doges e da Basílica, ao som do velho piano de calda, é perder um dos ângulos mais privilegiados para o exercício dos sentidos – do gosto, do olhar, do ouvir.

Em Roma, o Café Greco fez parte da cena musical do século XVIII e XIX, com visitas frequentes de Mendelssohn, Rossetti, Liszt e Toscanini. Local de tertúlias e também de conspirações, inspirou a obra *A crônica do Café Greco*, de Diego Angeli, sendo hoje tombado como monumento nacional.

Viena, que se celebrizou inclusive pelos "cafés vienenses", conheceu o produto em circunstância fortuita. Em 1683, ao rechaçar o exército turco que assaltara a cidade, a população encontrou quinhentos sacos de café abandonados pelos soldados, que se puseram em fuga no momento da derrota. Foi o que bastou para se apropriar da mercadoria e dar início à sua beberagem, de forma sistemática. Com um diferencial: coado e acrescido de leite, mais tarde com açúcar e *chantilly*. Hoje, novos sabores são acrescentados à bebida, com receitas sofisticadas que imortalizaram os espaços glamourosos dos tradicionais cafés vienenses.

Já nas terras vizinhas da Alemanha, embora o café fosse consumido e festejado desde o século XVII – tema da já citada *Cantata do café*, de Bach –, só no século XIX a bebida passou a ser tomada com regularidade, dada sua importação comercial. Adeptos da cerveja e do vinho consolidaram o espaço das tabernas e dos *Wein Stube* como pontos de encontro, em detrimento dos estabelecimentos de café. Hoje, a situação se inverte, e as cafeterias disseminam-se pelo país, tão populares como as indefectíveis cervejarias alemãs.

Em outra escala, outro aporte beneficiou a difusão do café como bebida comercial: o invento da cafeteira, em finais do século XVIII, por parte do conde de Rumford. Em 1802, surgiu outro modelo, projetado pelo francês Descroisilles, no qual dois recipientes eram separados por um filtro. Em 1822, novamente à França chega a máquina do café expresso, mas não passava de um protótipo, que aperfeiçoado foi exposto em 1855 na Exposição de Paris.

Contudo, foram os italianos que chegaram mais longe na concepção da cafeteira expressa e passaram a comercializá-la a partir de 1905. A venda em larga escala se deu em 1945, a partir da Segunda Guerra Mundial. Mais tarde, o italiano Giovanni Gaggia otimizou o invento, concebendo uma máquina em que a água passa pelo café, após ser pressionada por uma bomba de pistão. Foi esse modelo que se consagrou.

Fosse através do café coado por infusão ou aquele das máquinas expressas, o hábito das cafeterias se consolidou mundo afora, sobretudo quando a vida conheceu novo ritmo ditado pela produção das fábricas, pelo horário do trem, pela racionalização do tempo. No café, as energias eram repostas. O nome da fruta e da bebida consagrou o espaço de lazer e encontros, associado a estabelecimentos imprescindíveis nos centros urbanos e mesmo em recônditos rurais. No presente – sobretudo no ritmo intenso da vida contemporânea – figuram como local de parada obrigatória, seja para saborear a bebida estimulante que "acende os sentidos", seja como pausa prazerosa e relaxante. Na Europa, os cafés representam autêntica expressão cultural, denominadores de um euro-sentimento comum. Costumes e sociabilidades afloram nas mesas informais desses estabelecimentos recendendo o aroma de café.

É o refúgio preferencial do homem contemporâneo, afago e aconchego para o cotidiano acelerado e hostil do mundo capitalista e globalizado.

Botânica do café

A planta do café foi originalmente classificada como pertencente à família dos evônimos (do latim *evonymos*), arbusto com propriedades medicinais, também cultivado como ornamental. Em seguida mereceu a classificação de jasmim (do árabe *yasmin*), designação das várias espécies do gênero *Jasminum arabicum*, da família das oleáceas. Mas entrou definitivamente nos

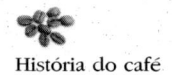

Coffea arabica. Revista de Botânica, Londres, 1810.

compêndios de botânica pelas mãos do naturalista Lineus, no seu *Systema Naturae*, publicado em 1735.

O fruto origina-se de um arbusto da família das *rubiaceae*, que se desenvolve em regiões tropicais ou subtropicais, e está presente na natureza em mais de sessenta espécies, tendo sido batizado com o nome genérico de *Coffea* pelo naturalista Antoine-Laurent Jussieu. Produz flores com aroma de jasmim e frutos conhecidos como cerejas. Dentro de cada cereja, protegidos por dois invólucros – uma polpa e um pergaminho –, estão dois grão de café. Os pés de café atingem de 2 a 2,5 metros, podendo chegar a 10 metros de altura.

Existem pelo menos 25 espécies importantes, originárias da África e de algumas ilhas do oceano Índico. Para consumo comercial, há duas espécies importantes: a *Coffea arabica*, que fornece o café arábica, de gosto suave, aromático, redondo e achocolatado, o único que pode ser vendido puro, sem nenhum *blend*; e a *Coffea canephora*, variedade robusta, que produz o café *conillon*, mais resistente às pragas e às intempéries, mas não oferece bebida tão qualificada, possuindo sabor adstringente e mais amargo.

A diferença entre as duas espécies está no número de genes. A *Coffea arabica* é mais complexa, contém 44 cromossomos, dois a menos que a espécie humana. Só pode fazer cruzamentos com ela mesma, o que evita casamentos negativos. É muito mais delicada, gosta de grandes altitudes e exige um clima ameno, com a temperatura entre 15°C e 22°C. A *Coffea canephora* (ou *robusta*), com 22 cromossomos, como as outras plantas, aceita temperaturas entre 24°C e 29°C. As duas espécies morrem quando a temperatura cai abaixo de zero e ambas necessitam uma média anual de pluviosidade entre 1.500 e 2.000 milímetros.

Para simplificar, a espécie arábica é predominante nos cafés especiais, pois tem mais aromas e sabores. A espécie robusta, de características mais rústicas, conforme sugere o próprio nome, tem maior produtividade.

Café no Brasil, a semente que veio para ficar

[...] se acaso entrar em quintal ou jardim ou roça
aonde houver café, com pretexto de provar alguma fruta,
verá se pode esconder algum par de grãos com todo
o disfarce e com toda a cautela e recomendará
ao dito cabo que volte com toda a brevidade e que não
tome coisa alguma fiada aos franceses,
nem trate com eles negócio.
Regimento que há de Guardar o Sargento-Mor
Francisco de Melo Palheta, 20 de fevereiro de 1727

Missão premeditada,
presente clandestino ou acaso amoroso?

A exemplo das tantas narrativas que traçam a rota do café do Oriente ao Ocidente, a chegada da planta ao Brasil também é envolta em relatos extravagantes. Os registros têm um ponto em comum: a figura de Francisco

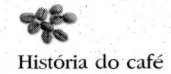

de Melo Palheta como autor do feito de introduzir as primeiras sementes no Pará, no ano de 1727. Em torno desse personagem construiu-se uma mística romântica, que parece ser da natureza dos relatos alusivos à trajetória do café pelo mundo, associação ditada talvez pelo caráter da bebida, estimulante dos sentidos e da imaginação.

O festejado introdutor do café no Brasil – sempre tipificado como vulto aventureiro, a serviço do engrandecimento das rendas do Império português – tem sido apresentado de forma pitoresca. Ilustradores anônimos reproduzem o personagem sempre trajando rica vestimenta, com aura épica e sedutora, em meio à natureza luxuriante dos trópicos. As ilustrações reconstroem o perfeito herói dos folhetins dos alvores do Romantismo. Essa construção não foi gratuita. Ela se deu ao gosto do imaginário sobre a ação destemida do colonizador nas terras do Brasil setecentista, imbuído da missão "bandeirante", modelo de agrado de certa historiografia em voga, que associava nosso passado colonial a uma idealizada "raça de gigantes".

Essa representação ganhou força, sobretudo, com a consagração histórica de Francisco de Melo Palheta a partir de 1927, quando do bicentenário da introdução do café no Brasil. Na ocasião, uma série de estudos privilegiou sua imagem, ampliando-lhe a biografia e a ação. Ao gosto daquela historiografia, de culto dos personagens e feitos heroicos, consolidou-se uma frase oficial: "o café foi introduzido no Brasil por Francisco de Melo Palheta, no ano de 1727".

A rigor, o produto já era conhecido no território, vindo de Portugal, segundo mencionado em 1663 pelo diplomata português Duarte Ribeiro de Macedo, lotado na corte francesa de Luís XI. Em seu *Discurso sobre os gêneros de comércio que há no Maranhão*, citava 37 produtos, entre eles o café, acrescentando que sua cultura era pequena e de baixo preço. O interesse menor se devia à sua difusão recente na Europa, considerando-se que fora introduzido em Veneza em 1615 e seu cultivo ainda se propagava nas colônias holandesas e francesas. Naquela altura, porém, os grãos não se colocavam como produto da vez no mercado. A situação mudaria no século seguinte, ao tempo do nosso "herói".

A maioria dos estudos aponta para o efetivo envolvimento desse agente do rei na obtenção das sementes de café. Consta que não só foi seu introdutor no Pará como também agricultor, responsável pelo cultivo

Francisco de Melo Palheta, o introdutor do café no Brasil, em representação idealizada. Observe o traje de fidalgo, adquirido de comerciante francês em Caiena, para se apresentar perante o governador: capa, gibão justo ao corpo, calções de tecido escarlate, além de um chapéu bordado, conforme descrição de figurino da época.

da planta em escala considerável. Seu gesto, como agente oficial do governo, ganha significado na política mercantilista da época, regida pela ideia da máxima exploração das terras do Brasil, então a mais próspera colônia portuguesa. Certo que, naquela altura, as descobertas crescentes das jazidas auríferas absorviam boa parte da atenção da metrópole, a ponto de criar-se, em 1720, a Capitania de Minas Gerais, delimitando a área de onde saía o ouro para o mundo. Mas, também o açúcar, o algodão e o fumo, provenientes do Norte e Nordeste, se destacavam com sucesso no rol das "drogas do sertão" de interesse do Reino. No entanto, tudo isso não bastava. A Coroa precisava de mais e mais produtos tropicais para fins de exploração econômica no competitivo quadro daquela etapa capitalista. Concomitantemente, na colônia que se tornara a "galinha dos ovos de ouro" do Reino português, centrada então, sobretudo, na exploração do metal precioso, uma questão se tornou premente: a defesa e rígida demarcação de fronteiras dado o imenso e rico território, sujeito à ocupação clandestina pelos países vizinhos.

Data desse momento o envolvimento de Palheta com tarefas de importância para os interesses de Portugal, do reconhecimento de trajetos fluviais ainda obscuros à defesa de fronteiras no território constantemente ameaçado, além da busca de novos produtos agrícolas de interesse mercantil, figurando como agente social típico de seu tempo. Era um militar graduado, funcionário real, a serviço do aumento das rendas da metrópole e das suas próprias, imbuído da ambição comum aos homens que atuavam no Novo Mundo: enriquecimento e poder.

Proibida a venda de café capaz de nascer

Naquela altura, um dos focos então polêmicos da questão de fronteiras no Brasil era a área limítrofe entre a Capitania do Maranhão e Grão Pará e a Guiana Francesa, ao norte do país. Motivo pelo qual, quando o capitão-general João da Maia da Gama, em 19 de julho de 1722, assumiu o governo daquela área, uma de suas primeiras ações foi combater as investidas francesas que vinham ocorrendo naqueles limites.

No período de 1723 a 1728, além das rotineiras expedições guarda-costas que percorriam o litoral, esse governador ordenou quatro grandes expedições militares à região. Uma delas esteve a cargo de Francisco de Melo Palheta, a quem coube, especialmente, a missão oficial de averiguar problemas de limites nas imediações do rio Oiapoque, na vizinha Guiana Francesa. Dizia-se que ali o governador Claude D'Orvilliers mandara arrancar o padrão com o escudo português plantado na fronteira entre as duas colônias. A incumbência do oficial português era fazer respeitar a divisa, estabelecida pelo Tratado de Utrecht, de 11 de abril de 1713, entre Portugal e França, que definira o rio Oiapoque como limite entre as duas possessões.

Mas, embutida no Capítulo 10º do Regimento, havia outra missão clara: a obtenção de mudas de café, cultivado com sucesso na Guiana desde 1719 e já reconhecido como vantajoso no mercado. O texto não deixava margem à dúvida:

> [...] se acaso entrar em quintal ou jardim ou roça aonde houver café, com pretexto de provar alguma fruta, verá se pode esconder algum par de grãos com todo o disfarce e com toda a cautela e recomendará ao dito cabo que volte com toda a brevidade e que não tome coisa alguma fiada aos franceses, nem trate com eles negócio.

Não se tratava de tarefa fácil. Na possessão francesa, ao norte do Brasil, o controle da produção era severo. A fiscalização rigorosa impedia a saída do produto com seu pergaminho, a membrana que faz o grão germinar, a exemplo do que ocorrera no passado, quando os grãos, então exclusividade árabe, só deixavam as terras de cultivo sem o pergaminho fertilizador.

Por expedientes diversos, o funcionário real retornou vitorioso no cumprimento de ambas as tarefas. Tanto os franceses passaram a respeitar a faixa divisória preestabelecida entre os dois territórios como sementes e mudas de café foram transportadas para o Brasil, apesar da proibição formal do governo francês. No primeiro caso, do acerto de fronteiras, sua postura diplomática permitiu o bom termo da questão. Já no segundo propósito, a obtenção de mudas, as versões encaminham-se para relatos subjetivos, aos quais se agregam ingredientes curiosos e não de todo desprezíveis.

Cherchez la femme

A maior parte dos registros sobre a introdução do café no Brasil faz referência à mediação de uma mulher, Madame D'Orvilliers, esposa do governador de Caiena. Mais que isso, confere ao episódio um "clima de romance", que as ilustrações de época trataram de decalcar, ao reproduzir a pose cavalheiresca de Palheta galanteando uma nobre figura feminina, embevecida.

Certo é que esta informação não se encontra nas petições oficiais enviadas ao rei – imprópria ao teor do documento –, mas é tratada na crônica contemporânea, assim como pela literatura geral, alusiva ao café, que vem reiterando a amabilidade daquela senhora, responsável pelo fornecimento das sementes ao visitante, num gesto cordial. Para alguns, de enamoramento. A despeito dessa versão subjetiva, sua constante menção não permite desprezá-la em definitivo. A tradicional lição – *cherchez la femme* –, bem como a consideração de aspectos da *petite histoire* [micro-história] afetos à força do imaginário, ganham sentido neste episódio.

O nome de Madame D'Orvilliers aparece em documentos de 1763, quando ainda era viva a memória da introdução do café no Pará entre os velhos agricultores do lugar. A tradição afirma que, finda a missão de reconhecimento militar da fronteira, Palheta seguiu até Caiena para agradecer ao governador D'Orvilliers as várias gentilezas que lhe dispensara na certificação das balizas demarcatórias. Para causar melhor impressão perante aquela autoridade, adquiriu novo traje de um comerciante francês na capital, no melhor figurino de fidalgo da época: capa, gibão justo ao corpo, calções de tecido escarlate, além de um chapéu bordado. Aliás, é esse o traje com que vem sendo retratado à exaustão. Assim, elegantemente paramentado, visitou o palácio e conheceu a esposa do governador, Madame D'Orvilliers, com quem experimentou pela primeira vez na vida uma xícara de café, o excitante elixir dos sentidos. A experiência lhe encheu de "gabos entusiásticos", lamentando não existir na sua terra a planta da qual se extraía tão saborosa bebida.

Ato seguinte, segundo o vulgo das descrições, saíram todos a passeio através de um cafezal, quando a anfitriã gentilmente ofereceu a Palheta – à vista do marido sorridente – "uma mão cheia de pevides de café, praticando a galanteria de ser a mesma que lhas introduziu no bolso da casaca" para que pudesse renovar, quando regressasse a Belém, o prazer que então experimentara com a deliciosa beberagem.

O final da história já é bastante conhecido: Palheta retornou ao Brasil não apenas com uma quantidade muito maior de sementes, mas também com cinco pés de *Coffea arabica*. Aventa-se que, a despeito da proibição expressa da "venda de café capaz de nascer", a mediação de Madame D'Orvilliers teria sido muito mais generosa que o punhado de sementes colocado no bolso da casaca.

Interferência imaginária ou real, não é desprezível o registro romântico da origem da planta no Brasil. Praticamente desconhecida nos trópicos, o fruto

Madame D'Orvilliers e Francisco de Melo Palheta, em outra representação idealizada pelos relatos orais, que insistem na menção à corte que o "fidalgo" Palheta lhe teria feito, visando obter as mudas ou sementes de café.

proibido, figurado na atraente cereja encarnada, revestia-se de caráter sedutor e inebriante. Sua bebida era associada às mesas ricas e elegantes das cortes europeias, estimulando o convívio qualificado. Inevitável que, a exemplo das lendas e mistérios que envolveram seu percurso no Oriente, sua chegada ao "sul do Equador" também merecesse construção idealizada, ao sabor da característica excitante da própria bebida, quando mais não fosse pelos requintados cenários de seu consumo, sempre associado a espaços civilizados, onde se consumava o ritual da celebração dos sentidos e – por que não? – do amor. Nada estranho, pois, que sob a magia do café, o funcionário real Francisco de Melo Palheta passasse à História com vestimentas de cavalheiro a galantear a dama francesa num elegante cafezal, ao melhor exemplo dos folhetins que narravam aventuras, encontros e desencontros, então despontados na emergência do gênero romance, que se tornaria tão popular.

Na dúvida entre o aventureiro e intrépido demarcador de fronteiras e o cavalheiro sedutor, é possível chegar mais perto da figura traçada pelos dados da documentação oficial.

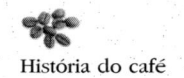
Sargento-mor Francisco de Melo Palheta, um potentado do Pará

Francisco de Melo Palheta tem nascimento presumido no ano de 1670, na cidade de Belém, no Pará, filho do português alentejano João Rodrigues Palheta, capitão de infantaria, e de Maria da Ressurreição de Bittencourt. Era, portanto, um "mazomba" – denominação que se conferia a brancos, filhos de portugueses nascidos na colônia. Criado no Brasil, seguiu carreira militar, assentando praça na tropa regular do estado do Maranhão, que abrangia então as capitanias do Maranhão, Pará e Ceará. Mais tarde, obteve o posto de sargento-mor, patente valorizada na sociedade da época, e casou-se com Bernarda de Mendonça Furtado, cujo sobrenome ligava-se aos mais tradicionais da terra. Ao ser investido no comando da expedição de 1727 à Guiana Francesa, no cargo de capitão-tenente da Guarda-Costa, optou pela patente da Marinha, que lhe rendeu soldo mensal mais substancioso. Considerado "um dos principais na Capitania do Pará", foi senhor de terras, grande proprietário, obtendo sua primeira sesmaria em 1709, com cerca de 39 anos, e a segunda sesmaria em 1731, já em idade avançada. Sabe-se que teve cinco filhos. Desconhece-se o ano de sua morte, sabendo-o vivo pelo menos até 1733, provavelmente com cerca de 63 anos.

Seus biógrafos se detêm largamente nas missões das quais foi investido, nomeado pelo governador. Na de 1722-1723, "armou-se em bandeira" e partiu de Belém com larga comitiva, distribuída por uma galera, três galeotas e uma canoa em busca de novos caminhos fluviais que facilitassem a comunicação do Pará com o Peru, onde as minas de prata incendiavam a cobiça dos portugueses. Os relatos dessa epopeia conferem a Palheta a fibra dos conquistadores épicos em ação por territórios inóspitos, vencendo cachoeiras intransponíveis, abrindo caminhos por terra para contornar despenhadeiros de pedra, alimentando-se em determinados trechos tão só de "carne de lagartos, camaleões e capivaras".

Na expedição de 1727, saiu de Belém com nove pirogas e mais de duzentos homens. Além de garantir o limite entre o território português e a Guiana Francesa, obteve as tão cobiçadas sementes e mudas de café. É o próprio Palheta quem noticia, em terceira pessoa, sua providência, na carta de 1734, enviada ao rei D. João v:

> [...] vendo que o governador de Caiena deitava um bando à sua chegada que ninguém desse café aos portugueses, capaz de nascer, se informou do valor daquela droga, e vendo o que era fez diligência por trazer algumas sementes com algum dispêndio da sua fazenda, zeloso dos aumentos das reais rendas de V.M., e não só trouxe mil e tantas frutas que entregou aos oficiais do senado [...] para que o repartissem com os moradores, como também cinco plantas, de que já hoje há muito no Estado [...].

A distribuição de sementes aos membros do Senado confere o trato oficial dispensado ao produto, com vistas à sua especulação comercial, voltada para o "aumento das reais rendas". Na carta, ressalta a importância de sua iniciativa, noticiando que a cultura já se havia propagado e que "hoje há muito no Estado". De fato, além da plantação de Palheta, ficou famoso o cafezal de Agostinho Domingos, português de Braga, "homem de muita honra, verdade e cabedais", considerado dos mais ricos do local.

Importa reter que, com Palheta, não vinham apenas sementes e mudas para agrado *del Rey*. Nem mesmo somente mais uma droga do sertão. Com ele, era transportado o novo destino do país.

Café isento de imposto

As sementes e plantas inicialmente introduzidas procediam da família *Coffea arabica,* espécime originária do cultivo da planta no Jardin des Plantes, de Paris. Com parte delas, Palheta formou seu cafezal no Pará, que chegou a possuir mais de mil pés, para o qual pediu ao governo cem casais de escravos. Cartas régias, datadas de 1734, documentam o pioneirismo da iniciativa em trazer as sementes e plantas em caráter de investimento agrícola, iniciando seu plantio sistemático em terras brasileiras. Foi, portanto, o primeiro cafeicultor do Brasil.

No Maranhão, o grão se aclimatou razoavelmente, permitindo, inclusive, seu despacho para Portugal, protegido por decreto de João v, determinando que em seu Reino só entrasse café do Maranhão. Era o incipiente início da formidável aventura econômica do "ouro verde" no Brasil. Em 1731, tem-se notícia da primeira exportação de café do Brasil para Lisboa: 7 libras (3.213 gramas) da "deliciosa frutinha vermelha, melhor que a do Levante", conforme noticiava a *Gazeta de Lisboa.* Razão pela qual, como forma de incentivo à sua cultura, o produto foi liberado de imposto por 12 anos. Só esse agrado, porém, não mobilizou os agricultores a investir pesadamente em seu cultivo. Outras drogas do sertão eram mais atraentes e rendosas e, afinal, era o ouro que consumia as atenções da metrópole rendida ao Império britânico, que lhe absorvia a melhor renda colonial.

Assim, durante boa parte do século XVIII, a propagação do cultivo do café limitou-se ao Norte e Nordeste do país, em produção restrita de pequenas plantações. Os solos não eram os mais adequados, em particular aquele da Amazônia, impróprio para o espécime que entrara no Brasil. Rio Grande do Norte, Piauí e Sergipe praticamente desconheceram seu cultivo. Alguns experimentos ocorreram no Ceará (1747), em Alagoas (1773), em Goiás (1774), em Pernambuco e na Paraíba, mas praticamente sem expressão. Já na Bahia, a partir de 1778, desenvolveu-se uma modesta produção comercial, iniciada em Caravelas, mas que teve Ilhéus como área de maior destaque, onde lavouras de café foram tentadas ao lado das de cacau. Em 1798, 254 sacas de café da Bahia foram exportadas, longe, porém, de equipararem-se aos demais produtos que seguiam para o Reino.

Apesar das lavouras rarefeitas, o cafeeiro modestamente cultivado guardou seu apelo de planta com potencial econômico, de caráter estimulante e medicinal, vista como ornamento que enfeitava jardins enquanto era cobiçada pelas festejadas qualidades. Plantada nas chácaras e quintais, permitia o consumo doméstico, favorecendo o hábito de sua beberagem. O produto, até então, não se banalizara. Era oferecido como presente sofisticado, de cultivo raro, com atributos de droga exótica, um luxo para mesas elegantes.

Na qualidade de bebida refinada, o café foi também consumido em Portugal nesse mesmo século XVIII. Mas ali a preferência recaía no chocolate e no chá, ambos muito presentes na Corte. Na refeição matinal, o chá era obrigatório. No almoço, bebia-se chocolate com frequência. Desde sua introdução, tornaram-se símbolos de sociabilidade, seguidos pelo café. Este entrou nas mesas palacianas do Reino, associado ao chá, conforme menção do "*Chá ô Fé* servido depois do sorvete, pelas nove da noite, em Sintra, em casa do Visconde de Mesquitela". Ou, conforme outra fonte: "Depois de doces e águas, em Elvas [...], chá bastante mau e café." Concluem os historiadores lusos que, naquela altura, o café parecia destinado para o final da refeição, ao contrário do chá e chocolate, associados ao almoço e à merenda.

Dos cafezais de Palheta, por volta de 1730, à ascensão do produto ao primeiro lugar de nossa balança comercial, cem anos mais tarde, em 1830, a planta se disseminou paulatinamente, iniciando seu trajeto para o Sul. Minas Gerais, Espírito Santo, Rio de Janeiro, São Paulo e Santa Catarina foram regiões onde se noticiaram modestas lavouras de café, longe de conferir-lhes maior significado econômico, apenas em caráter de ensaio, que se alternava com as demais lavouras pulverizadas pelo território.

Nessa altura, entre o século XVIII e XIX, vale sugerir ao leitor duas imagens passíveis de representar o Brasil de forma cromática, figurada e temporal, a partir de sua expressão econômica: aquela de um século XVIII do ouro que findava, não exatamente dourado, mas obscuro e soturno pela repressão colonial e censora, que teve no barroco sua melhor representação; uma outra do século XIX, verde, que se iniciaria com os cafezais no país que se queria iluminado, aberto a experimentos vários, mas ordenado e atrofiado pela Monarquia centralizadora, escravocrata, na qual a racionalidade da arquitetura neoclássica sufocava como máscara postiça as múltiplas expressões naturais do país.

Nesse registro, aparentemente reducionista, o leitor poderá melhor se situar com relação ao significado do café na mediação desses tempos diversos, que transcorrem entre o declínio do ouro e o prelúdio dos cafezais.

Prelúdio do café

1760. A situação econômica do Império português era delicada. O ouro, sua maior fonte de riqueza, começava a dar sinais de declínio com o esgotamento das jazidas. O açúcar, sobretudo em função da concorrência de novos produtores, encontrava dificuldades de colocação no mercado. Outras culturas precisavam ser tentadas para reanimar o combalido Reino português, submetido à exploração britânica. A tradicional ingerência da Inglaterra em Portugal levava aquele país a desvalorizar o pouco café do Brasil que entrava no porto de Lisboa, barateando o gênero e desmerecendo-o em sua inicial concorrência com o café do Levante. Mais que isso, desencorajava francamente o investimento no produto que lhe poderia ameaçar o consumo do chá. Razão pela qual as remessas então enviadas à metrópole eram inexpressivas, longe de se tornarem competitivas no mercado.

Também nesse ano de 1760, desembarcava no Rio de Janeiro, então sede do Vice-Reino, o desembargador do Maranhão, João Alberto de Castelo

Branco, nomeado chanceler da relação. Administrador atilado, já servira ao rei por 8 anos no Estado da Índia e ocupara por 14 anos o cargo de conselheiro no Conselho Ultramarino. A despeito da idade avançada, na casa dos 75 anos – dotado de "incomum robustez", segundo relatos da época – tinha conhecimento das novas demandas comerciais e da necessidade de investir em novos produtos. Ciente da propagação do consumo do café no mundo, mandou vir de Belém para o Rio de Janeiro algumas mudas da *Coffea arabica*. Tratava-se de experimentar a nova cultura, em face do quadro econômico temerário e da pobreza crescente.

Sabe-se que procedeu à seguinte distribuição das mudas: às monjas carmelitas de Santa Teresa; ao holandês João Hoppmann, proprietário de uma bem cuidada chácara, localizada na hoje rua São Cristóvão; aos frades capuchinhos, com convento na então rua dos Barbonos, hoje Evaristo da Veiga; e, finalmente, plantou algumas mudas no quintal de sua casa, no Morro de Santo Antônio, no local onde funcionou, até 1938, a Imprensa Nacional. Todas estas chácaras ocupavam áreas hoje centrais, praticamente no coração da cidade e, muito embora o Rio de Janeiro fosse a capital do Vice-Reino e porto movimentado, a vida rural prevalecia em meio às funções administrativas desempenhadas no Paço. O café, assim, começava praticamente plantado na cidade.

Das mudas distribuídas por Castelo Branco, as primeiras a vingar foram as dos religiosos, cujo cafezal se destacava na paisagem do Rio de Janeiro, plantado junto à cerca do convento, por volta de 1762. Consta que até alguns anos atrás se podia ver na rua Evaristo da Veiga remanescentes daquela plantação pioneira dos padres capuchinhos italianos, também conhecidos como barbadinhos. Em registro emocionado, o cônego Januário da Cunha Barbosa testemunhava alguns anos mais tarde: "Bate-me o coração quando me lembro que ainda vi nos primeiros anos de minha vida as duas primeiras árvores de café que haviam sido trazidas em tenras plantinhas da cidade do Maranhão [...] acolhidas como peregrinas estrangeiras na horta dos barbadinhos italianos, junto à entrada de sua capela."

Além dos frades, alguns dos poucos estrangeiros residentes na capital, cientes do sucesso do produto nos grandes centros de comércio, investiram em seu cultivo, experientes com as demandas dos mercados. São também personagens audaciosos, que se lançaram no novo empreendimento, movidos pela ânsia de enriquecimento sugerido pelas oportunidades que a colônia oferecia, a despeito de seu comércio rigidamente controlado pela Coroa portuguesa.

O holandês João Hoppmann é um dos pioneiros das lides do café no Rio de Janeiro. A tradição de cultivo nas colônias de seu país de origem já o familiarizara com a importância do produto e a forma de cultivá-lo. Com as sementes que recebera deu início a uma das primeiras plantações do Rio de Janeiro em sua chácara na estrada de Mata Porcos (mais tarde conhecida como chácara do Siqueira), tornando-se referência de cafezal nos então arredores da cidade, localizado na atual rua São Cristóvão, em frente à rua Miguel de Frias.

Outras plantações destacadas desta fase inicial eram as da fazenda da Mendanha, do padre Antônio Lopes da Fonseca, e da fazenda do Capão, propriedade do bispo do Rio de Janeiro, o erudito prelado D. Joaquim Justiniano, que também era bem-sucedido com a cultura do anil. Por iniciativa própria, o bispo forneceu sementes a mais dois padres lavradores, para que também tentassem cultivar café de forma sistemática. Eram eles João Lopes, de São Gonçalo, subdistrito de Niterói, e padre Couto, da localidade então conhecida como Caminho de Campo Alegre, que, mais tarde, passou a se chamar Rezende.

Estava dada a arrancada inicial para a difusão do café no Brasil. A partir desses núcleos produtores, envolvidos, sobretudo, com a formação de mudas, definia-se o centro irradiador da cultura do café no país. A cidade do Rio de Janeiro e, em seguida, o vale Fluminense foram os cenários para seu florescimento comercial. Em 1802, escrituras já se referem à compra e venda de terras e cafezais.

Infere-se, pois, que religiosos e estrangeiros, sabedores da importância comercial do produto que progressivamente ganhava mercados, foram os responsáveis pelo cultivo inicial da rubiácea. Essa precedência talvez se explique pelo grau de informação mais elevado daqueles pioneiros, ao contrário do que se passava com os rústicos lavradores fluminenses, conforme se verá a seguir.

Em 1763, o periódico francês *Journal Historique* noticiava que o cientista francês Nicolas Louis de La Caille, conhecido como Abbé de La Caille (1713-1762), em viagem de estudos ao hemisfério sul, passou pelo Rio de Janeiro, constatando que o consumo do café no Brasil vinha se popularizando.

"Ora! Vamos agora plantar frutinhas e doidices da cabeça do vice-rei! Se o vice-rei gosta de café, ele que o plante!"

A despeito da propagação da cultura cafeeira pelos morros do Rio de Janeiro, sua aceitação pelos lavradores da época não foi fácil. Embora o café

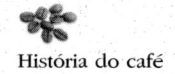

fosse planta bonita, que enfeitava jardins, com florada branca e perfumada e decorativos frutos vermelhos, produzindo bebida saborosa e estimulante, de consumo já conhecido nos mercados externos, foi duramente rejeitada pelos senhores de engenho fluminenses, habituados a plantar cana-de-açúcar. Mais resistentes se tornaram quando seu plantio passou a ser estimulado pelo governo, em 1774, por iniciativa do vice-rei, o marquês de Lavradio.

Esta resistência foi descrita no primeiro romance brasileiro sobre o café, *O capitão Silvestre e frei Veloso ou A plantação de café no Rio de Janeiro*. Seu autor, o advogado Luís da Silva Alves D'Azambuja Susano (1785-1873), vivenciou todo o processo de introdução, desenvolvimento e apogeu do café no Rio de Janeiro. Apesar de se tratar de relato ficcional, o tom de época e o caráter de romance histórico tornam essa fonte oportuna. Vale reproduzir a descrição da reação hostil de um lavrador fluminense ao receber do Palácio as ditas sementes, em que se nota o quanto os agricultores estavam acomodados com a cana-de-açúcar, ignorantes das novas demandas do mercado e avessos a mudanças. O personagem indignado relata:

> [...] o Vice-Rei nos mandou chamar a uns poucos, de Irajá, de Saquarema, de Suruí, do Campo Grande, de toda a parte. Fomos à sala, cuidando que era alguma coisa; e sai-se de lá o homem, com um açafatinho de frutas vermelhas pequenas, e entra a dar uma meia dúzia a cada um, para que fôssemos plantar, que era coisa muito boa, muita riqueza, para mandarmos para o Reino. Ora! Vamos agora plantar frutinhas e doidices da cabeça do Vice-Rei! Eu, logo embaixo do palácio mesmo, botei as minhas fora; tomara eu plantar cana; que me importa cá do café!

> Todos se agoniaram de ser chamados lá de suas casas para virem buscar uma asneira, para plantarem uma coisa que não presta para nada! Se o Vice-Rei gosta de café, ele que o plante! Não diz que plantou tanta coisa no Passeio Público? Pois plante lá o café, e quando for para Lisboa, carregue! Não se precisa cá dele: o que nos faz conta é açúcar. No meu engenho então, que dá canas, que eu nem tenho tempo de moer! Não quero outra coisa, nem mandiocas. Com açúcar se compra farinha.

De fato, era forte o empenho do governo para a substituição da cana, acenando com a importância do café, incentivando o plantio, criando condições favoráveis à sua propagação. Insistimos que a pobreza era muita. Mineiros desistiam de suas lavras decadentes, transferindo-se com haveres e tralhas para tentar nova vida mais ao sul. O açúcar de cana passava a contar com a concorrência internacional do açúcar de beterraba, perdendo seu mercado seguro enquanto os preços abaixavam. A cultura de subsistência, que até passou a ter expressão nesse quadro econômico desolador, também não era cogitada pela metrópole como fonte de renda significativa. Era preciso, pois, tentar o café, que agradava e invadia as mesas europeias, vindo do Levante ou das possessões holandesas.

A especulação sobre o tema passou a ser corrente, sobretudo em sua comparação com a cana. Os defensores do café alertavam sobre suas muitas vantagens comparativas: uma vez plantado, durava mais tempo, dispensava moendas, carros de boi, caldeiras, despesas com cozimento e, por arroba, dava mais dinheiro que o açúcar. Os primeiros que tentaram o plantio, entretanto, conheceram colheitas muito fracas e, de acordo com o relato de monsenhor Pizarro, "fazendeiros houve que incendiaram seus cafezais", intempestivamente.

Em face do quadro, o empenho do governo se acentuou. Um dos incentivos do marquês de Lavradio foi isentar do serviço militar todo lavrador que provasse ter plantado determinado número de pés de café. Aos poucos, na percepção da época, passava a convir o novo produto. No Brasil monocultor, a ameaça de desvalorização da cana pesou forte em favor das crescentes vantagens mercadológicas do café, que vinha com demanda mundial em nítido crescimento e já na primeira metade do século XIX se tornaria superior ao açúcar. A conjuntura, de fato, mostrou-se especialmente favorável. Vejamos o porquê.

Momento propício

Os apelos de fora eram muitos. Na Europa e nos Estados Unidos elevava-se o consumo da bebida, sendo necessário suprir aqueles mercados. Concomitantemente, a navegação marítima atravessava fase de grande expansão, propiciando facilidades no transporte do produto. Acima disso, a Revolução nas Antilhas, em 1789, que elevou os preços do café, deixava o mercado a descoberto, beneficiando os concorrentes.

Também não eram poucos os apelos internos. No Brasil, havia condições favoráveis de clima e solo, mão de obra farta e ainda barata. Os custos da produção, inclusive, eram um pouco mais baixos que aqueles do açúcar, exigindo menos mão de obra. Enquanto a cana precisava ser replantada a cada três anos, o pé de café poderia durar trinta ou quarenta anos. E, vantagem

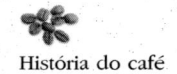
suprema, as antigas instalações dos engenhos eram propícias ao beneficia-mento do café, dispensando, de início, novos investimentos.

A experiência se apresentava oportuna para os lavradores tradicio-nais do Rio de Janeiro e também passava a ser aos novos investidores, que apostavam no produto. Naquele momento, havia disponibilidade de capitais para investir na cultura, pois vários representantes de alguns seg-mentos econômicos buscavam alternativas para aplicação de suas rendas. A começar por antigos mineradores, que, com escravos e ferramentas ociosas, resolveram optar pelo plantio do café. Assim como comerciantes do Rio de Janeiro, São Paulo e Minas Gerais – tropeiros e atacadistas urbanos em sua maioria – que se interessaram em empregar ali seu capital. Potenciali-zado com terras, vasta escravaria e gado, o investimento não só era baixo como, relativamente, de pouco risco. E mais: os lavradores fluminenses, atropelados pela concorrência do açúcar antilhano, inferiram que o açúcar não era mais um produto de consumo garantido no mercado internacional. Em peso, adaptaram seus engenhos para o cultivo do grão e lotaram suas terras de pés de café.

Uma das primeiras remessas de que se tem notícia, para Lisboa, data de 1792. Em 1794, Santos também exportava, saindo daquele porto, ainda incipiente aglomerado de trapiches, pelo menos uma galera, uma sumaca e três navios, todos carregados de café, volume que seria ascensional a partir de então. Como bebida requintada e proveniente do Brasil, o café já era degustado pelo príncipe regente em Lisboa, desde 1800, conforme se deduz da Carta Régia enviada do palácio de Queluz a Bernardo José de Lorena:

> O Príncipe Regente Nosso Senhor é servido que V. As. mande todos os anos dez arrobas do melhor café, mais escolhido, mais assessonado, e conduzido com todo o resguardo que pode haver nessa Capitania de Minas Gerais, com o sobrescrito: "Para S. A. R. O Príncipe Regente Nosso Senhor seu serviço particular", vindo encarregado o mestre ou comandante da embarcação que o trouxeram, apresentar logo no real palácio quando chegar; e vindo também distribuído em caixotes de duas arrobas cada um.

Certamente era café dos morros cariocas ou mesmo do território fluminense. Por ora, vamos permanecer no Rio de Janeiro e conhecer esta propagação inaugural.

Pão de Açúcar e cafezais

Num primeiro momento, na virada para o século XIX, o café cobriu morros importantes da cidade do Rio de Janeiro, que se transformou em imenso cafezal. As montanhas da Gávea, Corcovado, Tijuca e da região de Jacarepaguá foram tomadas por plantações de café. As ilustrações de época reproduzem a paisagem sinalizada pelo Pão de Açúcar, onde os cafezais perfilados destacam-se geometricamente na topografia ondulada. O grão deixara de ser plantado unicamente para o "gasto da casa" ou para enfeitar as propriedades. Desde que aportou no Rio de Janeiro, apesar das iniciais resistências, a passagem do consumo doméstico ao cultivo em escala comercial foi bastante rápida.

Contribuíram para seu avanço a boa adaptação ao nosso solo e relativa facilidade de plantio, os incentivos oficias – inclusive as publicações do governo sobre o produto – e, sobretudo, a percepção das vantagens econômicas diante da efetiva demanda internacional. Mais uma vez, a colônia era estimulada para a produção monocultora, presidida pelos interesses da metrópole portuguesa, que apostava nos lucros do produto da hora e da vez.

Estava deflagrada a onda verde, que dos morros cariocas se espraiou para o Sudeste. Expandiu-se inicialmente pelo interior da província, terra de seu florescimento pioneiro em escala comercial – Baixada Fluminense e vale do Paraíba fluminense –, onde o café seria plantado nas áreas em torno de Vassouras, Valença, Barra Mansa e Rezende. Ainda no século XVIII chegou a Minas Gerais, na Zona da Mata, entre 1791 e 1798, e se encaminhou em direção a São Paulo. Uma das primeiras remessas para o exterior é mencionada em 1800: saem 13 sacas. Em 1808, são 8 mil sacas e em 1810 exportam-se 66 mil sacas. Em 1820, 97 mil sacas! Tal movimento levaria o produto ao primeiro lugar de nossa balança comercial, em 1830. O expressivo crescimento observado a partir de 1808, todavia, contou com aportes históricos, que merecem consideração.

Um porto aberto para o mundo e para o café

A transferência da Corte portuguesa para o Brasil, em 1808, foi decisiva para a propagação da nova cultura. Fincava-se em terras brasileiras a nova sede do Império lusitano. No plano econômico, abriam-se os portos ao comércio internacional e liberavam-se as atividades industriais. No plano jurídico, em 1815, deixava de existir uma colônia no ultramar e surgia um reino unido a Portugal e Algarves. E foi através do café que o Brasil se apresentou ao mundo, pois era a primeira vez que o país se abria oficialmente ao comércio com outros povos. Tratava-se de uma transformação radical no território até então sujeito ao controle exacerbado da Coroa portuguesa, regido por monopólios castradores à sua prosperidade econômica, fechado à entrada de súditos e/ou cidadãos de outras nacionalidades. Com a Abertura dos Portos, estrangeiros de todas as nações passaram a interessar-se por esta porção da América, vislumbrando nos trópicos desdobramentos de toda ordem e possibilidades de uma nova vida.

A cidade portuária do Rio de Janeiro, então sede do governo, projetava-se no cenário internacional. Local de escala obrigatória dos navios que singravam o Atlântico Norte para os portos americanos do Pacífico, e vice-versa, também no plano inter-regional era ponto de encontro e de redistribuição, pois metade do comércio exterior brasileiro passava pelo cais carioca. Porta de entrada de estrangeiros que aportavam ao país, acesso até então proibido, seria dali que o café brasileiro jorraria para o mundo. Com algumas limitações iniciais para sua franca colocação no mercado, por conta do bloqueio econômico imposto por Napoleão. A suspensão desse entrave, a partir de 1814, foi decisiva para estímulo da exportação, potencializada ainda mais pela demanda de grãos até então reprimida.

Incentivos régios

Incentivos para a cultura vieram do próprio príncipe regente. Ciente das condições propícias para seu plantio, mandou trazer sementes de Moçambique, cultivadas em estufas, iniciando novo fornecimento aos interessados que lhe eram mais próximos. Credenciava-se assim o novo produto entre nobres portugueses, recém-instalados na sede da Corte. Consta que D. João fornecia pessoalmente as sementes, em pequenos sacos, cultivando a tradição do "presente régio". Receberam sementes Bernardo Clemente Pinto, futuro conde de Nova Friburgo, Braz Carneiro Leão, futuro marquês de Baependy, e seu irmão José Inácio Nogueira da Gama, que logo se tornariam dos maiores cafeicultores do país.

Outra iniciativa real foi a distribuição de sesmarias para cultivo do café a fidalgos portugueses de sua comitiva, localizadas na Zona da Mata mineira, área que já se revelara adequada para o cultivo. Ali, a posse da terra já era parte significativa do investimento a ser feito no plantio da rubiácea.

Além desse empenho pessoal do príncipe regente, membros mais esclarecidos da Corte apostaram por conta própria na lavoura do café. A chegada à Corte de estrangeiros de maior preparo que se envolveram com a formação de cafezais – entre eles membros da Missão Artística Francesa, de 1816 – contribuiu para o cuidado mais eficiente e técnico do novo grão.

Estrangeiros de fino trato no cultivo do café

Quem passeia hoje pela exuberante Floresta da Tijuca percorre as terras das primeiras plantações que cobriram os morros do Rio de Janeiro. Foi ali que Louis François Lecesne (1759, Caen, Normandia – 1823, Rio de Janeiro), médico de formação, estrangeiro destacado na Corte, de biografia aventurosa, cultivou café em escala comercial na fazenda São Luís, na Gávea pequena. Em 1817, contava com 50 mil pés, e, em 1823, 60 mil. Lecesne trazia a experiência de dois centros afamados de produção – Haiti e Cuba –, onde teve suas próprias plantações. Em São Domingos aprendeu a técnica mais avançada de cultivo da época, amealhando grande fortuna como proprietário de duas grandes fazendas de café. A revolta sangrenta dos escravos liderados por Toussaint Louverture determinou a saída intempestiva do fazendeiro da ilha, em 1791, iniciando longo périplo que o levou inclusive a Nova York, até fixar-se no Brasil, em 1816. Aportou no Rio de Janeiro, adquiriu terras na Tijuca e formou ali um cafezal modelar. Passou a ser referência para os plantadores da região, a começar pelo holandês Alexander von Moke, que também se envolveu com café. Em 1824, Moke já possuía 10 mil pés em sua fazenda Nassau, introduzindo ali uma novidade: máquina para despolpar o produto, movida à água.

Na mesma época próspera das fazendas de Lecesne e de Moke, na Gávea pequena, houve noutra região da Tijuca, no Alto da Boa Vista e Cascatinha, um grupo de nobres franceses, muitos oriundos da Missão Francesa de 1817, que começou a plantar café com algum êxito, chegando a colhê-lo e enviá-lo para os mercados. Criou-se ali uma colônia francesa da mais alta hierarquia: acima da queda do rio Maracanã, estava a baronesa de Rouan; logo abaixo, Nicolau Antonio Taunay, esposa e cinco filhos; mais adiante, à saída da garganta, o príncipe de Montbéliard; o conde de Scey, próximo à entrada da atual estrada do Açude da Solidão, no morro que passou a se chamar do Sé; mais o conde de Gestas e Madame de Roquefeuil, amigos chegados de D. Pedro I e D. Leopoldina, proprietários de uma bem-sucedida plantação, comparável àquela famosa, do general Hoggendorp.

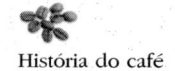

Na floresta da Tijuca moravam algumas famílias francesas que se envolveram com o cultivo do café, a exemplo da família Taunay. Neste desenho tem-se, à esquerda, a residência dos artistas franceses Taunay, na Cascatinha da Tijuca. No primeiro plano, escravos secando café produzido naquelas terras. À direita, sentado, o artista desenhando.

Cultivar café foi uma alternativa para aqueles nobres europeus que, de repente, se viram na América. Mais do que os plantadores da terra, eles conheciam o sucesso da bebida no mercado internacional, e o cultivo da planta tornou-se atraente e rendoso no país de "terras virgens" e mão de obra farta. Contudo, ainda em 1822, o viajante Ferdinand Dennis observava que, nas plantações ao redor da cidade do Rio de Janeiro, não se viam grandes propriedades como as de São Domingos e "a maioria dos cultivadores mostra moderação muito filosófica e apenas colhem os produtos de cinco a seis mil pés, o que lhes permite viver confortavelmente com as famílias, não mais se esforçando para aumentar as rendas".

Naquela altura, as matas da Tijuca já haviam sofrido grandes clareiras causadas pelas derrubadas para a formação de cafezais e também – em menor número – de lavouras de chá, implantadas pelos chineses, origem do nome do belvedere Vista Chinesa naquele local, hoje ponto turístico. Tomado pelo café, o morro da Tijuca permaneceu lucrativo por alguns anos, até sobrevir o envelhecimento dos pés, quando a área desgastada revelou sua decadência física e paisagística. Para observadores estrangeiros, já cientes do caráter predatório das lavouras cafeeiras, aquela imagem foi penosa. Em particular aos cientistas e artistas que vieram ter ao país, desde os remanescentes da Missão Francesa aos naturalistas encarregados por seus governos de catalogar a rica flora e fauna tropicais. Coube a representantes do grupo da Academia de Belas Artes da sede da Corte, significativamente formado por estrangeiros zelosos da preservação daquela rara paisagem, o alerta a D. Pedro II para a necessidade de recuperação da antiga Floresta da Tijuca. A intervenção do imperador para recuperar a área degradada foi decisiva, desapropriando em 1853 as propriedades rurais e dando início à recuperação da mata primária. Naquela altura, a lavoura já ia longe, ultrapassando o velho oeste paulista. Ali, porém, nascia a Floresta da Tijuca conforme a conhecemos hoje: um exuberante maciço verde.

Para ilustrar os primeiros plantios, restaram gravuras que documentam a Floresta da Tijuca como imenso cafezal, território histórico da implantação da rubiácea no Brasil.

Do açúcar para o café

Além das condições favoráveis conhecidos de solo, clima, demanda de mercados, declínio do açúcar, facilidade de adaptação aos engenhos, mão de obra barata e abundante, havia a presença dos mineiros ociosos que deixavam as jazidas decadentes para se envolver com o café. O mineiro que desertava da zona mineradora, em busca de um recomeço na agricultura, encontrou na lavoura cafeeira a possibilidade de novos experimentos. Há quem afirme que "sem o estado de espírito aventureiro das Gerais, outra seria a história do café e, por consequência, outro o destino do país".

De fato, o empreendimento foi menos arriscado para o agricultor fluminense, que experimentou a transição de forma cautelosa, anteparado pelas instalações do engenho de açúcar ainda produtivas. Razão pela qual, durante bom tempo, ambas as lavouras, de cana e de café, conviveram na paisagem do Rio de Janeiro. Só após a Independência, o café ultrapassou a cana e, só após 1830, o grão substituiu o açúcar na balança das exportações.

Já para o mineiro, que praticamente inaugurava uma nova atividade em outras bases comerciais, a tarefa não foi nada fácil. A despeito do crescimento da demanda, aquela cultura ainda se apresentava como novidade e a empreitada exigia forte empenho para sua implantação: abertura da mata, preparo do terreno, amanho do solo, espera da primeira colheita, construção das edificações de apoio. Lutar contra os pântanos da baixada e recuperar a terra submersa sob florestas de mata cerrada foram tarefas de magnitude, executadas por quem apostava em um recomeço. Já tinham ciência, porém, dos riscos do produto, sujeito a preços incontroláveis de um mercado externo oscilante e às intempéries – das geadas às pragas – que podiam pôr a perder toda uma safra.

A atuação dos mineiros, porém, foi decisiva para o avanço dos cafezais em direção ao interior da província, sua implantação na vizinha Zona da Mata mineira e posterior entrada em São Paulo. Levas de retirantes das Gerais, antiga mão de obra subutilizada da mineração, assumem as sesmarias, de posse relativamente fácil, localizadas próximas da capital ou no caminho do principal porto exportador.

Famílias portuguesas, de grossos cabedais, também vieram investir na nova cultura, estimuladas pela doação de sesmarias, concedidas por D. João VI para ocupação produtiva do território brasileiro. Consagrava-se, através da aposta no café, o latifúndio e a grande propriedade monocultora, que prevaleceram no Brasil ao longo de todo o século XIX, entrando pelo XX.

O leitor deve estar ansioso pela rota da planta que se tornaria símbolo do país.

Através do mar de morros

A saga do café tem sido traçada a partir de vários critérios, ora definidos por sua ocupação geográfica ou pelas etapas da produção, por vezes pela força de trabalho utilizada ou através dos estágios técnicos vivenciados pelo produto, entre tantos outros recortes. Para nosso propósito, de acompanhá-lo em sua caminhada até o presente, vamos recuperar este avanço levando em conta as alternativas anteriormente mencionadas, mas privilegiando as conjunturas econômico-políticas que presidiram sua itinerância no Brasil.

Não pense o leitor que se fará aqui uma árida abordagem de assunto tão saboroso. Pelo contrário, evocamos estas diretrizes para que, através delas, apareçam melhor a paisagem, a sociedade, os hábitos, as práticas culturais, o cotidiano e o imaginário da fantástica história do café no Brasil. Assim, relativizando a rigidez de marcos cronológicos oficiais e com o intuito apenas de auxiliar o leitor nesse percurso, tem-se como etapas importantes do roteiro da entrada e fixação do café entre nós os seguintes marcos: 1808, Abertura dos Portos ao comércio com as Nações Amigas; 1814, fim do Bloqueio Continental, que ampliou as possibilidades comerciais brasileiras; 1822, Independência do Brasil; 1840, coroação de D. Pedro II; 1850, suspensão do tráfico negreiro. Todos esses acontecimentos, conforme se verá, correspondem a momentos em que o café conheceu arranques e cresceu no mercado. A nortear esses marcos estava o sistema capitalista – conforme se desenvolvia, estabelecendo uma divisão internacional de trabalho em que os países hegemônicos traçavam o destino econômico daqueles de tradição agrícola, vale dizer, dos países que produziam artigos primários. Nesse arranjo, o Brasil monocultor figurou como o fornecedor de café por excelência, submetido à racionalidade implacável dos mercados e aos interesses dos manipuladores do capital.

Da emergência do café no Rio de Janeiro, por volta de 1760 e até 1808, quando da chegada da Corte ao Rio de Janeiro, a nova planta cumpriu roteiro de propagação acanhado, de produção relativamente modesta, sob os rigores do antigo sistema colonial. Nesse período, avançou geograficamente dos morros cariocas tomando duas direções principais: uma primeira, a de São Gonçalo, de onde se originaram as culturas da baixada até Campos e os grandes cafezais da zona montanhosa do norte, centralizado por Cantagalo e Madalena; uma segunda, a de Rezende, de onde se espraiaram as grandes lavouras do vale do Paraíba, da Mata Mineira e dos chapadões paulistas.

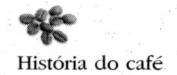
Neste último território, fincou suas bases, estendendo-se sistematicamente até seus limites a norte e a oeste.

É curioso que esta propagação inicial, no caso do Rio e São Paulo, estendeu-se por todo um vale – o vale do Rio Paraíba –, ocupando áreas que foram chamadas pelo geógrafo Aziz Ab'Sáber de "mar de morros". De fato, a despeito da topografia dos vales, em geral marcados pela continuidade de planícies, foi nos morros desse percurso que o café se encarapitou, plantado nas inúmeras elevações que se intercalavam na paisagem. O espetáculo é bonito de se ver nas reproduções dos artistas da época, que pincelaram minúsculos pontos verdes das fraldas ao cocuruto dos morros. Mais tarde, descobriu-se que a forma de plantar era incorreta, provocando a precoce erosão que assolou aquelas terras, que rapidamente conheceram o declínio. Hoje se sabe, também, que os fazendeiros da época até tinham alguma consciência da falha do plantio, mas insistiam nele, pois daquela forma conseguiam a melhor visualização para controlar o trabalho escravo.

Decisivas para o escoamento desta produção foram as estradas e portos que se encontravam no trajeto. Sobretudo nas imediações dos primeiros cafezais. Breve repassada nesses escoadouros permitirá perceber melhor a relativa facilidade de despacho dos grãos.

Estradas e portos para servir o café

A propagação da cultura no Rio de Janeiro e mesmo do fundo do vale paulista beneficiou-se de uma rede de caminhos e portos já existentes, de fácil escoamento, que propiciaram a colocação do produto no mercado. Novas estradas e portos também foram abertos, centralizando no porto do Rio de Janeiro todo o despacho final da mercadoria. Entre os portos marítimos estavam Paraty, Angra dos Reis, Mambucaba, Jurumirim, Mangaratiba, Ariró, Ubatuba, São Sebastião e Caraguatatuba. Entre os portos fluviais, foram muito utilizados o de Itaguaí, no rio do mesmo nome, o Iguaçu, também neste rio, os dois portos de Estrela, sobre o rio Inhomirin, no fundo da Baía de Guanabara, e o porto de Caxias, nas margens do rio Macapu. No rio Paraíba, encontravam-se os portos de Campos, São Fidelis, Porto Velho e Porto Novo. Desses portos, saíam estradas, de uso intenso, onde os próprios cafeicultores investiam, sabendo-se que a de Ariró, a mais utilizada, foi até mesmo calçada com pedras numa época em que isso era muito raro.

Criou-se, pois, um emaranhado de estradas que se subdividiam em outras menores, de acesso às propriedades rurais, definindo intrincada teia

Tropa de mulas pela estrada da serra dos Órgãos, na serra do Mar, área de antigas fazendas de café, próxima de Magé. Observa-se a rica mata primária, com espécimes nativas registradas pelo desenhista – de pequenos coqueiros à araucária –, biodiversidade que mereceu a criação ali do Parque Nacional da Serra dos Órgãos, em 1939.

de caminhos – de tráfego intenso – pontuados por ranchos e vilas, muitos deles transformados posteriormente em cidades. Rezende, Barra Mansa, Vassouras, São João Marcos, Passa Quatro, Sant'Ana foram núcleos que se desenvolveram com o café, abrigaram fazendas expressivas, de proprietários poderosos no quadro do Império, figurando como palco privilegiado do esplendor econômico fluminense.

Essa proximidade com o Rio de Janeiro, cujos portos de escoamento vizinhos facilitavam o despacho da produção, explica a efetiva propagação inicial da lavoura de café no vale do Paraíba fluminense e paulista em detrimento daquela no planalto paulista. Nas imediações da capital paulista, as dificuldades de comunicação entre o planalto e o porto de Santos, entremeado pela íngreme serra do Mar, contribuíram para a implantação mais lenta da cultura cafeeira. Mesmo assim, em 1825, Santos registrava, transportada até o porto em lombo de burros, fosse vinda do sertão ou

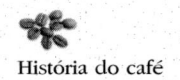

procedente dos pontos do litoral, uma exportação de 27 mil sacas de café, na base de quatro arrobas por saca.

"O homem vai, enfim, subir a serra de machado em punho"

Esta afirmação, de Alberto Ribeiro Lamego, fala de qual serra? Trata-se daquele primeiro degrau do planalto que margeia o trecho fluminense do Paraíba, a faixa que tem início em Rezende, prossegue por Barra Mansa, São João Marcos e Piraí, até atingir os municípios serranos na outra ponta da Capitania, em Itaperuna e no caminho de Carangola. Mas a previsão podia dizer respeito a uma extensão de terras ainda maior, atingindo boa parte do vale do Paraíba paulista, dado que ambos os vales se situam na mesma quadra histórica dos primeiros tempos de implantação e avanço da lavoura cafeeira. E mais: ambos se integram do ponto de vista geográfico, econômico e social, abrigando municípios com características comuns àquela fase da implantação da lavoura cafeeira. A passagem do café por ali foi breve, de aproximadamente três gerações. O embaixador Nogueira Porto, descendente de família tradicional da região, resume bem a evolução do ciclo, constituído por desbravadores e pioneiros, sucedidos por filhos enriquecidos, educados e enobrecidos, e pelos netos pobres, contemporâneos da decadência dos opulentos feudos rurais herdados, resultado do fracionamento das terras e fortunas das grandes famílias e do consequente esvaziamento do poder econômico e político que um dia detiveram.

O resto de história daquela área pode ser apreendido nas sedes de fazendas remanescentes, muitas delas hoje restauradas e que compõem o roteiro do turismo rural, propiciando nas terras exaustas um dos retornos econômicos viáveis para a região. Assim como, nos solares urbanos de Vassouras e Rezende, do lado fluminense, e naqueles de Bananal e demais cidades do vale, do lado paulista, restou um patrimônio cultural que abre uma janela para o passado, permitindo entrever parte de sua figuração.

Reparos necessários

Já se viu que o café tem o condão de deixar alusões fantásticas no rastro de sua trajetória. Nessa passagem pelo vale do Paraíba não foi diferente, e versões magnificadas se construíram no curto período de esplendor daquelas fortunas. Bananal reúne a maior parte delas e convém desde já retificá-las. Certo que em 1854 a cidade foi a maior produtora de café do Brasil, mas sua propalada riqueza, bem como aquela das cidades do "fundo do vale" – Barreiros, Areias e Silveiras –, não se expressou com o requinte e esplendor das congêneres fluminenses.

As "dezenas" de titulações atribuídas aos "grandes" de Bananal resumem-se a três viscondes – Ariró, Aguiar Toledo, São Laurindo – e cinco barões – Joatinga, Bananal, Ribeiro Barbosa, Almeida Valim, Aguiar Valim.

Quanto às duas crenças populares arraigadas, não passam de vistosas histórias, que o tempo cuidou de legitimar na lembrança daquele apogeu: a cunhagem de moedas de ouro, de circulação local, pelo comendador Domingos Moitinho, e a quitação da famosa dívida do Império com os britânicos, saldada pelo proprietário da fazenda Resgate, comendador Manuel de Aguiar Valim.

Com relação à primeira notícia, das moedas, estas se resumiam a fichas metálicas que facilitavam o pagamento do pessoal da estrada de ferro e das fazendas, uma espécie de vale, que podia ser trocado no armazém do comendador e, às vezes, era aceito nas cidades vizinhas. O poder do comendador era garantia de pagamento certo. Já na segunda, do acerto com os banqueiros ingleses, pouco se sabe sobre a dívida e menos ainda do suposto endosso da Câmara bananalense como garantia para o empréstimo solicitado pelo governo imperial.

A propalada superioridade do espaço urbano, dotado de palacetes e edificações magníficas, correspondeu de fato à fase do início do declínio da produção, quando os brasonados da terra erigiram moradias urbanas a exemplo da Corte, representação simbólica do poder que já se esvaía.

Uma diferença, contudo, deve ser registrada nestas propriedades do vale com relação às demais do velho oeste paulista: o requinte do cotidiano nas propriedades rurais próximas da Corte, com estilo de vida, hábitos, alfaias e mobiliário condizentes com os melhores salões do Império. Ao contrário destas, as sedes de fazendas que se abriram para além de Campinas – ressalvadas algumas exceções – foram rústicas, por vezes singelas, sofisticando-se em fase muito posterior, quando a ferrovia, com materiais importados, já podia atravessar o sertão. Só então é que a casa de vivenda da fazenda paulista conheceu toda a sorte de adereços representativos da civilização: do mobiliário Thonet à água de Vichy, do piano de cauda ao melhor figurino francês.

Entrando em território paulista

Para São Paulo, a maioria dos estudos aponta o ano de 1790 como marco da entrada do café na capitania, atribuindo-se à vila de Areias o pioneirismo no cultivo de cafezais. Ambas as informações precisam ser revistas.

A planta surgiu nas terras paulistas por volta de 1765, esparsamente, em meio ao cultivo de produtos de subsistência, estes, sim, expressivos nas propriedades de São Paulo. Diferentemente do Rio de Janeiro, onde os cafezais brotaram já voltados para a economia exportadora, em São Paulo seu plantio foi complementar às roças de feijão, arroz, mandioca, milho, açúcar, e à produção de aguardente e criação de porcos. Onde havia porcos também havia milho para alimentá-los, e o vale do Paraíba foi pródigo nesse grão e na produção do toucinho, então vendido para o Rio de Janeiro. Naquela altura, a situação paulista era especial, apoiada na função de abastecedora de víveres de Minas Gerais e Rio de Janeiro. Apesar de ser província pobre, tinha seu dinamismo e comércio desenvolvidos pelo tráfico terrestre de mulas, mas também expressivamente pela navegação de cabotagem. O melhor meio para transportar era atingir um porto e daí a seus pontos de comércio, o que explica a localização das tantas lavouras oitocentistas paulistas próximas às regiões portuárias: no vale do Paraíba, por situar-se no caminho para o Rio; nas proximidades de Santos, pelo possível escoamento através daquele porto. Assim, o café foi aparecendo, por um lado, no litoral e subindo a serra na altura de São Sebastião e Ubatuba; por outro, veio pelo vale do Paraíba.

Nos primeiros anos do século XIX, as culturas aparecem misturadas. Há açúcar, muito milho e porco, mas também há café. Na ausência de crédito para financiar a lavoura cafeeira – que levava quatro anos para a colheita –, e não havendo nem mesmo mobilidade de capital, será apenas a atividade de subsistência aquela que financiará o inicial investimento paulista no café. Logo, na primeira metade do século XIX, haverá simultaneidade do cultivo de café e outros produtos agrícolas, pois o lavrador precisa sobreviver até sua primeira colheita, sem abandono das demais atividades. No engenho de açúcar, de produção mais complexa, exigindo investimentos de grande envergadura, essa situação de sobrevivência econômica até a primeira colheita do café era mais difícil. Assim, a emergência das plantações se deu, sobretudo, em propriedades agrícolas de subsistência e, de forma mais tênue, onde havia açúcar.

Nessa época, a escravaria se concentrava, sobretudo, na atividade açucareira, sabendo-se que inicialmente a lavoura de café utilizava apenas um terço daquela mão de obra. Também nessa primeira fase, mão de obra livre e escrava teriam trabalhado juntas nas lavouras cafeeiras e de subsistência. Ainda eram raros os plantéis com cem escravos, diferentemente do que ocorria nas lavouras de café das Antilhas, por exemplo. Só a partir do desenvolvimento da agricultura comercial do café é que se intensificou o uso dos africanos, aumentando sua vinda. Ao final do século XVIII, a cultura cafeeira já se faz presente na região marinha paulista. Em 1798, há 8 produtores de café em São Sebastião; em 1804, há 19. A partir de 1815, passa a existir um número mais expressivo de produtores, em boa parte concentrados em São Sebastião, Ubatuba e Vila Bela. Na região de Areias, que então englobava Bananal, havia no ano de 1817 aproximadamente 200 produtores, com 1.000 escravos produzindo 100 toneladas do grão. A produção do vale é crescente, consignando-se que em 1836 vêm dali dois terços da produção do café paulista. E, mesmo com uma plantação esparsa, a capitania de São Paulo já enviava para Lisboa, por volta de 1790, suas primeiras remessas de café. Próximo à capital o cultivo era pouco. Em suas *Memórias* sobre o estado da agricultura em São Paulo, de 1788, o Marechal Arouche noticiava os gêneros que se poderia exportar "serra acima", citando anil, café e algodão, mas adiantava que isso não ocorria pela "falta que havia deles".

O famoso sítio da Casa Verde, na capital paulista, de propriedade da família Arouche, cultivava café na margem direita do rio Tietê. O sítio era assim chamado em alusão à cor da casa sede, onde viviam sob severa vigilância as sete irmãs do marechal Arouche, conhecidas como as "mocinhas da Casa Verde". Consta que o primeiro café por ele despachado para Lisboa foi para seu irmão lá residente, apenas um mimo das irmãs, as tais mocinhas.

A despeito do inicial plantio despretensioso, a adesão pelos paulistas foi até rápida se comparada às resistências que o café sofrera no Rio de Janeiro. A experiência bem-sucedida do vizinho deve ter pesado para a pronta aceitação da nova planta em São Paulo.

A valorização do café no mercado internacional aos poucos estimulou a cobiça dos proprietários paulistas. O capitão Francisco de Paula Camargo, de Jundiaí, por exemplo, ao assistir à venda de café limpo a oito e nove mil réis a arroba, no Rio de Janeiro, por ocasião de festejos em honra do príncipe regente, tratou de iniciar o plantio do grão em sua fazenda, denominada então fazenda do Café. Concomitantemente, induziu seu parente, tenente coronel Joaquim Aranha Camargo Barreto à mesma providência. Ainda em 1800, o governador Antônio Melo de Castro e Mendonça informava com pouco entusiasmo: "A cultura deste gênero não passa de alguns pés, que cada um dispersamente planta nas suas fazendas, para ornato das ruas e passeios dela". Do mesmo ano, a *Memória econômico-política* do governador da Capitania de São Paulo, Antônio Melo de Castro e Mendonça, concluía:

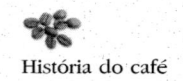

[...] ele vegeta e produz bem em toda a Capitania, mas com especialidade da Marinha, onde o clima, por quente e úmido, concorre sobremaneira para a sua melhor frutificação, de forma que pela grandeza de cada grão se distingue o que há da Marinha ou da Serra acima, sem que este acidente o faça diverso na qualidade.

Por volta de 1812, o naturalista John Mawe registrou a presença constante do café na região da Mantiqueira. Deparou-se com "cafeeiros antigamente plantados", observou o estrago da geada sobre bananeiras e cafeeiros, almoçou ovos e café num dos pousos que fez e, ao chegar a Vila Rica, recebeu de presente "café, doces, queijo e bom pão".

É sabido que, até 1815, a produção do Brasil cobria apenas o seu consumo interno. Dessa fase inicial, um dos raros testemunhos do que seria a paisagem do cafezal em território paulista é do viajante botânico francês Auguste de Saint Hilaire, que, em 1819, percorreu o trajeto do Rio de Janeiro a São Paulo. De forma espontânea, sem que estivesse especialmente interessado em conferir a propagação da planta, constatou a penetração da nova cultura no vale do Paraíba paulista, antes mesmo da Independência. Trata-se de uma página de narrativa pitoresca, rica de informes, que vale a reprodução pelo raro depoimento sobre a área em transformação. Vindo, pois, de São Paulo para o Rio de Janeiro, no trecho intermediário entre ambas as províncias, observou:

[...] Desde ontem começara a ver plantações de café, hoje mais numerosas. Devem sê-lo mais ainda à medida que me for aproximando do Rio de Janeiro. Esta alternativa de cafezais e matas virgens, roças de milho, capoeiras, vales e montanhas, esses ranchos, essas vendas, essas pequenas habitações rodeadas das choças dos negros e as caravanas que vão e vêm, dão aos aspectos da região grande variedade. Torna-se agradável percorrê-la [...] Confirmaram-me o que outras pessoas já me haviam dito. Há apenas uns vinte anos que se começou por aqui a cultivar o café que hoje faz a riqueza da zona. Antes disso ocupavam-se os lavradores apenas com a cana-de-açúcar e a criação de porcos. [...]

Quanto mais me aproximo da capitania do Rio de Janeiro mais consideráveis se tornam as plantações. Várias existem também muito importantes, perto da Vila de Rezende. Proprietários desta redondeza possuem 40, 60, 80 e até 100 mil pés de café. Pelo preço do gênero devem esses fazendeiros ganhar somas enormes. Perguntei ao francês a quem me referi ontem, em que empregavam o dinheiro.

"O Sr. pode ver", respondeu-me, "que não é construindo boas casas e mobiliando-as. Comem arroz e feijão. Vestuário também lhes custa pouco, nada gastam também com a educação dos filhos que se entorpecem na ignorância, são inteiramente alheios aos prazeres da convivência, mas é o café que lhes traz dinheiro. Não se pode colher café senão com negros; é pois comprando negros que gastam todas as rendas e o aumento da fortuna se presta muito mais para lhes satisfazer a vaidade do que para lhes aumentar o conforto."

Em 1817 um pioneiro resolveu investir no cultivo do café em grande escala no território paulista. A iniciativa foi de Nicolau dos Campos Vergueiro, atilado agricultor, homem de letras e político, que fundou com esse propósito a fazenda Ibicaba. Era uma façanha para a época, pois a propriedade distava mais de duzentos quilômetros do porto de Santos e a ferrovia ainda não passava de mera cogitação.

Enfim, a despeito de a largada ter se dado em pontos esparsos da Capitania de São Paulo, com produção diminuta e em caráter experimental, o trajeto percorrido pela plantação sistemática da rubiácea foi bem definido, a partir do fundo do vale do Paraíba paulista. A contiguidade com o território fluminense facilitou o avanço pelo vale na sua banda paulista. Mais exatamente nas imediações da atual cidade já mencionada de Areias, então distrito da Vila de Lorena. Foi dali que o café tomou o rumo das vilas vizinhas de São José do Barreiro, Bananal e Silveiras, que viriam a ser as iniciais e expressivas produtoras na primeira metade do século XIX, adentrando Guaratinguetá, Pindamonhangaba, Caçapava, Taubaté e Jacareí, estas duas últimas especialmente em 1822.

Coffea arabica: uma matéria de sucesso

O café já era matéria de sucesso na imprensa da época, assunto que começava a aparecer com frequência nas raras publicações que entravam no país.

Ao final do século XVIII, a valorização do café pela Coroa portuguesa é atestada pela publicação de obras especialmente destinadas à colônia, tendo a nova lavoura como objeto de análise. Essas publicações eram parte do projeto iluminista do Estado português, para o qual a ciência se impôs como instrumento decisivo de otimização da produção dos gêneros de interesse econômico. As informações deveriam ser liberadas e difundidas para as elites, por meio de impressos que lhes possibilitassem participação qualificada na economia do

Reino. Logo, a pesquisa agrícola, a racionalização do cultivo e a atualização do manejo estavam na ordem do dia, devendo ser amplamente divulgadas por todo Império ultramarino. Circularam então vários panfletos e impressos, com vistas a aumentar os rendimentos num momento em que várias novas culturas estavam sendo testadas no Brasil por sua potencialidade econômica, a exemplo da canela, do anil, da cochonilha e, a partir de então, do café.

Uma primeira menção aos entraves técnicos para o trato deste último, no norte brasileiro, se encontra no diário do naturalista Alexandre Rodrigues Ferreira, de 1786. O autor atribui o pouco rendimento das plantações ao cultivo precário que experimentavam, por conta da falta de mão de obra e dos parcos conhecimentos e cuidados práticos recebidos. Informava que os melhores resultados eram observados nas plantações das vizinhanças das casas, onde as mudas se davam melhor e se carregavam de frutos, por gozarem de varreduras, cuidados com limpeza das plantas e precaução com animais destrutivos.

Contudo, é na obra de nosso primeiro botânico, o mineiro frei José Mariano da Conceição Veloso (1741-1811), que aparecem instruções destinadas ao melhor conhecimento da planta. Na coleção em 11 volumes de *O fazendeiro do Brasil*, editada em Lisboa em 1798, o autor menciona os gêneros mais cultivados no território e dá instruções de como melhorá-los, a saber: açúcar, café, cacau, índigo, arroz, linho e cânhamo. Traz ainda informações sobre outras especiarias e o preparo de leite e derivados. O café aparece no capítulo denominado "Bebidas alimentosas", e o objetivo das instruções para a *preciosa planta* – segundo o botânico – é seu "perfeito preparativo para passar à Europa e igualar, se não exceder, ao cultivado nas possessões Africanas e Americanas estrangeiras, e ainda, como se julga possível, ao que se transporta de Moca, cuja perfeição parece estar distante o nosso". Com esse cuidado, o autor transcreve ali a publicação clássica sobre o café, de autoria de P. J. Laborie, fazendeiro de café da ilha de São Domingos, que passou a ser utilizada por fazendeiros mais esclarecidos como manual de orientação.

Na obra seguinte do mesmo autor, *Flora fluminense* (1825-1827), considerada seu melhor trabalho, frei Veloso revela pesquisa própria, com vasto inventário da vegetação litorânea da capitania, descrevendo cerca de 1.700 espécies, em que relaciona 11 variedades de café.

A necessidade de divulgar conhecimentos sobre o cafeeiro transformava o tema em assunto de amplo interesse. Sintomático, pois, que a segunda revista periódica conhecida no Brasil *O Patriota: jornal literário, político e mercantil*, do Rio de Janeiro, saída da Impressão Régia, em 1813, trouxesse vasta matéria alusiva à nova lavoura. Tratava-se de uma publicação inovadora a partir de seu próprio nome – *Patriota* –, termo proscrito e considerado de cunho revolucionário na colônia. Pois é ali que, no artigo denominado "Memória sobre o Café, sua história, sua cultura e amanhos", o autor afirma ser a bebida de tal maneira admitida no uso econômico que chega ao grau dos objetos de primeira necessidade. Noticia ainda a exportação de produtos do ano de 1812, informando que da Bahia, Pernambuco e Maranhão vêm muitas sacas de algodão e muito couro e, do Rio de Janeiro, sessenta sacas de café. Entusiasmado com a planta, descreve enlevado: "um cafezal bem disposto é talvez o mais lindo quadro que a agricultura oferece. A brancura brilhante das flores, o encarnado dos frutos, contrastando com o verde das folhas apresentam o mais agradável matiz, o que mais realça o aroma que das flores se derrama".

Monsenhor Pizarro, em suas *Memórias*, de 1820, confirma a propagação da planta por influência de leituras da época. Informa que o café permaneceu muito tempo nos jardins do Rio de Janeiro, como planta de ornamento, mas "apareceram então em certos jornais da Corte, artigos a respeito do café em Cuba, de autoria de Roboredo, onde a rubiácea prosperava. Lendo-os, alguns lavradores animaram-se a empreender a cultura em maior escala".

Café e Independência

A inicial disseminação do café a partir do Rio de Janeiro tem por trás um processo político e econômico que merece consideração. É na esteira dos ideais de *igualdade, liberdade e fraternidade* que os cafezais vão tomar os primeiros rumos para sua competitiva colocação no mercado. Esse mercado conhecia transformação de monta, como resultado da Revolução Industrial em curso, do declínio do capital mercantil e da ascensão das potências industriais, sobrevindo a crise do antigo sistema colonial português.

Uma breve recapitulação das transformações do Brasil nesse momento permite ao leitor melhor compreensão da conjuntura favorável para a disseminação do produto em bases comerciais expressivas. Como se viu, a vinda da família real em 1808 e sua instalação no Rio de Janeiro foram decisivas para a inserção do país nos quadros do comércio internacional. O fim do monopólio comercial português e do estatuto colonial permitiu o acesso do país ao grande comércio de importação e exportação. O produto da hora e da vez foi o café.

A permanência de D. João no Brasil coincidiu com o avanço das plantações, sincronia que não se deveu apenas à aposta oficial no produto e no incentivo para seu plantio. Mais que isso, a capital da colônia tornou-se sede da Corte, porto importante e principal centro comercial, financeiro e manufatureiro do território. Da Abertura dos Portos em 1808 à suspensão do Bloqueio Continental francês, em 1814, criaram-se as condições que possibilitaram a ampla colocação do produto no mercado. A nova situação do Rio de Janeiro, de potencializado escoadouro de artigos coloniais para o mercado europeu, consolidou-se ainda mais a partir de 1815, quando a cidade foi elevada à sede do Reino Unido a Portugal e Algarves, capital do Reino. Nessa altura, o café ainda não ocupava o primeiro lugar na balança comercial, mas estava chegando lá.

Às vésperas da Independência, por volta de 1820, como vimos, o desenvolvimento da lavoura cafeeira era bastante visível no Rio de Janeiro. No vale paraibano, a cidade de Rezende respondia pela melhor produção, seguida de São Gonçalo, na baixada oriental. A esses dois núcleos iniciais, suporte do empreendimento e que conferem outra visibilidade à capitania, seguiu-se a produção de Cantagalo, responsável por nova irradiação das plantações. Para se ter uma ideia da importância daqueles cafezais, o próprio setor de comunicações, sempre tão precário, recebeu estímulos oficiais em benefício do café. A Estrada do Comércio, cuja construção data de 1812, servia à área que o café tomava de assalto, passando entre as regiões de Vassouras, de um lado, e Pati, de outro. Servia o porto conhecido como Comércio, à beira do Paraíba, e atingia o Porto dos Índios, à margem do rio Preto. Sua reforma, em 1829, visou preencher as novas necessidades relativas ao café, cujo destino final era o porto de Iguaçu, de onde a carga era destinada aos armazéns e trapiches do Rio de Janeiro. A tradicional estrada das boiadas, a Estrada da Polícia, figurou como agente de desenvolvimento para aquela lavoura, valorizando a terra, promovendo o povoamento da área, considerada de irradiação da economia cafeeira.

Naquela altura, não se tinha mais dúvida a respeito da necessidade de investir no produto. A morte de D. Maria I, em 1816, e subsequente aclamação solene de D. João VI, em 6 de fevereiro de 1818, acirrando as pressões para seu retorno a Lisboa – que havia, inclusive, perdido seu exclusivo comercial –, levaram aos conhecidos fatos da partida do monarca em 1821, deixando como príncipe regente seu filho, D. Pedro.

"As posses dão, Real Senhor!"

Em agosto de 1822, D. Pedro seguiu repentinamente para São Paulo, onde havia boatos de revolta. Em sua viagem, atravessou o vale do Paraíba, pousando e parando nas propriedades de homens poderosos do trajeto. No território paulista, pernoitou nas fazendas Três Barras, de Bananal, do capitão Hilário Gomes Nogueira; mais adiante, jantou na fazenda Pau-d'Alho, tida como a primeira fazenda paulista construída especialmente para o cultivo do café. Ali, o coronel João Ferreira de Souza ofereceu-lhe soberba refeição, com leitão, guisados, frangos, arroz e lebre. No dia seguinte, o príncipe regente parou em Guaratinguetá, na casa de Manoel José de Mello, que tinha até baixela de ouro. Surpreso com tamanha riqueza, recebeu do proprietário a resposta: "As posses dão, Real Senhor!". As *posses* resultavam de suas lavouras de café, que se propagava pelo vale.

Sabe-se que nos dias seguintes D. Pedro percorreu as principais cidades em direção a São Paulo. Em 18 de agosto, pernoitou em Lorena; no dia 19, esteve em Guaratinguetá; dia 21, parou em Taubaté; dia 22, em Jacareí e, dia 23, em Mogi das Cruzes. Em todas essas cidades, conferiu as plantações de café distribuídas pelo mar de morros e a riqueza que se pronunciava a partir delas.

Os fatos seguintes são bastante conhecidos. No avanço da onda liberal e em face da pressão das Cortes, em 7 de setembro, o Príncipe Regente "proclamava a Independência" do Brasil.

O país começava a escrever uma nova história. As tintas e as cores desse relato foram dadas pelo cafezal. Da Independência, passando pelo Primeiro Reinado e Regência, o café delineou-se como planta esteio da nação. E consolidou-se ao longo da Monarquia construída nos trópicos, num Reino visto como flor exótica das Américas, onde governou um imperador loiro, de olhos azuis, que se vestia com um manto de penas de papo de galos da serra nas ocasiões de pompa e circunstância. Esse monarca reinaria à sombra dos cafezais. Ou melhor: seu reinado acabou por figurar como uma alegoria do café.

Vamos, pois, leitor, ao Império do café.

Império do café

Ramo de café, um símbolo, um destino

Em 18 de setembro de 1822, 11 dias após a Independência, um ramo de café era incorporado ao escudo de armas do Império, por sugestão de José Bonifácio de Andrade e Silva, com endosso de D. Pedro I. O fruto ainda não figurava como primeiro item da balança comercial do país, mas seu avanço progressivo sinalizava a subsequente liderança. A ideia foi de José Bonifácio, que, a exemplo da grande influência no estabelecimento das bases da nação, também comparece como artífice da implantação oficial da nova cultura. Sua avaliação de mercado era apurada, a julgar pela vivência europeia, o

Carregamento de café transportado para a cidade pelos escravos. Observe os ramos valorizados pelo pintor, levados como estandartes, numa espécie de glorificação do produto. A planta já figurava no escudo nacional e, assim valorizada, foi reproduzida pelo pintor oficial da Corte, Jean-Baptiste Debret, em 1826, um dos primeiros artistas a documentar a cultura cafeeira.

largo conhecimento da política colonial e a astúcia que o caracterizava. Uma pergunta, porém, fica no ar, à espera de novas pesquisas que elucidem uma competente resposta: como, sendo antiescravocrata, pôde o patriarca apostar no sucesso da nova cultura, que demandava vasta mão de obra, naquela altura só obtida através do comércio africano de escravos?

Essas e outras divergências pesaram na subsequente demissão dos Andradas do inicial governo, que prosseguiu com a oficialização do tráfico e dissolução da Constituinte. D. Pedro I, à frente de suas tropas, passou a ostentar no chapéu imperial um ramo de cafeeiro. O símbolo deixava de ser tão só adorno do escudo nacional e passava a figurar, de certa forma, como um sinete que referendava a hegemonia política dos traficantes e proprietário de escravos. O café, portanto, viera para ficar.

Curioso que essa alegoria se fez acompanhar de um ramo de tabaco, produtos que ascendiam no consumo internacional, exaltados pelas qualidades medicinais e, indiretamente, pelo teor inebriante e/ou excitante que os caracterizava. Vejam bem a mencionada astúcia na concepção do novo símbolo do país – intencional ou não –, elegendo produtos que eram drogas da moda, que se inter-relacionavam na dependência, em particular o café, a "boca de pito" ideal para um fumante. Ambos vinham preencher o nicho de mercado legado pelo comércio de especiarias, candidamente divulgados como medicinais e estimulantes. Tanto o café era anunciado como terapêutico para uma série de moléstias assim como o fumo também era utilizado na forma de unguento para cicatrização de doenças da pele.

A paródia ao Hino da Independência não deixava dúvidas sobre a aposta no café vinculado à escravidão.

> Cabra gente brasileira
> Do gentio de Guiné
> Que deixou as Cinco Chagas
> Pelos ramos de café

Logo, o reinado de D. Pedro i, de 1822 a 1831, transcorreu concomitantemente à propagação da cultura cafeeira e à ascensão do grão como primeiro colocado na balança comercial brasileira. Em 1826, os ramos de café e de fumo foram agregados ao brasão da cidade, figurando ao lado das três flechas de Estácio de Sá, demonstrando claramente a centralidade do Rio de Janeiro no Império. No período regencial, de 1831 a 1840, compreendido entre a saída de d. Pedro i e a coroação de d. Pedro ii, o café passou a liderar as exportações. Em 1838, Paulino José Soares, deputado, então presidente da Província do Rio de Janeiro, enfatizava à Assembleia Provincial o crescimento do gênero:

> O café desta Província, cuja concorrência no mercado estrangeiro era, no ano de 1810, apenas sensível, forma hoje o seu principal ramo de exportação a qual presentemente excede a muito mais de dois milhões e trezentas mil arrobas, quase todas de primeira qualidade. Setores, outrora incultos, ermos e cobertos de matas virgens, acham-se hoje em grande parte roteados, povoados e cobertos de estabelecimentos rurais, que daqui a alguns anos poderão talvez dobrar ou triplicar a nossa exportação e atual riqueza.

Evaristo da Veiga, em seu jornal *Aurora Fluminense*, publicava que entre 1821 e 1831 as exportações estiveram em permanente ascensão, considerando tratar-se de uma cultura nascente. O jornalista mantinha seus

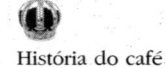

leitores informados de sua importância, divulgando dados da produção. Ficamos então sabendo que a posição do café não só crescia internamente, mas também externamente sua cotação ascendia, confirmando o acerto da aposta no produto. Em 1834, o *Jornal do Comércio* do Rio, transcrito por Evaristo no *Aurora Fluminense*, noticiava:

> Há de ser para os nossos fazendeiros uma grata notícia, o saber que o café do Brasil vem a ser cada ano mais procurado nos mercados da Europa, tornando-se as exportações deste gênero cada vez mais consideráveis. [...] O café é hoje o grande recurso da nossa agricultura nas províncias vizinhas à capital, e o produto que maiores lucros tem dado aqui aos lavradores do tesouro Público.

Nos relatórios de presidentes de província não era diferente. Em 1836, o presidente Rodrigues Torres asseverava que: "a fertilidade e riqueza do termo de Cantagalo, e o progressivo crescimento que ali vai adquirindo a cultura do café, são além de outros, motivos para procurarmos facilitar os transportes e comunicações hoje tão difíceis com aquela parte da Província".

Em 1835, há em Valença e Vassouras fazendas de 500 mil a 800 mil cafeeiros. O funcionamento em Vassouras, no ano de 1836, de uma Sociedade Promotora da Civilização e Indústria revela a consciência local da importância daquele ramo econômico. Mas também em São Paulo, em 1835, o presidente da Província, Rafael Tobias de Aguiar, pedia urgente conserto dos caminhos e estradas, alegando que, embora o açúcar declinasse na província, o panha, que em 1831 não chegava a 40 arrobas, excedera de 75 mil, merecendo atenção para seu melhor escoamento. Em 1830, eram despachadas para o porto do Rio de Janeiro 484 mil sacas. Em 1840 seguiam 3 milhões e 463 mil sacas.

Vale lembrar que, até aqui, todo o café vindo do Rio, Minas e São Paulo era exportado pelo porto do Rio de Janeiro. Um tanto seguia para a capital após passar pela Coletoria dos Portos de Angra dos Reis, Itaguay, Mangaratiba, Macaé, São João, Paraty e Cabo Frio. Outro tanto viajava por navegação de cabotagem, dos portos paulistas para o Rio.

Em 1831, o grão apareceu como principal produto da pauta exportadora e, com exceção dos anos de 1834, 1835 e 1836, o valor de suas exportações foi sempre crescente. Em 1840, mantinha seu predomínio sobre os demais produtos exportados pelo Brasil.

Na região de Vassouras formaram-se as fazendas mais opulentas da inicial produção fluminense. Tornaram-se grandes empresas cafeeiras, equipadas para a maior produção do grão, dispondo de grandes plantéis de escravos. Vizinhas da Corte, procuraram reproduzir na casa-grande a arquitetura e os interiores apalacetados da sede do Império.

Nos anos de 1830 e 1840, o café avançou em São Paulo e ofuscou a importância econômica e política do grupo abastecedor de produtos, isto é, dos tropeiros. Em termos econômicos, o café penetrou em redutos tradicionais da produção mercantil de subsistência e não estimulou sua produção em outras regiões, sendo, portanto, causador direto das crises de abastecimento que assolaram a Corte nos anos de 1850 e 1860.

Concomitantemente, da década de 1830 a 1840, consolidou-se a política conservadora dos liberais moderados, porta-vozes dos cafeicultores. A predominância inicial do café no eixo Rio de Janeiro, São Paulo e Minas fortaleceu o grupo político que atuou na Regência. Mais que isso, fundamentou as peculiaridades da participação política do grupo cafeicultor distinta daquela dos senhores de engenho. Esses senhores só se dedicavam à produção – pois a Coroa tratava do encaminhamento e despacho do açúcar –, enquanto os cafeicultores iam além: cuidavam do transporte, do armazenamento e do financiamento, interessados no amplo desenvolvimento e controle da cadeia produtiva. Foram tais lavradores que, após 1823, se fizeram representar por políticos profissionais junto ao executivo e legislativo que atuaram como seus porta-vozes no momento em que foi posta em prática uma política liberal moderada, capaz de assegurar os interesses dos cafeicultores. Política de conotação conservadora, na qual coincidiam os interesses dos "políticos profissionais" com aqueles dos fazendeiros de café. A manutenção da estrutura escravocrata foi então considerada imprescindível para o sucesso do empreendimento dos "grandes da terra".

Logo, no plano político, o setor cafeeiro reuniu as principais lideranças e concentrou poder, obrigando os demais segmentos da classe proprietária a se comporem com ele. O não alinhamento ao grupo cafeicultor significava, nessa época, o confinamento político nos quadros do Partido Liberal. Ao ganhar identidade própria, esse mesmo grupo cafeicultor do vale do Paraíba tornou-se a base social do movimento regressista, um dos germes do conservadorismo no Brasil.

A onda verde invade o sertão

Vamos acompanhar mais de perto o avanço geográfico do café, que, a partir de agora, se espraia em busca de terras virgens, expresso significativamente nas frentes pioneiras paulistas. O leitor que vier conosco nestas tantas entradas de sertão por onde se difundiu a cultura deverá estar atento às especificidades que presidiram cada uma dessas etapas. Até porque o movimento que lançou os plantadores de café em direção aos planaltos ocidentais, sobretudo na província de São Paulo, não foi brusco. Estendeu-se por todo o século XIX, avançando pelo século XX, presidido por conjunturas diversas que definiram as tantas políticas e práticas daquela cultura. A implantação dos cafezais em frentes pioneiras se deu como simples prosseguimento de uma progressão que, principiada na região montanhosa do Rio de Janeiro, continuou pelo chamado "norte", o vale do Paraíba paulista, e ganhou a região de Campinas. Ali, no que então se chamava o oeste de São Paulo, o cafezal eliminou lenta, porém, seguramente a agricultura tradicional de subsistência e a cana-de-açúcar, indo além. Mas, por ora, se avançarmos, estaremos adiantando dados sobre a República do café, quando nesse momento o percurso é ainda pelo Império.

Antes, é oportuno que o leitor se familiarize com a especial nomenclatura da geografia do avanço do café, que altera algumas referências balizadas pelos pontos cardeais da província. A designação de "oeste" tem como referência o vale

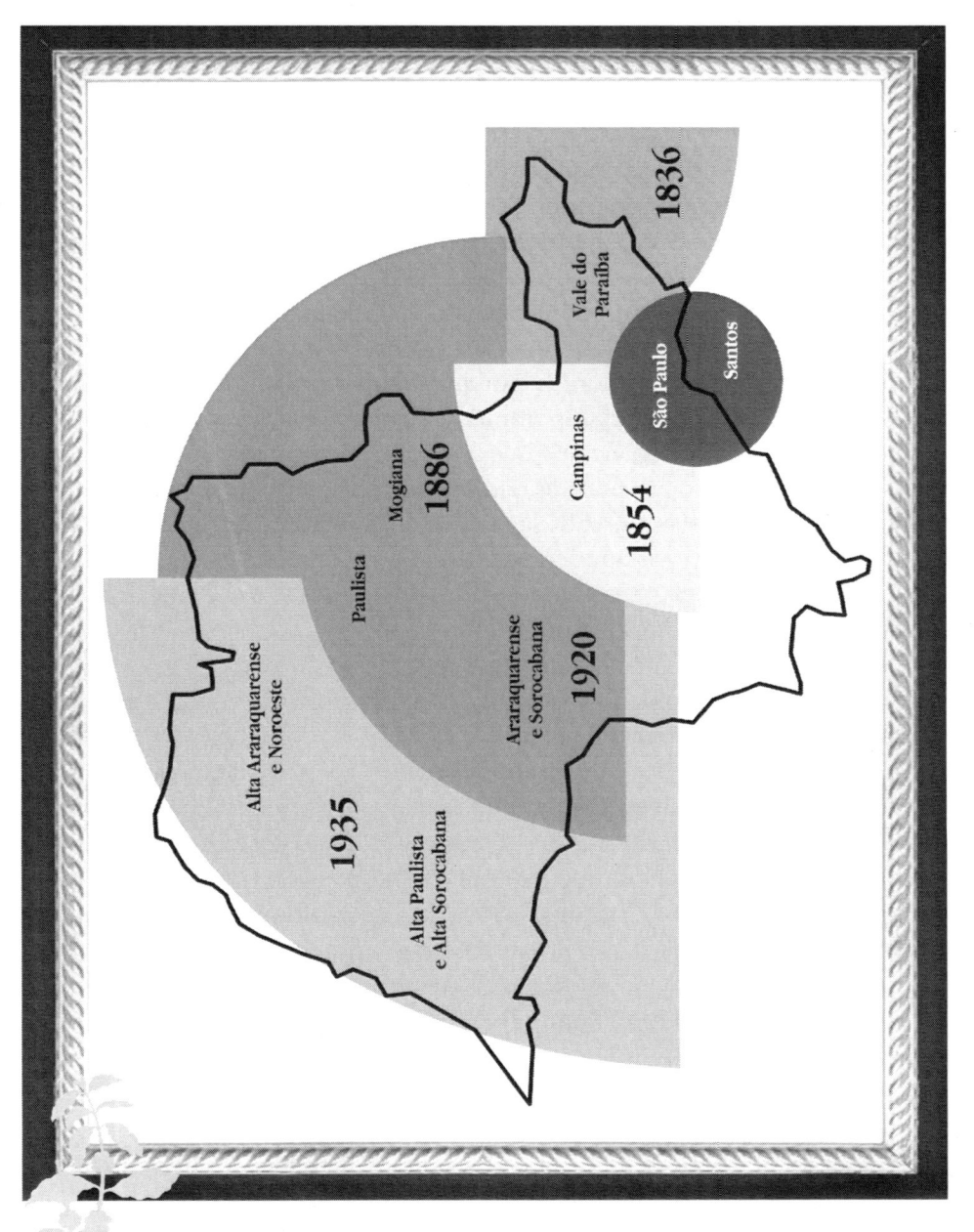

Movimento de avanço para oeste, atingindo a região de Campinas por volta de 1835, e espraiando-se mais para leste, após a implantação da ferrovia, em 1867, que se expande pelo sertão paulista a serviço do melhor escoamento do produto do interior para o porto de Santos.

do Paraíba. A lavoura cafeeira que se expande a partir de Campinas localiza-se, de fato, na região leste, orientando-se a seguir no sentido norte. Este oeste histórico corresponde, de certa forma, ao Leste e ao Nordeste geográficos.

O vale do Paraíba, localizado no Sudeste, era chamado de norte, pelo avanço progressivo dos cafezais no sentido sul, a partir da província do Rio de Janeiro, para depois contornar para o oeste. Assim sendo, o oeste antigo corresponde às regiões de Campinas, Limeira, Rio Claro, Araras, Descalvado e Casa Branca. O oeste novo, às regiões de Ribeirão Preto, Pinhal, São João da Boa Vista, Casa Branca, São Simão, Cajuru, Batatais e Franca.

Nesse movimento relativo ao século XIX, a imagem da *onda verde*, que a partir dos morros do Rio de Janeiro seguiu continuamente na direção oeste e norte, em sequência aparentemente ininterrupta, precisa ser vista com cuidado. Essa figura oceânica vem sendo questionada, sobretudo, com relação ao planalto ocidental de São Paulo, pois ali em tempo algum os cafezais cobriram mais que 15% da superfície. A natureza irregular e parcial da ocupação da terra foi uma constante na trajetória cafeeira, definida por um roteiro ditado pela necessidade de solos virgens, áreas despovoadas, de fraco controle fundiário. E nem toda a província correspondia a esses pré-requisitos. A despeito da feliz figuração da *onda verde* – que inclusive adotamos por recurso didático –, é preciso ter presente que a homogeneidade dessa arrancada foi relativa e seletiva.

Na década de 1830, Campinas deixava de fazer parte de Jundiaí, já tendo substituído significativamente sua produção canavieira por café. Consta ter sido Francisco Egydio de Souza Aranha, a partir de 1835, o precursor das grandes lavouras naquela área. O município, em 1836, produziu 8.032 arrobas e, em 1854, atingiu a expressiva cifra de 335.550 arrobas. O saldo da produção paulista em arrobas, por volta de 1835, no momento em que o produto ultrapassou a cana em nossa balança comercial, pode ser conferido: no Nordeste, 423.773; no oeste, 75.979; no litoral, 864. E foi a partir de Campinas que os cafezais prosseguiram em duas direções: rumo oeste para Limeira, Rio Claro e São Carlos, atingindo o ponto extremo desabitado dos campos de Araraquara, e rumo norte, atingindo Casa Branca e Mococa.

A despeito deste avanço, a produção paulista permaneceu bom tempo aquém daquela do Rio de Janeiro. Sabe-se que, ainda em 1859, 78% da colheita procediam do vale do Paraíba fluminense, enquanto São Paulo contribuía apenas com 12% da produção. Isso, não obstante a cidade de Bananal ter sido, em 1854, a maior produtora de café do país.

Em 1870, Campinas já produz 1 milhão e 300 mil arrobas, e as demais cidades da província, francamente voltadas para o cultivo cafeeiro, confirmam a potencialidade crescente das terras paulistas. Era a sinalização do cansaço das terras do vale do Paraíba, onde a produção entrava em declínio, configurando o ciclo rápido do café na área em face do cultivo predatório, exigindo a busca de novas frentes para o plantio. Ao longo do Império e boa parte da República, a planta teria um caráter itinerante.

A partir de 1830, a rubiácea passou a ocupar o primeiro lugar no quadro das exportações brasileiras. Entre 1830 e 1840, o Brasil já respondia por um quinto do consumo mundial e em 1890 concorria com três quintos da produção internacional de café. Mas a bebida entrara também no consumo doméstico do país, conforme nos conta um senador do Império em 1875, Joaquim Floriano de Godoy:

> A riqueza [...] ou a abundância do dinheiro, fizeram, apesar dos preços sempre crescentes, entrar o café no uso doméstico da classe menos abastada e até da proletária; hoje se pode considerar este gênero como artigo de alimentação necessário para os habitantes de ambos os hemisférios.

De fato, aumentou o consumo da bebida, ampliando os mercados interno e externo ao mesmo tempo em que, por diversos motivos, havia uma retração dos tradicionais centros de cultivo. Logo, o café arrancou pelo interior do território paulista, em trilhas presididas pelo binômio "terras favoráveis e mão de obra farta". Definindo esta corrida, o constante aumento de seu preço no mercado internacional. As cotações internacionais do produto, em baixa ou estacionadas desde 1822, a partir de 1850 conheceram alta significativa. E mais: o aparecimento do navio a vapor impulsionou o comércio de longas distâncias, favorecendo a comunicação entre o Brasil e os mercados europeus e norte-americanos. A despeito das taxas elevadas que recaíam sobre o produto, da ordem de 13%, acreditava-se que o Brasil podia suportá-las, dado que respondia por 60% do total da produção no final do século XIX.

Nos sertões dos campos de Araraquara

Uma primeira arrancada se deu em direção aos campos de Araraquara. Ali, a despeito da distancia do litoral, consta que as primeiras mudas de café foram plantadas ainda em 1833, por José Joaquim de Sampaio, na sesmaria

Ouro. A partir de 1851, naquela rota, os municípios de Limeira e Rio Claro se destacaram na produção cafeeira regional. Os cafeeiros estenderam-se também para as imediações de São Carlos por iniciativa de Antonio Carlos de Arruda Botelho, na fazenda do Pinhal, com seus 60 mil pés de café e 49 escravos. Também nessa região, a corrida pela legalização da posse das propriedades após a Lei de Terras de 1850 deu origem a inúmeras fazendas, de porte variado, que se voltaram para a produção de café.

Na região de Araraquara e São Carlos, conforme estudou Rosane Messias, o café não veio em substituição a setores decadentes, mas, sim, dividiu espaço com segmentos econômicos voltados para o mercado interno. Vale como exemplo o mesmo Antônio Carlos de Arruda Botelho, cujas atividades pregressas centravam-se nas lides tropeiras e comerciais, e, ao apostar no café, tornou-se um dos mais expressivos cafeicultores da província na metade do século XIX.

Naquela antiga boca de sertão, o avanço cafeicultor reproduziu – consideradas as nuances de todo o processo histórico – as chamadas etapas clássicas, definidas pelo trinômio "café, ferrovia e imigrantes". Ali também se conheceu uma maior racionalização do processo produtivo, difundida no século XIX, que resultou numa organização mais eficiente do trabalho e do próprio espaço de cultivo.

A distância do porto levou os fazendeiros da região a se cotizarem para o desenvolvimento da ferrovia, quando os trilhos foram trazidos primeiro até Rio Claro e, na sequência, até São Carlos, graças ao empenho do mesmo Antônio Carlos de Arruda Botelho, em sociedade com seu sogro, o Visconde de Rio Claro. A iniciativa foi decisiva para deslanchar a produção, com seus desdobramentos: surgimento de novas cidades e emprego de mão de obra livre, cabendo a São Carlos receber um dos maiores contingentes de imigrantes italianos no quadro da grande imigração de 1888.

Em direção à terra roxa

Como foi dito, a região fronteiriça ao norte da província, embora com pontos de passagem de gado que desciam de Minas desde fins do século XVIII, constituiu-se, até 1854, numa grande boca de sertão. Ali, tanto a população quanto a produção de café haviam sido inexpressivas até 1836. Em 1854 já se tem várias fazendas formadas, nelas predominando, por muito tempo, a criação de gado. Afinal, era longa a distância dos portos para despacho do produto. Porém, a fertilidade das terras – a famosa terra roxa – estimulava os proprietários da área a mobilizarem-se para viabilizar o plantio do café. A solução encontrada, antes que a ferrovia atingisse a região, foi o escoamento do produto por via fluvial, pelo rio Mogi-Guaçu.

O movimento dos mineiros que deixavam as faisqueiras exaustas da província vizinha em demanda de terras virgens paulistas, em fins do século XVIII, havia resultado na criação das cidades de Franca (1821) e Batatais (1831), prosseguindo com a fundação de São João da Boa Vista (1859), Caconde (1864) e Mococa (1871). Nessas localidades, as primeiras grandes plantações de café surgiram por volta de 1875. Dez anos depois, centenas de baianos seriam trazidos para a fazenda Guatapará, na margem direita do rio Mogi-Guaçu, para trabalhar no plantio de meio milhão de pés da rubiácea.

Data da mesma época a ocupação efetiva da área da fazenda que seria chamada de São Martinho, também localizada na margem direita desse rio. Em 1875 era conhecida como fazenda El Dorado, de propriedade do capitão Gabriel Junqueira, vendida posteriormente ao Dr. Rodrigo Pereira Barreto. Em 1889, parte dessa fazenda – já com 70 mil pés de café – foi adquirida pela família Prado, tornando-se, nas mãos do proprietário Martinho Prado, bem-sucedida e modelar e, por isso, uma das mais reproduzidas nas publicações estrangeiras sobre o país, com o nome de São Martinho.

Mas não foi só este Prado a se destacar na produção da área. A família Prado fincou por ali outras propriedades, conferindo a seus núcleos cafeicultores um caráter de modernidade, com maior racionalização do trabalho, emprego da mão de obra livre e casas-sede bem aparelhadas. Naquele reduto dos Prados, para o qual, inclusive, infletiu um ramal ferroviário da Paulista, estavam fazendas modelares. A Santa Veridiana, sociedade de Veridiana da Silva Prado com seu filho Antônio Prado, localizava-se nas imediações de Casa Branca; a fazenda do Brejão, do filho mais novo, Eduardo Prado, em Santa Cruz das Palmeiras. Como fazendeiros citadinos e cosmopolitas, não possuíam casa urbana na região, revezando-se entre a sede da fazenda, os palacetes de São Paulo e, por vezes, o apartamento de Paris.

Já na região de Ribeirão Preto, coube à família Junqueira liderar a produção cafeeira e imprimir novas práticas não só no trato do cafezal e na administração das unidades de produção em moldes empresariais, mas também na diversificação dos lucros advindos com a renda da produção. Essas modernidades, porém, serão mais bem compreendidas posteriormente, no contexto da República do café. Neste presente trajeto pelo cafezal do Império é preciso percorrer ainda a mancha cafeeira significativa que se definiu nas terras de Minas Gerais.

Nas Minas Gerais, do metal dourado ao ouro verde

A partir do último quartel do século XVIII, o governo resolvera incentivar a cultura cafeeira na então decadente região das Minas Gerais. Sabe-se que logo após sua entrada no Rio de Janeiro, o café avançou, no início do século XIX, em direção à Zona da Mata, localizada no sudeste mineiro e, a partir da segunda metade do Oitocentos, difundiu-se rapidamente, tornando-se a principal atividade econômica da província. Na década de 1870, chegou a ser responsável por 60% da arrecadação provincial, ascendendo para o terceiro posto de produção nacional na primeira metade do século XX, tendo a cidade de Juiz de Fora como referência desse novo surto. A exemplo do curso fluminense e paulista, também em Minas o café foi agente indutor do povoamento, do desenvolvimento da infraestrutura de transportes e, posteriormente, da indústria.

O avanço da primeira fase para a Zona da Mata foi facilitado pela existência do Caminho Novo (1701-1730), estrada de passagem das tropas que carregavam o ouro para o porto do Rio de Janeiro e no retorno abasteciam a região, conferindo à Mata mineira posição estratégica, entre uma área produtora e seu porto de embarque. Na segunda metade do século XIX, porém, a província foi beneficiada pela construção de uma das primeiras rodovias do país, a Rodovia União & Indústria, que colaborou para a ascensão da produção da Zona da Mata até a década de 1920, quando foi suplantada pela produção do sul de Minas.

As formas de povoamento diversificadas que ocorreram na Zona da Mata foram responsáveis pelas várias manifestações econômicas desenvolvidas a partir de então na região. É certo que, com o avanço cafeeiro no século XIX, as demais atividades produtivas são colocadas em segundo plano, algumas abandonadas, e o café assume "ares de monocultura de exportação". Todavia, sua difusão conheceu dinâmicas diversas, de acordo com o tamanho das propriedades cafeeiras, a capacidade monetária dos fazendeiros, esgotamento dos solos, ainda no século XIX. Entre 1870 e 1880, o tamanho médio das propriedades da Mata era 236 alqueires, com plantéis compostos entre 60 a 198 escravos e 237.714 pés de café, concluindo-se que, em média, as propriedades da Zona da Mata só não eram superiores em tamanho às do Espírito Santo. Em número de pés de café, eram inferiores somente às do Rio de Janeiro.

Em terras capixabas, mais cafezais

Na metade do século XIX, o café entrava pelo sul das terras capixabas, proveniente do Rio de Janeiro. Ali também substituiu a estrutura canavieira, valendo-se da mão de obra escrava. Como nas demais províncias, o aumento da produção foi responsável pelos beneficiamentos locais, quando surgiram estradas de rodagem, navegação interprovincial e ferrovias. O crescimento econômico beneficiou-se da existência do porto de Vitória e seu posterior desenvolvimento, vindo ao encontro do escoamento otimizado do produto. A província, porém, enfrentou dificuldades após a Abolição, pois não foi capaz de suprir rapidamente a mão de obra escrava tradicional. Só a partir de 1892, com a chegada de imigrantes estrangeiros e migrantes nacionais, as lavouras cafeeiras da região retomaram ritmo crescente.

Graça Aranha, no consagrado romance *Canaã*, narra o confronto dos mundos que se extinguiam e se abriam nas terras do café do Espírito Santo, onde tudo passou a girar em torno da colheita do grão. Ao falar do passado escravo, certo personagem faz um lamento nostálgico:

> Ah! Tudo isso, meu sinhô moço, se acabou... Cá dê fazenda? Defunto meu sinhô morreu, filho dele foi vivendo até que o governo tirou os escravos. Tudo debandou. Patrão se mudou com a família para Vitória, onde tem emprego; meus parceiros furaram esse mato grande e cada um levantou casa aqui e acolá [...] Eu com minha gente vim para cá, para essas terras de seu coronel. [...] Ah! Tempo bom da fazenda! A gente trabalhava junto, quem apanhava café apanhava, quem debulhava milho, debulhava, tudo de parceria, bandão de gente, mulatas, cafuzas... Que importava feitor? Nunca ninguém morreu de pancada...

Para outro personagem, o imigrante, a paisagem interceptada na altura de Cachoeiro acendia a esperança nestas novas terras do café, assim descrita pelo autor:

> Porto do Cachoeiro era o limite de dois mundos que se tocavam. Um traduzia na paisagem triste e esbatida do nascente, o passado onde a marca do cansaço se gravava nas coisas minguadas. Aí se viam destroços de fazendas, casas abandonadas, senzalas em ruínas, capelas, tudo com perfume e a sagração da morte. A cachoeira é um marco. E para o outro lado dela, o conjunto do panorama rasgava-se mais forte, mais tenebroso. Era uma terra nova, pronta a abrigar a avalanche que vinha das regiões frias de outro hemisfério [...] e ali havia de germinar o futuro povo [...].

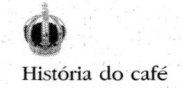
Plantar, colher, despachar

Em menos de uma hora deixam em cinzas aquilo
que a natureza levou séculos a criar.
Barão de Pati do Alferes, 1847

Plantar, colher, beneficiar e despachar são etapas clássicas inerentes ao processo cafeicultor. Todavia, cada uma delas guarda características próprias, pertinentes às especificidades do produto, assimiladas após muito ensaio e erro dos iniciais lavradores. Empiricamente, por exemplo, perceberam que as árvores pau-d'alho e figueira-branca sinalizavam terras de boa fertilidade para o café. Esse conhecimento prático, entre outros, não constava dos manuais que circularam sobre a salubérrima planta. Mas tornaram-se verdades populares, que o tempo cuidou de consagrar. Daí as tantas fazendas Pau-d'Alho e Figueira-Branca, que pontilharam no roteiro do café. O que aqueles rústicos lavradores recebiam, no século XIX, eram apenas parcas instruções dadas nos viveiros distribuidores de mudas. Munidos de poucas explicações, iniciavam as plantações. Em 1830, um dos viveiros mais procurados do Rio de Janeiro era o do padre Araújo Marcondes, que abastecia os fluminenses interessados no plantio e recomendava singelamente: "Em um terreno, cavam-se sulcos paralelos onde se colocam as sementes à distância de 10 a 15 cm, com uma leve camada de terra. Rega-se se o sol for rigoroso [...] após um ano faz-se o transplante."

O resultado da inépcia dos primeiros anos reflete-se até os dias de hoje. Não apenas pelo desgaste precoce do solo, irremediável em algumas regiões, mas pela formação de gerações de lavradores despreparados. No ímpeto de experimentar a nova cultura, em face das vantagens de mercado anunciadas, os agricultores brasileiros deram início ao plantio do café de forma precipitada, tecnicamente despreparados. Plantaram mal desde o início. A exuberância da vegetação nativa revelava a fertilidade do terreno e o modelo produtivo extrativista foi levado ao limite.

Hoje, as formas de plantar e produzir o café conhecem técnicas apuradas, maquinário de ponta para a seleção de grãos e qualificação do produto, dispondo de mão de obra especializada, particularmente em algumas fases da preparação das safras. Mas as etapas que precederam essa excelência precisam ser revistas, na medida em que definiram não só os métodos iniciais da produção, mas conformaram também uma força de trabalho – a escrava – e uma sociedade – de senhores e escravos –, que

marcaram a economia, a política e a vida social no Brasil. Logo, é necessário retomar os métodos desse cultivo, beneficiamento e comercialização ilustrativos da história do produto, desde a prática inicial predatória que definiu sua posterior e contínua itinerância, do século XIX ao século XX.

Derrubada das matas

Tudo começava com uma destruição implacável. Perobas, canelas, cedros, sapucaias e imbuias vinham ao chão, destruídas com ímpeto voraz. Mas até dá para sermos um pouco tolerantes. Naquela altura não sabiam proceder de outra forma, e se havia alguma certeza era a de que o Brasil possuía terras infindáveis à espera de ocupação, amanho e produção. Nesse improviso, imperou a tradição da lavoura colonial, de derrubar a mata e queimar a roça. Esta prática extrativista foi, em parte, assimilada dos índios, adeptos do *pousio* – que consistia em interromper o cultivo da terra por um ou dois anos, para torná-la mais fértil – e também da *coivara* – queima dos troncos e galhos que resistiam à derrubada. Na lavoura do café, esses procedimentos foram exercitados de forma deturpada pelos lavradores, fosse pelo uso intensivo do fogo como pela brevidade que conferiam à recuperação natural do solo.

Essa conduta, já condenável por alguns naquela época, se apresentava como a forma mais rápida e fácil a ser empregada no preparo de grandes extensões de terra, na sua maioria originárias de sesmarias, onde o proprietário, senhor absoluto, atuava tão só em função de seus interesses econômicos imediatos. Os problemas que daí advinham não eram poucos.

Preliminarmente, a destruição predatória das matas virgens, dotadas de madeiras nobres, não era recomendável. Esse erro já era apontado pelo esclarecido cafeicultor do Rio de Janeiro, o barão de Pati do Alferes (1795-1861), que, em 1847, denunciou aquela prática nefasta, propondo alternativas.

> [...] O maior desperdício se encontra em quase todos os lavradores não só deixando apodrecer as madeiras sobre a terra, podendo conduzi-las e recolhê-las para o armazém, como mesmo lançando-lhe fogo com o maior sangue-frio, como que se estivessem fazendo uma grande coisa [...] Sem dúvida que se não podem lançar abaixo [...] nossas matas virgens sem lhes atear fogo, porém está de vossa parte acautelar [...]. Para obviar esse inferno de fogo, nas grandes derrubadas, que em menos de uma hora deixam em cinzas aquilo que a natureza levou séculos a criar, ordenai [...] que não deitem abaixo um só pau de lei.

As matas são derrubadas e perdem sua cobertura natural para os cafezais. A Floresta da Tijuca, onde se plantou café nos primórdios do século XIX, foi grandemente devastada, recuperando-se só a partir de 1835, quando plantações, sítios e chácaras daquela área foram desapropriados. Destruída também foi toda a mata primária que o café encontrou pelos caminhos de sua expansão. O desenho do alemão Johan Moritz Rugendas, de 1835, é um dos raros registros da forma predatória de preparo do terreno, a que se seguia a queima dos troncos das árvores, de madeiras de lei.

Outro malefício das queimadas incidia sobre o rápido esgotamento do solo, determinando a curta duração do pé de café – de no máximo vinte anos –, após o que se devia partir para novas áreas de cultivo.

Essa sequência, de debilidade da terra e necessidade de se buscar grandes extensões de áreas para o plantio, definiu o caráter itinerante daquela cultura. Acreditava-se à época que terra boa para o café era apenas aquela da mata virgem, recoberta pela camada de húmus formada por restos de vegetais acumulados no solo. O teste para esse reconhecimento estava na facilidade com que se atolavam as pernas na terra, quase até os joelhos. Logo, a mobilidade a que se submeteram os grandes plantadores influiu fortemente nos caminhos que a rubiácea tomou, determinando a ocupação de parte despovoada da província paulista em direção a oeste e, na sequência, a urgente otimização dos meios de transporte para o escoamento daquela produção.

Plantando nos morros

Inicialmente, o plantio foi feito nas encostas, quando as mudas foram distribuídas a partir das fraldas dos morros pelados, de baixo para cima, em linha reta. Essa prática, evidentemente, facilitava a colheita, mas provocava erosão. Isso levou à posterior mudança, implantando as mudas em curvas de nível, as chamadas "meias laranjas". Mas, como o controle do trabalho era mais fácil nas plantações em linha reta, permitindo a melhor visualização do escravo, elas assim permaneceram por muito tempo, a despeito dos prejuízos acarretados para o solo.

Semear ou plantar

O café foi plantado por meio de sementes e, quase concomitantemente, de mudas. Como vimos, as sementes fizeram parte da distribuição oficial do governo, mas como as mudas já circulavam, fossem como planta de jardim ou para consumo doméstico, acabaram dominando a formação das primeiras lavouras. Com a progressiva procura, surgiram viveiros abastecedores no Rio de Janeiro, descritos como verdadeiros formigueiros de entrada e saída de agricultores em busca do produto. Geralmente, as mudas eram dispostas individualmente em covas de 30 cm de profundidade, plantadas morro acima no mês de setembro. No solo macio de húmus, os escravos limitavam-se a cavoucar com um bastão, inserindo a muda. Nem mesmo o trabalho de capinagem posterior se impunha, pois a terra fértil dos primeiros anos estava livre de plantas invasoras.

Tempo de germinação

Independentemente da forma de plantar, após três anos vinha a primeira florada; no quarto ano, a primeira colheita. O rendimento máximo do pé de café se dava entre seis e oito anos. Aos quarenta anos, a árvore encerrava seu ciclo produtivo, embora permanecesse exuberante, ainda que centenária.

Atestando o improviso das iniciativas e revelando uma outra forma de plantio utilizada no Rio de Janeiro, por volta de 1822, o viajante Saint-Hilaire assim descreveu:

> [...] Quando alguém quer fazer uma plantação nova de café, abstem-se de colher os frutos de algum cafezal velho. Estes caem no

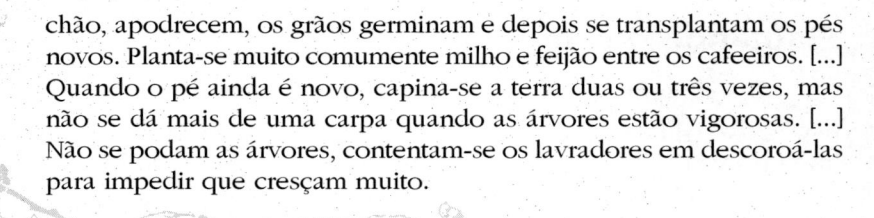

chão, apodrecem, os grãos germinam e depois se transplantam os pés novos. Planta-se muito comumente milho e feijão entre os cafeeiros. [...] Quando o pé ainda é novo, capina-se a terra duas ou três vezes, mas não se dá mais de uma carpa quando as árvores estão vigorosas. [...] Não se podam as árvores, contentam-se os lavradores em descoroá-las para impedir que cresçam muito.

O passo seguinte, porém, a colheita, já era tarefa mais trabalhosa.

Colheita

A colheita, considerada tempo de festa e comemoração em outros países de tradição agrícola, na lavoura cafeeira escravocrata transformava-se em tempo de trabalho dobrado e rígido controle de serviço. Era o momento em que as relações senhor e escravo se exacerbavam na perspectiva da exploração máxima da mão de obra. Aliás, até o presente, é a atividade que demanda mais mão de obra, em períodos curtos e concentrados. Ao tempo do Império, só a colheita equivalia a um terço do trabalho manual de todas as fases do cultivo do café.

Àquela época, a tarefa estendia-se de *maio* a *outubro*, seguida do beneficiamento, que exigia um controle ainda maior do cativo, com funções e horários precisos. A dedicação da escravaria devia ser total, sempre sob as vistas do feitor.

Para obter o melhor rendimento dos escravos nessa fase, eram adotados alguns artifícios. Os senhores distribuíam aguardente e fumo como estímulo, além de roupas novas, que deveriam durar um ano. Mas havia também a recompensa em dinheiro, estratégia de alguns proprietários que alternavam dinheiro e castigos corporais, conforme descrito no provérbio:

No cafezal novo,
10 alqueires.
Cada alqueire que passar dos 10,
duzentos réis;
cada dúzia que faltar,
uma dúzia de couro.

O método mais comum para a retirada dos frutos maduros era a *derriça*. Consistia em correr as mãos nos galhos de cima para baixo, para que as cerejas

A mão de obra escrava, base da economia cafeeira do Império, cumpria jornadas de trabalho com a precisão de máquinas, controlada pelo feitor. Antes do raiar do sol os escravos se postavam em fila, eram vistoriados e seguiam para o eito, de onde só regressavam ao cair do dia. Em época de colheita, com tarefas mais trabalhosas, a fiscalização aumentava.

se desprendessem da planta. As mulheres, consideradas mais habilidosas, tinham preferência nessa tarefa. A colheita do fruto obtido pela derriça se dava por dois métodos. A chamada *colheita de lençol*, na qual quatro trabalhadores estendiam um lençol entre dois renques de cafeeiros e um quinto escravo derrubava os frutos. O pé de café, também circundado por peças de pano, era sacudido, de forma a permitir que os frutos caíssem no tecido e fossem recolhidos nas peneiras. Essa prática, de origem árabe, evitava que o fruto entrasse em contato com a terra. O chamado *processo da terra* consistia em segurar o galho com uma mão e pelá-lo com a outra, deixando os frutos na terra até que a colheita fosse feita em todo o talão – um certo número de carreiras do cafezal – designado a determinado grupo de escravos.

Em ambos os casos, o passo seguinte consistia em lotar peneiras e abanar os grãos, jogando-os no ar para livrá-los das folhas. As peneiras mais antigas eram de taquara; no fim do século XIX, foram substituídas por peneiras de arame, importadas da Inglaterra.

A colheita de lençol permanece até o presente como técnica recorrente nas fazendas que ainda não se mecanizaram. Uma das etapas mais reproduzidas da colheita aqui é documentada pelo pintor Rosalbino Santoro, em 1902.

Após essa operação, os frutos eram colocados em balaios (*quicambos*) pesadíssimos e levados nas costas por escravos até os *carros de caixão*, popularmente conhecidos como *carros de boi*. Eram geralmente puxados por cinco ou seis juntas de bois, que se dirigiam para os espaços de trabalho junto à sede: tanques lavadores e em seguida o terreiro, onde se dava sua preparação para o mercado.

Em 1878, o cientista norte-americano Herbert Huntington Smith visitou algumas fazendas de café do Brasil e assim descreveu a colheita:

> [...] recorre-se ao auxílio de todos os trabalhadores. Do nascer ao pôr do sol, homens, mulheres e crianças colhem as cerejas em cestos, trabalhando silenciosa e ininterruptamente, sob as vistas do capataz. Diariamente cada escravo colhe, em média, uma quantidade de cerejas que produz 23 quilos de café seco.

Beneficiamento e suas etapas

Os pilões a braços eram a morte
dos infelizes escravos.
Afonso d'Escragnolle Taunay

O beneficiamento era a etapa mais difícil de todo o processo de produção, aquela que consumia grande desgaste físico e exigia maiores habilidades técnicas. A operação, realizada em condições extremamente adversas, demandava muito empenho do escravo.

Cabe analisar com mais detalhe cada uma das etapas do beneficiamento – lavagem, secagem, despolpamento, abanação, catação e brunimento –, que, até o presente, ressalvadas aquelas que se valem de máquinas modernas, ainda são praticadas conforme o hábito primitivo.

Lavagem

Uma vez colhido, o café era colocado em tanques de pedra para livrar-se das impurezas da roça. O trabalho, chamado *fundo de caixão*, era feito, em geral, por dois escravos que, apenas de tanga, ficavam horas dentro da água separando folhas secas e gravetos. A recomendação do experiente agricultor do Império, barão Pati do Alferes, vinha precisa quanto ao horário: "Fazê-lo de manhã cedo e que não passe das 9 horas, porque depois não haverá tempo de secar em um dia, o que sucede sempre, se é bem mexido."

Apesar de alguns fazendeiros já se esmerarem com novas práticas de beneficiamento, os cuidados nessa época ainda eram muito precários. No caso da lavagem, hoje se sabe ser fundamental a boa qualidade da água, responsável também pela alteração do sabor do produto. Naquela época, isso não era sequer cogitado pelo agricultor, voltado antes para a maximização que para a qualificação das safras. Posteriormente, os fundos de caixão foram substituídos por tanques, próximos aos terreiros, já construídos com a necessária canalização para escoamento da água que facilitava até mesmo a chegada do grão ao terreiro.

Após a lavagem, sucedia a secagem, trabalho que exigia pertinácia e paciência.

Os tanques cimentados para a lavagem surgiram bem mais tarde, procedimento que no Império – denominado lavagem de "fundo de caixão" – era executado por escravos, que permaneciam dentro da água apenas de tanga, separando as impurezas.

Secagem

Os grãos lavados eram espalhados no terreiro, onde tinha início a *secagem*, uma das tarefas de maior cuidado de todo o processo. Espalhados no terreiro de forma a receber a luz do sol, acompanhando sua direção, os grãos eram revolvidos várias vezes ao longo do dia, com rodos de madeira que criavam camadas finas de grãos, que deveriam ser secados por igual. Nesse revolvimento constante, até mesmo a água no interior dos grãos era eliminada. Ao final do dia, o café era empilhado em montes, cobertos por sacos ou esteiras, para evitar que se molhassem com o orvalho da madrugada. Uma nova etapa de secagem recomeçava no dia seguinte, aos primeiros raios de sol. A operação toda durava de trinta a sessenta dias, considerando-se o café finalmente seco quando chegava a "trincar nos dentes" ao ser mordido.

Desse trabalho intenso tem-se o registro, entre irônico e constrangido, do viajante americano Herbert Huntington Smith, de 1878, que observou:

Até hoje a etapa da secagem é uma das mais delicadas do processo de beneficiamento. Os grãos espalhados no terreiro devem ser sistematicamente revolvidos com rodos de madeira, obedecendo ao movimento do sol e ao final do dia empilhados em montes cobertos para evitar a umidade do orvalho.

> [...] quando desaba, subitamente, um aguaceiro, o terreiro oferece um espetáculo pitoresco com a movimentação dos escravos entregues ao trabalho. De resto, tudo o que há numa fazenda de café é pitoresco, com exceção dos negros.

Nas fazendas mais produtivas, o terreiro era de grandes proporções, permitindo que os grãos fossem espalhados com generosidade, sobretudo no auge da produção. Em algumas delas, os terreiros se sucediam em várias direções, mas sempre nas imediações da sede, ao alcance do olhar do proprietário.

Despolpamento

Mesmo seco, o fruto continuava com duas capas, isto é, a *polpa*, ou *coco*, e o *pergaminho*, pele ainda mais fina, denominada *casquinha*. A retirada dessas capas, isto é, o *descascamento* do grão, foi se aperfeiçoando, passando de tarefa manual à mecânica.

Essa etapa conheceu modalidades diversas de execução, aperfeiçoando-se na medida em que escasseava a mão de obra escrava e se impunha a necessidade de aumento da produção. Dos métodos manuais do passado até a moderna mecanização do presente tem-se uma coleção razoável de aparelhos voltados para esta função, uma das mais delicadas no trato do produto. Poucos exemplares destes equipamentos, porém, permaneceram a atestar os iniciais procedimentos de retirada da polpa e do pergaminho, encontrando-se, por sorte, um ou outro remanescente em antigas fazendas que se preservaram, esquecidos como peças obsoletas ou conservados como referências nostálgicas do passado cafeeiro.

Justamente por pressentir a perda irreparável da história destes modos históricos de beneficiamento do café, quando substituídos por maquinário movido à força elétrica, o historiador Afonso d'E. Taunay, então diretor do Museu Paulista, por volta dos anos de 1910/20, tratou de documentá-los com a reprodução dos modelos que ainda subsistiam no interior paulista. Para isso, solicitou a conceituados pintores acadêmicos trabalhos em tela que atestassem aquelas práticas, antes que desaparecessem para sempre.

Sua iniciativa permitiu que até hoje pudéssemos conhecer técnicas e maquinários antigos de beneficiamento do café através desses testemunhos iconográficos reproduzidos com precisão.

Inicialmente, utilizavam-se os *pilões manuais* ou *a braço,* função geralmente cumprida por escravas. Essa tarefa foi vista por Taunay como verdadeira "morte" para os escravos, tal era o desgaste provocado. Esses pilões, peças de desenho elegante, foram utilizados até há pouco para o despolpamento de pequenas quantidades de café, de uso doméstico. Em algumas regiões, ainda permanecem em uso, de forma limitada. Muitos remanescentes são, inclusive, utilizados como peça decorativa e evocativa de nosso passado rural.

Para maior rapidez, introduziu-se o *descascamento à pata de boi.* Consistia em soltar uma junta de bois sobre os grãos, que, pisoteados, soltavam a polpa e o pergaminho. Escusado dizer que essa técnica, grosseira, em nada contribuía para o aperfeiçoamento do resultado final do produto.

Os braços humanos seriam mais tarde substituídos pelo *monjolo,* que apresentava condições mais vantajosas: cada um deles correspondia ao trabalho de 12 homens. A solução atendia melhor às necessidades tanto de preservar o grão quanto de agilizar a tarefa. Movido a água, consistia em longa peça de madeira, em posição horizontal, que trazia um cocho numa extremidade e na

Reprodução dos vários modos de despolpamento conforme a sequência de telas a óleo do pintor Alfredo Norfini. Em sentido horário: A) *Monjolo movido a água*, um dos sistemas mais difundidos, que representava o trabalho de doze homens em igual espaço de tempo; B) *Descascamento de café à pata de boi*, processo que superou aquele dos *pilões manuais* ou *a braço*; C) *Carretão* ou *ripes*, engenho movido por duas juntas de boi, apreciado porque não produzia muito pó nem quebrava os grãos. Na litografia de J. B. Wiegandt, D) *Despolpador de fabricação industrial*, utilizado por fazendeiros que modernizavam seus equipamentos.

outra uma haste, que deveria entrar no bojo de um pilão. Uma vez esgotada a água do cocho, ele se levantava enquanto a outra extremidade caía com violência sobre o grande pilão, onde se encontrava o café a ser descascado.

Em tempos de dificuldades para obter escravos, esta peça foi recebendo aperfeiçoamentos, que a transformaram na máquina de pilões ou *bocardo*, um aparelho em que cada "mão de pilão" era capaz de obter em uma hora o mesmo resultado que um monjolo simples em um dia.

Bastante utilizado também, a partir de 1830, foi o sistema de *carretão* ou *rips*, engenho movido por duas juntas de bois. Nele, uma grande calha recebia os grãos de café, sobre os quais giravam duas enormes rodas em eixo, que extraíam a película e soltavam os grãos. Tratava-se de aparelho solidamente construído, duradouro e que prestava bons serviços, pois não produzia muito pó e nem quebrava os grãos. Nas melhores fazendas, a partir de 1840, surgiu o *carretão hidráulico*, movido a água.

Abanação e catação

Ao final das extrações, ainda se fazia a maior retirada de impurezas, inicialmente utilizando-se peneiras, em que o produto lançado ao ar soltava resíduos de cascas e gravetos. Mais tarde, passou a ser usado o ventilador mecânico, no qual apenas um homem girava uma manivela que fazia o trabalho de vinte homens com peneiras em dez horas de trabalho. Todavia, a limpeza total requeria uma nova etapa, de trabalho mais apurado. Era a *abanação e catação*.

Depois de socado, o café era abanado com leques de taquara e colocado em ampla mesa, na qual se seguia a catação a dedo das impurezas restantes, empregando para isso grande número de escravas. Posteriormente, surgiram os *ventiladores e separadores* de força hidráulica.

Uma forma bastante primitiva de beneficiar o café era a *malhação de vara*. Nessa tarefa, o escravo batia com uma vara em pequenos montes de café, provocando a saída do pergaminho, que envolvia o grão. Esta técnica, grosseira, levantava muita poeira, dificultando até mesmo a respiração. Os cativos recebiam tantas camadas de pó no rosto e cabelos que ficavam irreconhecíveis.

Esse *despolpamento* era efetivado em ambientes acanhados, sem ventilação, com pouca luminosidade até mesmo em função da fuligem que soltava, embaçando a visibilidade e tornando o ar quase irrespirável.

Brunimento

Consistia na limpeza profunda do grão, que era passado novamente no pilão e ventilador, para deixá-lo brilhante antes de ensacar. Esta etapa também realizava-se em ambientes mais fechados, onde os escravos eram "sacrificados pelo asfixiante pó de café", conforme relato médico, no ano de 1840:

> O pó impalpável que os negros respiram continuamente durante o tempo de soque e ventilação do café lhes altera a saúde. Esse pó é extremamente irritante, ataca os pulmões e observa-se constantemente que os trabalhadores, durante o tempo desse serviço, adoecem muitas vezes, e eu tive ocasião de notar que seu sofrimento era sempre do peito, e que sua respiração era apressada.

Ao tempo do Império, as formas tradicionais de beneficiamento conheceram inovações técnicas. A mais importante delas foi a introdução

Ao lado da *abanação* com abanos de taquara, seguida da *catação a dedo* – realizada numa mesa – existiu a *malhação a vara*, uma das formas mais primitivas de beneficiar o café, aqui reproduzida em óleo de Alfredo Norfini. Realizada em espaços fechados, levantava muita poeira, dificultando a respiração dos escravos. Mais tarde surgiram os *ventiladores*, *separadores* e *brunidores* a força hidráulica.

de máquinas beneficiadoras, dotadas de força a vapor e, mais tarde, da força elétrica.

Máquinas no campo

[...] há por bem conceder a Guilherme van Vleck Lidgerwood
e Robert Porter Walker, privilégio por dez anos
para fabricarem, usarem e venderem no Império
máquinas de descascar e limpar café, aperfeiçoadas,
segundo o processo de sua invenção [...].
D. Pedro II, Palácio do Rio de Janeiro, 5 de dezembro de 1862

A proibição do tráfico negreiro, a partir de 1850, sinalizou as dificuldades que estavam por vir na obtenção da mão de obra. Apesar da

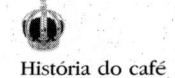

permanência do comércio internacional de escravos, que se manteve de forma clandestina, parte dos capitais ali empregados passaram a ser aplicados em outros investimentos, visando otimizar a produção cafeeira e aumentar os lucros. Investir em máquinas de beneficiamento foi uma das novas aplicações, movimento observado especialmente a partir de 1852.

A modernidade técnica economizava braços e incrementava a produção, mostrando-se bastante atraente aos olhos, sobretudo dos cafeicultores "do oeste" paulista, mais capitalizados. No vale do Paraíba os novos equipamentos foram menos usados, pois os fazendeiros procuravam extrair o máximo da escravaria na qual já haviam investido. Relatório de 1883, da Câmara Municipal de Bananal – uma das maiores produtoras de café da região – informava:

> [...] essa lavoura se acha um tanto atrasada quanto aos meios que se empregam para o preparo de café, sendo certo que em todo o município não existiam mais de oito máquinas modernas de Lidgerwood e Santa Cruz, para descascar o café, havendo, porém, muitos engenhos, despolpadores e monjolos, terreiros de pedra, de cimento, de cal e de outras preparações artificiais para secar café.

A busca de aperfeiçoamento no trato do produto resultou na adoção de máquinas beneficiadoras. Sua introdução, na segunda metade do século XIX, foi estimulada por fabricantes estrangeiros, que perceberam a emergência de um novo mercado. Lidgerwood MFG Co. e Mac Hardy figuram como as marcas mais expressivas utilizadas na cadeia produtiva da cafeicultura, merecendo colocação circunstanciada.

A Lidgerwood

Na década de 1850, a chegada a Campinas do negociante norte-americano William van Vleck Lidgerwood, representante das máquinas de costura Singer, foi um dos primeiros passos a deflagrar o futuro investimento em maquinário para a agricultura. Na esteira do comércio de máquinas de costura, inferiu-se a potencialidade do mercado brasileiro para equipamentos agrícolas e industriais fabricados nos Estados Unidos. Logo, a marca Lidgerwood tornar-se-ia unanimidade, caracterizando verdadeiro monopólio, produzindo de descaroçadores de algodão a máquinas de beneficiamento de café.

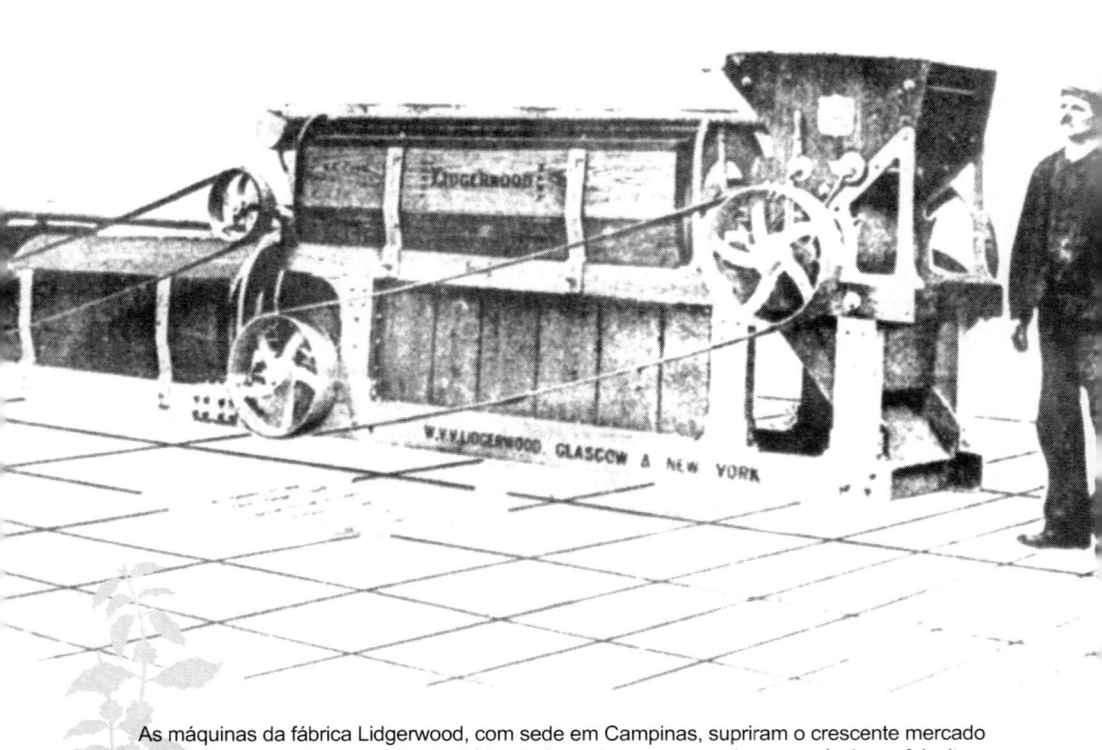

As máquinas da fábrica Lidgerwood, com sede em Campinas, supriram o crescente mercado cafeeiro, otimizando sua produção. Líder de fornecimento nas maiores províncias cafeicultoras, difundiu-se por meio de exaustiva propaganda, estratégia até então pouco utilizada no país.

William van Vleck Lidgerwood, empreendedor polivalente, engenheiro mecânico de formação, tornou-se inventor, aperfeiçoador, fabricante e distribuidor das máquinas de beneficiamento de café. Em 1860, a Sociedade Auxiliadora da Indústria Nacional propôs ao Ministério da Agricultura dar-lhe um prêmio pela invenção da máquina de beneficiar café, o que resultou em decreto do imperador D. Pedro II, conferindo ao norte-americano "o privilégio do fabrico e distribuição das máquinas por dez anos". Somente a partir de 1890 é que as máquinas Lidgerwood enfrentariam concorrência com máquinas de fabricação nacional.

Como firma de representação, a Lidgerwood estabeleceu-se no Rio de Janeiro, em 1862. Nesse mesmo ano, o *Correio Mercantil* do Rio de Janeiro anunciava a entrada no porto carioca de 263 peças Lidgerwood, trazidas pelo brique inglês Spartan, vindo de Nova York; oito dias depois registrava-se a chegada da barca americana Gleunvood, trazendo mais

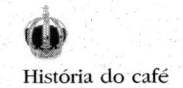

peças. Após dois anos, a Lidgerwood estendia sua representação para Campinas, grande polo produtor de café da província paulista.

Em sua fase comercial importadora, a sede da empresa localizava-se em Nova York e as máquinas eram produzidas em New Jersey, na tradicional Fundição Speedwell, que da fabricação de pregos chegara a poderoso complexo industrial. Por ligações de parentesco e herança, esta empresa acabou também compartilhada por Lidgerwood. A partir de 1877, ainda mais ampliada, assumiu a razão social de Lidgerwood MFG Co. Ltda.

No Brasil, a cidade de Campinas foi seu mais importante centro difusor, favorecido pela incidência de grandes cafeicultores e pelas facilidades decorrentes do entroncamento ferroviário ali instalado. Campos Salles, um dos mais poderosos fazendeiros locais, a despeito de possuidor de muitos escravos, valeu-se daquele maquinário importado, até por conta de suas estreitas relações com Willian Lidgerwood. As boas relações do comerciante norte-americano em Campinas alavancaram ainda mais seu negócio. Em 1884, na fundição de João Miguel Bierrenbach, na antiga rua da Constituição, contando com dez operários, implantou uma fábrica, produzindo no Brasil as máquinas até então importadas. No ano seguinte, construiu edifício próprio, na avenida Andrade de Neves, próxima ao Largo da Estação da então Companhia Paulista de Estrada de Ferro, e, em seguida, inaugurou nova oficina mecânica, fundição, serraria a vapor, caldeiraria, modelação e serralheria. Em 1886, por ocasião do decreto que autorizava seu funcionamento como fábrica de máquinas, já contava com 85 operários, motor de 75 HP, caldeiras e um guindaste de dez toneladas que avançava sobre os trilhos da Estrada de Ferro Paulista, que passava nos fundos da fábrica.

Todavia, o surto de febre amarela que assolou Campinas, no ano de 1889, obrigou o fechamento de suas portas. Novas instalações foram abertas em São Paulo, com escritório na rua do Comércio, no Centro, e as fábricas nos bairros Campos Elísios e Bom Retiro, na área das estações da Sorocabana e Paulista, facilitando o despacho do maquinário. Mais tarde, as instalações de Campinas voltariam a funcionar, encerrando, porém, suas atividades em 1923.

Um dos diferenciais da Lidgerwood com relação à competitividade residia no maciço aporte de sua propaganda, conforme a tradição norte-americana. Diga-se, inclusive, que muitos de seus métodos de divulgação foram incorporados à emergente publicidade e propaganda no Brasil. As formas de distribuição e comercialização usadas pela empresa também eram inovadoras, incorporando técnicas norte-americanas e inglesas. Abordava o mercado consumidor através de intensa divulgação pelos jornais, anunciando que suas máquinas seriam expostas com demonstração de funcionamento em dia, hora e local específicos. Reforçava a propaganda com informações sobre o caráter diferencial das máquinas – de construção simples –, podendo ser facilmente instaladas, com custo inferior às demais do mercado. Essa tática foi amplamente utilizada por ocasião da Primeira e da Segunda Exposição de Café do Brasil, nos anos de 1881 e 1882, respectivamente.

A Lidgerwood liderou o fornecimento, colocando-se nas quatro maiores províncias produtoras de café do Brasil: Rio de Janeiro, São Paulo, Minas Gerais e Espírito Santo. Em 1882, representaram 58,12% das máquinas utilizadas na cultura cafeeira nas quatro províncias.

Naquela altura, outras empresas de fabricação de máquinas beneficia-doras, nacionais e estrangeiras, já haviam se colocado no mercado. Entre as estrangeiras, a Companhia Mac Hardy cumpriu belo papel.

Companhia Mac Hardy

Em 1872, o jovem escocês G. Mac Hardy chegou a Campinas para trabalhar na Milford & Lidgerwood, então importadora de máquinas agrícolas. Sentindo o pulso do mercado, estabeleceu-se por conta própria na mesma cidade, com fabricação de implementos para a lavoura, ampliando seu negócio em 1880, quando estabeleceu duas sociedades: a Guilherme Mac Hardy & Cia., associado a John James Ross, e a Mac Hardy & Cia. – proprietária da Fundição Campineira de Ferro e Bronze, associado a Joseph James Sims.

Pela *Gazeta de Campinas* sabemos que em 9 de outubro de 1883 foi inaugurada a nova oficina e fundição, ocupando uma área de 8 mil m², sem contar os terrenos para ampliação.

Empregando em torno de 145 operários, a Mac Hardy apresentou alguns diferenciais como empresa moderna. Por iniciativa de Sims, passou a formar mão de obra com "gente do país", treinando aprendizes, entre 11 e 19 anos, que entravam como "estagiários", sem vencimentos, mas que em curto prazo estavam aptos a ganhar o salário regular da firma. E mais: em 1885 criou o Club Musical Mac Hardy, agremiação musical destinada não apenas ao lazer dos empregados, mas também à sua ampla assistência cultural, contando com biblioteca, sala de leitura, piano, bilhar, atendendo aos sócios em caso de acidente, enfermidade ou morte.

O "Clube Mac Hardy", como era conhecido, tornou-se referência cultural da cidade, momento em que a vida associativa institucionalizada dava os primeiros passos nos centros urbanos beneficiados pelo café. Na última visita de D. Pedro II a Campinas, em 1886, uma ala composta por 160 de seus operários desfilou junto com o Club Musical Mac Hardy, portando suas bandeiras e seu estandarte, destacando-se entre as várias representações.

A excelência de suas máquinas foi exposta na Primeira Exposição Regional de Campinas, em 1885, figurando com ambas as produções no Pavilhão Mac Hardy: as máquinas da Guilherme Mac Hardy & Cia. e os trabalhos de fundição em bronze da Mac Hardy & Cia. Constaram na avaliação daquele certame, em que a firma obteve medalha de prata pelo "melhor café com referência ao benefício", algumas vantagens entre aquele maquinário e os expostos pela Lidgerwood e pela Irmãos Arens, outra fábrica de menor porte.

A busca do aperfeiçoamento das máquinas, naquele mercado que se tornava extremamente competitivo – em Campinas havia três empresas de porte – definiu a concorrência mais vigorosa, quebrando, assim, o monopólio da Lidgerwood. Relatos de lavradores campineiros informam que, como efeito da concorrência, o preço daqueles equipamentos abaixaram na ordem de quinze, vinte e até setenta por cento.

Sabe-se que a Mac Hardy Cia. encerrou suas atividades em 1975, mantendo-se apenas juridicamente. Em 1983, a Helcosa – Engenharia, Comércio e Indústria de Metais Ltda., no km 99 da rodovia Anhanguera, adquiriu, por compra, as máquinas Mac Hardy, hoje incorporadas a seu patrimônio.

A despeito do sucesso destas empresas pioneiras no fabrico de máquinas e implementos para a lavoura cafeeira e, sobretudo, de suas vantagens, as resistências para sua aquisição foram enormes, tendência mais observada, como foi dito, entre os cafeicultores do vale do Paraíba. Além disso, a mentalidade de parte significativa dos cafeicultores, como um todo, era refratária a técnicas modernas, mantendo-se apegada aos métodos tradicionais de beneficiamento. Por muito tempo, deram preferência ao carretão, ao pilão d'água e ao monjolo. Entretanto, um segmento mais jovem e mais capitalizado resolveu investir no maquinário inovador, preocupado não exatamente com a qualificação do grão, mas, sim, com a ampliação da produção. Sabe-se que até o final do século XIX os processos rotineiros de beneficiamento de café suplantavam, embora com pouca margem, o uso das "máquinas modernas".

Ensacamento

As etapas de beneficiamento já aludidas, fossem com mão escrava ou máquinas modernas, ainda eram procedimentos intermediários para o

O ensacamento do café gerou indústria à parte nos negócios do café. Cafeicultores atilados inferiram a potencialidade da fabricação de juta, artigo essencial para o despacho do produto, deflagrando o surto da industrialização têxtil do país. O conde Álvares Penteado foi um dos pioneiros dessa iniciativa, implantando o grande conglomerado da Fábrica de Juta Santana, no bairro do Brás. A tela de Antonio Ferrigno, de 1903, reproduzindo a área de ensacamento da fazenda Santa Gertrudes, ilustra a dimensão daquele negócio.

escoamento do produto. Todas elas eram seguidas pelo trabalho de ensacamento, de especial significado na economia cafeeira. O café beneficiado requeria embalagem própria para sua comercialização, o que significava uma produção quase paralela de sacos. O produto era ensacado duas vezes, uma para o transporte interno e outra para exportação, exigindo fartura de material para embalagem.

Na primeira fase, empregava-se a sacaria de aninhagem, reutilizada. Já para exportação predominou o uso da juta. Ao tempo das primeiras plantações no Rio e em São Paulo, a atividade nascida também à "sombra dos cafezais" foi desenvolvida em caráter doméstico e artesanal, utilizando-se de fibras nativas. A expansão dos negócios da cafeicultura na segunda metade do século XIX exigiu a produção de sacos em larga escala, quando a juta importada se revelou matéria-prima ideal para aquela finalidade. Mais ainda quando a comercialização dos grãos conheceu outra complexidade,

dependente não apenas do fazendeiro, mas também do comissário e do exportador, que reensacavam o produto após as operações de "viragem das misturas" (reunião de cafés de procedência e tipo vários), formação de lotes e classificação por tipos.

Transportando o café: batuques e trotes de muar

Da fazenda aos portos de embarque, o transporte dos grãos ensacados conheceu, ao longo do tempo, transformação substancial, responsável pela sua difusão internacional em larga escala. Figurou, portanto, como etapa importantíssima do circuito do café.

O pastor norte-americano, reverendo Kidder, que percorreu o Brasil no ano de 1839, impressionou-se com o transporte de café feito por negros nas ruas do Rio de Janeiro.

> Os carregadores de café andam geralmente em magotes de dez ou vinte negros sob a direção de um que se intitula capitão. São em geral os latagões mais robustos dentre os africanos. Quando em serviço, raramente usam outra peça de roupa além da camisa, para não incomodar. Cada um leva na cabeça uma saca de café pesando cento e duas libras e, quando todos estão prontos, partem num trote cadenciado que logo se transforma em carreira. Sendo suficiente apenas uma das mãos para equilibrar o saco, muitos deles levam, na outra, instrumentos parecidos com chocalhos de criança, que sacodem marcando o ritmo de alguma canção selvagem de suas pátrias distantes. [...] Não é fácil ao forasteiro esquecer a impressão que lhe causa o alarido confuso de centenas de vozes simultâneas.

É sabido que, até meados do século XIX, o transporte de toda a produção do Brasil – fosse açúcar, ouro, algodão ou café – era feito em lombo de burros, através das tropas de muares, que desde o extremo sul do país chegavam aos centros consumidores distantes, atingindo portos do litoral e daí o porto do Rio de Janeiro, então o mais importante. Para o transporte do café, o animal mais utilizado foi o muar, cruzamento de égua com jumento, de resistência e velocidades superiores para enfrentar os terrenos acidentados das estradas da época. O escoamento da mercadoria se repetia várias vezes ao ano, até esgotarem-se os grãos armazenados na tulha.

Antes de chegarem ao porto, porém, as tropas passavam pelas *barreiras*, postos que cobravam taxas de passagem de animais e veículos, para serem aplicadas na conservação das estradas. Concomitantemente, essas barreiras controlavam e cobravam taxas sobre os gêneros transportados, sendo de 5% o valor para produtos manufaturados e 10% para produtos naturais.

Na barreira das imediações de Bananal, entre 1860 e 1877, registrava-se a entrada de produtos tais como toucinho, queijo, fumo e café, vindos de outras localidades. Quanto ao que saía, salvo um carregamento de fumo, em 1877, registrou-se apenas café, em tráfego intenso, não sendo raro sete, oito ou nove passagens por dia, com grande quantidade de sacas.

Várias estradas ligavam as regiões produtoras de café aos pequenos portos de embarque para o porto do Rio de Janeiro. Muito utilizados para despacho do café do vale do Paraíba fluminense e paulista foram os portos de Paraty, Angra dos Reis, Mambucaba, Jurumirim, Ariró, Ubatuba, São Sebastião e Caraguatatuba. Muitas das estradas que conduziam até eles eram mantidas pelos próprios cafeicultores, dado que o governo pouco se empenhou para o melhor aparelhamento dos caminhos térreos e estradas de rodagem do café.

Tropeiro: agente decisivo do café

O tropeiro talvez seja a figura mais importante desse momento, decisivo para o escoamento da produção do café e a manutenção das propriedades. Era o único elo dos moradores da fazenda com o "mundo civilizado". Ia levando café e vinha trazendo as novidades. Suas funções se desdobravam em múltiplas tarefas, sobretudo antes da ferrovia. Supervisionavam escravos, cuidavam dos animais, vigiavam a carga e negociavam com o proprietário que os encarregara do transporte. Com a entrega da mercadoria concluíam seu trabalho, imediatamente reiniciado com o retorno da caravana, transportando víveres para a fazenda. Traziam produtos de luxo para consumo dos fazendeiros, de porcelanas, vinhos especiais, tecidos e roupas finas, até mobiliário. Não se esqueciam também de vir com sal, pólvora e ferro, artigos que não eram produzidos nas grandes propriedades.

Pelo desempenho de tantas funções, o fazendeiro sempre esteve preso ao tropeiro, dependendo de seu fornecimento de animais, de preferência dentro do prazo combinado e a preços convenientes. Em correspondência entre dois fazendeiros do Império, esta relação transparece:

Tropeiros e negociantes do interior eram o único elo de comunicação entre as cidades e os afastados núcleos de colonização. Os primeiros transportavam as sacas de café das fazendas ao porto de escoamento e regressavam trazendo produtos de consumo nas fazendas, desde sal, pólvora e ferro a artigos de luxo.

Joaquim Cardoso, quando passou por sua casa me disse que V. Mcê lhe tinha encomendado um lote grande de boas mulas que ele deverá trazer de Sorocaba. [...] Penso que ele vai voltar com uma grande mulada. Dos tropeiros que por essa banda andam, ainda é o de mais confiança [...] Mas talvez não volte aqui nesta viagem, pois às vezes vende toda a tropa, que traz pelo caminho, em Bananal, onde pagam muito bem. Mas como é homem de palavra [...] com certeza que há de desempenhar o prometido.

Com o tempo, os fazendeiros passaram a comandar suas próprias tropas, conduzidas por tropeiro de sua confiança, que podia até morar na fazenda. Em geral, não eram escravos, até porque os ganhos do transporte do café permitiam a compra de carta de alforria, a obtenção da liberdade. Nessa fase, o barão de Pati do Alferes rememorava para o filho fazendeiro, por volta de 1847: "Lembro-me de me dizer meu sogro uma vez: 'Tenho governado mais de mil escravos, dirigido muitos trabalhadores forros, mas nada me tem dado que fazer como o camarada da tropa'."

Ou seja, a despeito da autoridade e vasta experiência que os grandes proprietários detinham na lida com a escravaria e mesmo com os empregados livres, ainda assim tinham dificuldades em comandar e controlar o "camarada da tropa", de quem dependiam irremediavelmente para colocação de seu produto no mercado.

Grandes fortunas foram amealhadas por proprietários de tropas de mulas, consolidando patrimônios afetos ao comércio do café, até que a implantação dos trilhos de ferro interceptasse essa atividade, que não desapareceu de todo, convivendo por algum tempo a serviço da fazenda que ainda dependia das tropas para o transporte de produtos não perecíveis.

Como desdobramento desta circulação dos tropeiros, os ranchos e vendas de beira de estrada receberam freguesia constante, a despeito da precariedade das instalações, motivo de permanentes queixas de seus usuários. O vendeiro era figura intermediária, que tanto dependia da população pobre, que frequentava a venda, como de tropeiros de passagem e não menos do fazendeiro local, a quem estava sempre pronto para prestar favores. Rancho e venda eram interdependentes, pois, enquanto aquele oferecia o pernoite, a venda servia refeições ao viajante e milho aos cavalos. Em geral, as paradas pertenciam ao proprietário da fazenda, que explorava comercialmente esses precários estabelecimentos. O viajante Saint-Hilaire, em 1822, conheceu de perto essa realidade:

> A fazenda onde parei fica situada, exatamente, na raiz da serra e como as tropas que passam pela montanha ali fazem parada forçosamente, há grande movimento de mulas [...] e o proprietário vale-se da necessidade que todos têm de recorrer a ele, e o milho se vende [...] mais caro que em outro lugar.

O mesmo viajante, em outra passagem, confirma a má qualidade dos ranchos:

> Os proprietários os alugam [...] por preços muito altos e pouco se lhes dá que neles chova por todos os cantos. Tenho quase tanto medo da chuva quando estou no rancho do que quando fora. É verdadeiramente inconcebível que o governo não tome alguma providência a tal respeito [...].

Nos primeiros tempos da exportação de café, boa parte das tropas tinha como destino final o porto do Rio de Janeiro, na sede da Corte, então o maior escoadouro do produto. As sacas eram transportadas pelas serras em lombo de burro desde o vale do Paraíba até os pequenos portos do recôncavo, como Inhomirim, Estrela, Pilar, Iguaçu e Magé. Daí seguiam em pequenas embarcações até a Prainha, local do porto. Por muitos anos, a mercadoria era desembarcada em trapiches e acomodada em armazéns para posterior despacho. Em 1858, quando a primeira estrada de ferro foi construída no Rio de Janeiro, ligando a serra até a estação de Campo de Santana, já havia intenso movimento portuário, que só declinou no despacho do café quando a produção paulista optou pelo porto de Santos, nas proximidades de São Paulo.

O café Rio ia dar lugar ao café Santos.

Por trás de todas estas tarefas, do plantio ao ensacamento do produto, esteve inicialmente a força escrava. Em seguida, a mão de obra livre, que teve no imigrante sua melhor expressão. Vamos, leitor, entrar nesses mundos do trabalho que se entrecruzaram a serviço do café.

Mundos do trabalho

Os negros estão sujeitos a uma fiscalização
rígida e o trabalho é regulado como
uma máquina.
Herbert Huntington Smith, *Uma fazenda de café no tempo do Império*

A fertilidade das terras era pré-requisito para o desenvolvimento da agricultura cafeeira, mas sem a presença de extensa mão de obra a atividade estaria fadada ao fracasso. O Brasil, à época da implantação dos cafezais, valia-se do intenso comércio de escravos procedentes da África, dispondo de muitos plantéis para os latifúndios agrícolas. Por conta do café, o trabalho servil, instituído pela colonização portuguesa, manteve-se no país após a Independência e permaneceu ao longo do Império, abolido apenas às vésperas da República. A despeito da pressão inglesa na coibição do tráfico – mais forte após 1850 e com força de lei –, o comércio de cativos se manteve, prioritariamente, a serviço das lavouras de café.

Contudo, no país monocultor, a crescente dificuldade para obtenção desta força de trabalho ao longo do século XIX obrigou os fazendeiros a

Trabalhando desde as primeiras horas da madrugada, os escravos do eito almoçavam feijão e farinha servidos em cuias, por volta das nove ou dez horas. Após uma hora recomeçavam, interrompendo entre duas e três horas para o jantar, também de feijão e angu. Prosseguiam até o anoitecer, quando se recolhiam.

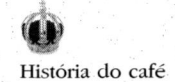
buscarem alternativas para resolver o cada vez mais grave problema de falta de "braços para a lavoura". Ao fim e ao cabo, as várias experiências resultaram no programa final de contratação de mão de obra livre estrangeira, sob o regime do colonato, para trabalhar nas fazendas de café.

Em momentos diversos, os cafezais tocados por escravos e, em seguida, por homens livres configuraram mundos de trabalho com especificidades próprias. A serviço do café, atuaram negros, brancos, amarelos, cativos, colonos, homens, mulheres e crianças, que venceram matas, abriram caminhos, construíram cidades, produziram riqueza e conformaram o país. Não apenas escravos, tampouco só imigrantes, livres. Entre esses agentes figuraram "homens livres da ordem escravocrata", assim como pequenos "trabalhadores nacionais" intermediários, lavradores de roça, que só recentemente vêm sendo recuperados, tirados da sombra pelos historiadores.

Plantando nos campos do senhor

O sucesso do empreendimento da fazenda cafeeira no Brasil apoiou-se primeiramente na força de trabalho escrava, base da economia agroexportadora que marcava o país. Desde o início do plantio, a existência da farta mão de obra africana garantiu a espetacular produção que o Brasil verteu nos mercados internacionais. De tal forma o escravo africano se associava àquela lavoura que lhe conferiu características muito próprias, definindo parte de seu arranjo espacial, das relações de trabalho, da forma de beneficiamento, do cotidiano vivenciado no campo e mesmo das práticas culturais do país. A frase do médico francês Louis Couty, que esteve no Brasil entre 1881 e 1882 – "O Brasil é o café e o café é o negro" – ilustra a força da presença escrava na identidade cultural do Império. No mesmo sentido, o relato de 1881 da preceptora alemã Ina von Binzer, que morou em fazendas de café paulistas, confirma a estreita dependência dos fazendeiros com relação à mão de obra cativa.

> Neste país, os pretos representam o papel principal [...].
> Todo o trabalho é realizado pelos pretos, toda a riqueza é adquirida por mãos negras [...].
> Todo o serviço doméstico é feito por pretos: é um cocheiro preto que os conduz, uma preta quem nos serve, junto ao fogão o cozinheiro é preto e a escrava amamenta a criança branca; gostaria de saber o que fará essa gente, quando for decretada a completa emancipação dos escravos.

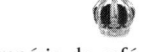

Pilando o café. A socagem manual no pilão era uma das tarefas mais pesadas, realizada geralmente pelas escravas. Conhecidos como "pilões a braço", os recipientes para pilagem eram produzidos de troncos compactos de árvores, dotados de pesado socador de madeira igualmente compacta. Permaneceu por muitos anos como instrumento de uso diário nas cozinhas das fazendas.

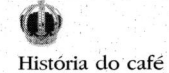

A divisão de trabalho mais complexa da fazenda de café acabou por exigir número de escravos superior àquele do engenho de açúcar. Os cativos eram responsáveis pelo plantio, colheita, beneficiamento, ensacamento, despacho do grão, pela produção de subsistência que mantinha a fazenda, além de servirem domesticamente ao seu senhor. Em 1878, o americano Herbert Huntington Smith constatava: "Não vemos um só negro ocioso, pois mesmo os octogenários se ocupam da fabricação de cestas ou em outros trabalhos leves, e todas as crianças trabalham na fazenda, exceto os bebês."

A presença de escravos com mais de 80 anos, entretanto, não era frequente, sendo raros aqueles que sobreviviam e ultrapassavam os 60 anos.

Além do trabalho potencializado e exclusivo do escravo naquela lavoura, um diferencial marcava seu cotidiano, sobretudo aquele do campo: a rígida disciplina que pautava suas atividades, particularmente no cultivo e beneficiamento do café. Em 1859, o relato do francês Charles Ribeyrolles, ilustrado por imagens do fotógrafo Victor Frond, documentou esse cotidiano árido e excessivamente controlado do escravo nas terras do cafezal:

> Desde o alvorecer, os escravos saem, um a um, e vão se [...] meter em linha no terreiro. O feitor e os capatazes, espertados pelo sino ou pela corneta, chegam, contando as cabeças, distribuem o serviço detalhado pelo administrador ou senhor, e após o café [...] [os escravos] seguem escoltados para os campos. Antes, porém, [...] saúdam o chefe do domínio, dizendo ao passar sob as [...] varandas: "louvado seja N. S. Jesus Cristo". O amo responde: "Para sempre seja louvado".

Com o passar dos anos e a valorização do cativo como bem que rareava no mercado, passou-se a exigir seu maior rendimento no eito. Em 1883, após visitar uma fazenda de café, Van Delden Laerne observou:

> Agora a vida dos escravos é em geral mais dura do que há uns dez anos. São eles obrigados a trabalhar mais do que no tempo em que custavam mais barato... Partem as turmas de vinte e cinco a trinta, entre quatro e meia e cinco horas, para começar o trabalho antes das seis, e terminar mais ou menos às sete da noite. Este horário é o habitual, mas no tempo da colheita continuam a tarefa sob a luz artificial, nos terreiros e nos engenhos.

A faina do eito era pesada. Sabe-se que, até meados do século XIX, um cativo fazia em média a colheita de mil pés de café na província paulista; em 1883, nas fazendas fluminenses, paulistas e mineiras, relatório da época informava que o escravo tinha em média 3.644 árvores sob sua responsabilidade.

Esta tarefa desenvolvia-se do raiar do sol ao anoitecer sob a vigilância do feitor ou administrador, que exercia, no lugar do proprietário, as tarefas de controle da escravaria: fiscalizava a organização das filas que seguiam para o eito, perfiladas com separação de sexos, passava revista para ver os que faltavam, tomando nota se por doentes ou por fuga, observava se dispunham da ferramenta apropriada e, antes de os escravos seguirem seu destino, acompanhava duas ou três rezas a que os obrigava diariamente. O feitor seguia a cavalo para as roças, fiscalizando os cativos, observando se o capim era bem arrancado, os roçados com todas as árvores decepadas, os cipós cortados, as roças de milho, feijão e mandioca bem tratadas, o estado das cercas, e seguia para o terreiro, onde também controlava a *mexida* do café. Em tempos de colheita, seu trabalho aumentava, pois devia estar muito presente no terreiro.

Era comum o furto dos grãos, em geral por escravos denominados "puladores de quadrado", termo alusivo à forma dos terreiros em quadrado, ou "ratoneiros". Os grãos desviados eram vendidos a receptadores que os aguardavam nos caminhos e estradas. Um dos poucos autores a mencionar essa estratégia de furto é Louis Couty. Contudo, seu registro deve ser visto com reservas, pois o francês de formação positivista guardava racismo latente, pouco disfarçado em sua obra *A escravidão no Brasil*. É dele a afirmação:

> Os senhores das propriedades agrícolas [...] sempre deixaram terras à disposição dos negros, que podem cultivá-las aos domingos ou em suas horas de folga. [...] A faculdade concedida ao escravo de possuir bens incorporou-se de tal forma aos costumes que autoriza o roubo e a receptação. Os fazendeiros de café não ignoram que os seus negros escondem café e vão vendê-lo aos pequenos comerciantes da vizinhança. Estes furtos representam uma perda anual considerável e há, evidentemente, receptação por parte do comprador. No entanto, [...] os proprietários não [...] conseguiram que as compras efetuadas em tais condições fossem passíveis de punição ou anulação.

Nas quadras de modinhas e lundus da época, a questão era colocada de outra maneira:

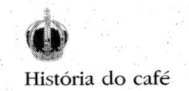
> Branco dize-preto fruta
> Preto fruta co rezão;
> Sinhô baranco também fruta
> Quando panha casião
> Nosso preto fruta galinha
> Fruta saco de feijão;
> Sinhô baranco quando fruta
> Fruta prata e patacão

À noite, depois de um longo dia de trabalho duro, os escravos eram organizados em fila por um segundo administrador, para que fossem revistados e recolhidos. Passavam então para o serão no paiol ou no engenho de mandioca, onde trabalhavam até as nove horas. Após isso, comiam algo e se retiravam para a senzala, da qual não deveriam sair até o toque de chamada da madrugada seguinte. "Todo o que infringir este preceito policial será castigado conforme a gravidade do caso", afirmava em 1847 Francisco P. de L. Werneck, o barão de Pati do Alferes, atilado cafeicultor fluminense.

Aos escravos era permitido comer três vezes ao dia, em horários com denominações diversas dos hoje conhecidos: *almoço* às oito horas, *jantar* à uma hora e a *ceia* das oito às nove horas da noite. Feijão temperado com sal e gordura, além de angu de milho, eram os pratos básicos, considerados nutritivos, em detrimento da farinha de mandioca, tida como fraca e de baixa nutrição para o serviço desempenhado.

A comida era preparada em grandes panelas. Os escravos se serviam com cuias, comendo com as próprias mãos, e despendiam pouco tempo para essas refeições. Sabe-se que o café entrava na alimentação do escravo como estimulante para o trabalho. Por volta de uma hora da tarde era servido café com rapadura, substituído por cachaça nos dias frios.

Como vestuário, os escravos homens dispunham apenas de calça e camisa de algodão, enquanto as mulheres usavam saia e blusa do mesmo tecido, em geral de chita ou cretone. As vestes eram recebidas uma vez por ano, e esperava-se que durassem todo esse tempo. Em geral, traziam a marca da matrícula, número que identificava o cativo. Era para esta escravaria que se destinava a larga produção de tecidos das manufaturas do século XIX no Brasil, origem de nossa posterior indústria têxtil.

Algumas distinções singularizavam os serviços, o tratamento e a indumentária da escravaria do latifúndio cafeeiro. Além dos cativos que trabalhavam diretamente na lavoura, a propriedade opulenta, por exemplo, dispunha de pajens, copeiros, moços de cavalariça e de cozinha, criados para os homens, mucamas para as senhoras. Privando da intimidade da casa de morada, estavam as amas de leite, costureiras, rendeiras, cozinheiras, mucamas, arrumadeiras, lavadeiras, engomadeiras, cozinheiras, despenseiras e copeiros.

Os serviçais domésticos se distinguiam na escala social, acima dos negros do eito, que traduziam essa distinção em seus cantos de jongos:

Nego no eito vira copeiro
Não oia mai pra seu parceiro.

A fazenda de café abrigava, ainda, extenso quadro de serviçais voltados para a manutenção e melhor rendimento da propriedade, comportando tropeiros, peões, arreadores, pedreiros, serradores, oleiros, campeiros, carroceiros, raladores de mandioca, derrubadores de mato, carreiros, ferreiros, carpinteiros, tratadores de bois, cavalos, porcos ou aves, carregadores, farinheiros, fabricantes de sabão, matadores de formiga, jardineiros, mecânicos, condutores de liteiras, vaqueiros, pescadores, caçadores, cesteiros, estafetas. Indefectível na proximidade da casa senhorial era a figura do *moleque*, responsável por serviços domésticos no cotidiano do fazendeiro, alguns curiosos aos nossos olhos: do manejo de abanadores de luxo, nas refeições de gala, à prontidão com a brasa, para atender aos fumantes, trazidas numa colher ou – "mais serelepes", como escreveu Taunay – na "própria palma da mão, movimentando-a como se fora guiso de chocalho".

Essa diversificação de atividades já os selecionava com base na resistência física, na habilidade e mesmo na aparência. Os mais fortes iam para serviços pesados, especialmente no campo; os habilidosos eram encaminhados para as oficinas e permaneciam junto à sede, dentro ou fora dela; quituteiras de talento desenvolviam seus dotes na cozinha senhorial, rica de *quitandas* – doces, bolos e biscoitos caseiros –, e as moças mais atraentes ficavam à disposição das vontades sexuais dos senhores.

Além desta seleção, outra se impunha pela natureza das tarefas: escravos que trabalhavam na lavoura eram do *eito*, também chamados de *escravos de fora*; escravos que desempenhavam suas funções no interior das casas eram *escravos domésticos*, conhecidos como *de dentro*. A essa divisão correspondiam tratamentos diferenciados, sendo os de dentro privilegiados no trato pelos seus senhores em relação aos de fora. Escravo *oficial*, especializado, vivia mais bem trajado, menos vigiado, apresentando-se mais educado que os rudes trabalhadores do eito. Era "gente da copa dos fidalgos", na expressão da época. Assim como as escravas domésticas, de

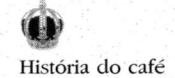
dentro, que se vestiam com melhor indumentária, até mesmo como expressão do poderio de seus senhores.

Logo, fosse jovem, velho, oficial, de dentro, de fora ou do eito, todos eram utilizados com vistas ao melhor rendimento do capital que simbolizavam. Até mesmo os idosos, que cuidavam da horta ou trançavam jacás e samburás para as replantas do café, contribuíam com sua força de trabalho para os "negócios do café".

É sabido que a violência com que se tratou o cativo foi muito além daquela inerente à escravidão. Não havia normas jurídicas que coibissem os proprietários nas práticas de coação física para que o escravo "cumprisse a sua obrigação". Assim, as formas de castigo dos negros eram expedientes do cotidiano e os instrumentos de suplício, que hoje podem ser vistos em museus como objetos de cultura material, eram recursos correntes da punição do escravo. Correntes, gargalheiras, tronco, algemas, peia, máscara, bacalhau, palmatória, golilha, ferro para marcas, eram objetos utilizados com frequência na aplicação dos castigos. Constante, porém, era o uso do chicote, aplicado pelo feitor – instrumento, inclusive, indissociável nas representações iconográficas desse personagem, praticamente seu símbolo.

No inventário da fazenda do Barreiro, de 1838, tem-se o arrolamento de alguns desses instrumentos: "uma corrente de ferro com seus colares, um gancho de ferro para o pescoço do negro, um tronco de ferro para o pé do negro, um par de algemas". Na ficção, tem-se a obra do escritor naturalista Júlio Ribeiro, *A carne*, publicada em 1888, expondo a mentalidade escravocrata de um proprietário de terras paulista, que assim se colocava com relação ao trabalhador escravo:

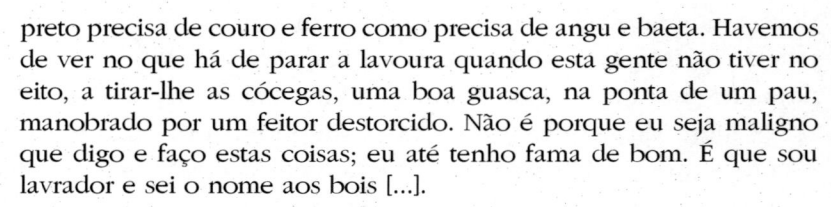

> preto precisa de couro e ferro como precisa de angu e baeta. Havemos de ver no que há de parar a lavoura quando esta gente não tiver no eito, a tirar-lhe as cócegas, uma boa guasca, na ponta de um pau, manobrado por um feitor destorcido. Não é porque eu seja maligno que digo e faço estas coisas; eu até tenho fama de bom. É que sou lavrador e sei o nome aos bois [...].

A vasta escravaria, fácil e abundante, em razão da liberdade de tráfico com a África, decisiva na construção daquele império do café, em breve conheceria mudanças. A disponibilidade e baixo custo do escravo se alteravam. As pressões da Inglaterra – país que detinha forte ingerência na economia brasileira – interferiram na manutenção daquele comércio, cerceando progressivamente sua manutenção. Mas, acima disso, a condição escrava do trabalhador se mostrava incompatível com o modo de produção capitalista que a lavoura de café alavancava no Brasil. A transformação do trabalhador escravo no trabalhador livre passou a ser uma necessidade, ditada pela própria transformação da nova estrutura econômica em curso.

Tinha início um longo processo de substituição do trabalho cativo pela força de trabalho livre na sociedade brasileira, que caminhou presidido pelos interesses da lavoura do café, base e sustentáculo da economia do país.

Debate delicado

A partir da década de 1830, quando a cultura cafeeira já entrara em território paulista, delineou-se a necessidade de substituição do trabalhador escravo pelo trabalhador livre. Em 1831, fora baixado decreto regencial proibindo o comércio negreiro, de eficácia nula, pois o tráfico prosseguiu a despeito da legislação repressora. Mais contundente no texto da lei foi a votação pelo parlamento inglês do Bill Aberdeen, em 1845, lei que proibia o tráfico negreiro, prevendo severas penas aos infratores. Também essa providência permaneceu letra morta, muito embora dificultasse o negócio, encarecendo o preço do escravo.

Este debate culminou em 1850, às vésperas de o Brasil tornar-se o maior produtor mundial de café, assentado na mão de obra escrava ainda farta, de baixo custo, e na grande propriedade de terras. Nesse ano, duas leis interferiram no curso dos acontecimentos: a abolição do tráfico escravo pela Lei Eusébio de Queiroz, promulgada em 4 de setembro de 1850, que proibia a entrada de africanos no Brasil; e a Lei de Terras, de 18 de setembro de 1850, regulamentando a forma de propriedade, delimitando as terras públicas e particulares, estabelecendo as condições dos sesmeiros, posseiros e proprietários. Ambas as medidas exigiam mudanças rápidas e efetivas. A primeira demandava outro recrutamento da força de trabalho, que seria onerosa para o fazendeiro, acostumado até então a adquirir escravos sem restrições de mercado. A segunda exigia que o lavrador tivesse a propriedade de suas terras documentada e legalizada – o que não ocorria com muitos deles. E mais: a partir daí a aquisição de novas terras se daria *por compra* do interessado, exigindo, portanto, um fazendeiro mais capitalizado. Iam longe os tempos de doação de sesmarias ou de permuta de serviços pela posse delas.

A despeito do controle inglês severo, navios negreiros continuaram a cruzar o Atlântico, instituindo comércio paralelo, gerador de negócios vultosos sob o controle de interessados na mão de obra para o café. Pequenos portos do litoral fluminense tornaram-se desaguadouros da "mercadoria" clandestina, com a conivência de fazendeiros poderosos, que acabaram por fazer daquela atividade outro ramo de proventos, indiretamente ligado ao café. Com o crescer das dificuldades do tráfico, intensificou-se o comércio interprovincial de cativos, em particular do Nordeste, que, por algum tempo, supriu as lavouras cafeeiras do Sudeste.

Em São Paulo, os cafezais avançavam para o oeste, registrando-se a alta do preço do escravo, situação agravada em 1856 por uma epidemia de cólera na província, que reduziu ainda mais a força de trabalho existente. A valorização do escravo nas fazendas do oeste paulista, após a proibição do tráfico, foi crescente. Em 1847, o escravo custava em torno de 550$000 mil réis e, em 1862, atingia a cifra de 1:840$000 mil réis.

Embora os fazendeiros admitissem a baixa rentabilidade do elemento servil, muitos deles se recusavam à substituição, antevendo os problemas que o trabalhador livre lhes traria. Na sua maioria, os proprietários não compreendiam a complexidade desta mudança, que implicava não apenas novas regras e novas leis, mas, sobretudo, uma mudança de mentalidade. Na visão de muitos, não valia a pena investir na passagem de navio para imigrantes, pois se sabia que acabariam obtendo terras para trabalhar por sua própria conta. Outros propunham-se a introduzir o trabalho livre em seus próprios termos, ou seja, arraigados na tradição escravocrata, com vistas à máxima exploração e busca do lucro em todas as frentes.

Mas não se podia mais protelar. A crise estava configurada e a questão da imigração pedia urgência. Para este momento, registraram-se duas opções. Fazendeiros tradicionais, especialmente do vale do Paraíba fluminense e paulista, postergaram o problema, valendo-se ainda de escravos obtidos por contrabando e, mais tarde, através do comércio interno. Outros se empenharam em dar logo início à substituição do escravo pelo trabalhador livre.

Acompanhe, leitor, os desdobramentos da questão.

Uma parceria difícil

Nicolau de Campos Vergueiro, homem de empresa e ilustrado, foi pioneiro ao experimentar o trabalhador livre na lavoura cafeeira do Brasil.

Não era um fazendeiro comum. Jurista, formado em Coimbra e professor da Academia de Direito de São Paulo, foi solicitado pelo governo, em 1828, para elaborar parecer sobre a criação de colônias de povoamento em algumas regiões do país, quando se contrapôs à doação de terras e à ideia de apoio financeiro como forma de atrair o imigrante.

Ciente das pressões internacionais e pensando em outro modelo de relação de trabalho, tomou a iniciativa de experimentar a mão de obra livre em terras próprias. Em 1840, criou a Companhia de Colonização, através da qual trouxe os primeiros portugueses da região do Minho para sua fazenda, em Ibicaba, próxima a Rio Claro, para trabalhar no *sistema de parceria*. Naquela altura, o sistema de parceria, por ele aventado, parecia acenar com riscos menores, tanto para o europeu empobrecido como para o fazendeiro ávido de trabalhadores.

O regime de parceria nas terras de Vergueiro funcionava assim: a Vergueiro Companhia contratava na Europa trabalhadores dispostos a emigrar, que seriam encaminhados às suas fazendas de café. Para isso havia um contrato, no qual a Vergueiro Companhia respondia pelas despesas decorrentes do transporte, colocação dessa mão de obra no campo e sua manutenção inicial, como forma de adiantamento. No futuro, esse adiantamento seria descontado dos lucros obtidos pelos parceiros no cafezal, acrescido de 6% de juros, a contar da data do adiantamento, e aplicando-se na sua amortização, pelo menos, metade dos seus lucros anuais.

Ao chegarem às fazendas a que se destinavam, eram acomodados em casas simples, construídas para esse fim, e cada família recebia uma quantidade de pés de café para cultivar, colher e beneficiar. Aferida a colheita, realizada a venda do produto, eram divididos os lucros obtidos.

Observe, leitor, que esse "sistema de parceria" precedeu aquele que viria muito mais tarde, o de "colonato". Por ora, a proposta era apenas dividir os lucros da colheita entre parceiro e fazendeiro, e não de estabelecer um contrato de trabalho com salários regularmente pagos.

Vergueiro tinha consciência da necessidade de adaptação do imigrante à realidade brasileira, e, para isso, as colônias de parceria deveriam funcionar como "viveiros ou escolas normais agrícolas", preparando o colono para ser proprietário no futuro, embora bem distante. Em 26 de outubro de 1846, criou a Sociedade Vergueiro & Comp., sociedade civil de agricultura e colonização, com sede nos municípios de Limeira e Rio Claro, assim como a Sociedade Mercantil, em Santos, para negócios com o café. Vergueiro

Fazenda Ibicaba, "terra gorda" em tupi, situada em Limeira, propriedade de Nicolau de Campos Vergueiro. Formada em 1817 para a cultura da cana, transformou-se na década de 1840 em produtora de café, palco do ensaio do sistema de parceria. Hoje encontra-se restaurada.

previa ainda a criação de uma escola primária e secundária para as famílias dos sócios, empregados e operários da sociedade. Em julho de 1847 nascia a Colônia Senador Vergueiro, projeto-piloto que recebeu imigrantes suíços para trabalhar a terra em regime de parceria.

A partir dos anos de 1850, a Companhia de Colonização Senador Vergueiro passou a importar imigrantes também para outros fazendeiros, transformando-se numa espécie de empresa importadora de mão de obra. O que para o velho senador foi meramente uma saída para a obtenção de braços livres, para seus herdeiros transformou-se em empreendimento lucrativo.

Acreditando na abundância da produção paulista – já divulgada pela propaganda com boa dose de exagero –, os próprios imigrantes apostavam nas vantagens do sistema de parceria. A possibilidade de isentar-se de gastos com a viagem, acomodação e moradia os levava a acreditar que facilmente saldariam as dívidas contraídas. Para o fazendeiro, esta alternativa se apresentava como a mais adequada, pois a questão não era só resolver problemas potenciais na oferta de mão de obra, mas também fazê-lo de modo lucrativo, e a parceria garantia a recuperação do capital investido na vinda do imigrante.

Ensaio e erro da mão de obra livre

A experiência do próprio Vergueiro, entretanto, não deu certo e provocou até uma rebelião dos colonos suíços da primeira leva. A repercussão do episódio foi tal que exigiu a vinda ao Brasil do cônsul suíço, para avaliar a situação. Desse episódio resultou um documento importante e inusitado pela procedência: as *Memórias de um colono no Brasil,* do suíço Thomaz Davatz, uma publicação que registrava, pela primeira vez, pela voz do trabalhador, o papel que desempenharam de cobaias do sistema, desde o impacto da chegada à subsequente surpresa, desilusão e desânimo.

Convém, leitor, mergulhar um pouco mais no livro de Davatz, explorando a experiência da parceria, seja pelo seu caráter pioneiro como por nela terem aflorado os embriões de problemas recorrentes na vinda de mão de obra estrangeira para o Brasil. O não cumprimento dos contratos seria um deles.

Thomaz Davatz não era um imigrante despreparado. Na sua terra natal fora mestre-escola e, portanto, tinha formação mais elevada que os demais parceiros. Através de suas denúncias, sabe-se que a leva de colonos alemães e suíços que chegou em junho de 1856 ao Brasil compunha-se de cerca de duzentas e setenta pessoas que, após quatro dias de "descanso" em Santos, se puseram a caminho, através do sertão paulista, guiadas por tropeiros e funcionários da companhia de colonização. Na caravana expressiva, além do enorme grupo de pessoas acompanhadas de seus pertences – que não deveriam ser poucos, pois vinham para sempre –, havia mais de cem animais, que transportavam gente, baús e peças de bagagem. Os adultos seguiam em marcha a pé, e as crianças, em grupos de quatro, eram acomodadas em duas cestas carregadas por mulas, enquanto velhos e doentes se valiam de montarias especiais.

Desde a experiência da parceria, o recrutamento de emigrantes da Europa pela companhia utilizava agentes, que percorriam diversas regiões empobrecidas, anunciando a oferta de postos de trabalho no Brasil, nas fazendas de café de São Paulo. Desde essa época, também, estes recrutadores "vendiam" uma imagem favorável do país como forma de aliciamento dos interessados em emigrar. Em muitos casos, os agentes entravam em contato com as municipalidades para recrutar os interessados. Os futuros emigrantes assinavam um pré-contrato, no qual constavam as condições de viagem, designação das obrigações das partes e, principalmente, os termos da relação de trabalho que se estabeleceria entre elas. No caso do recrutamento da Companhia Vergueiro, a primeira questão que surgia, no porto de embarque, decorria da assinatura de um novo contrato – o verdadeiro –, no qual constavam cláusulas novas, prejudiciais aos imigrantes. Nos contratos de parceria, isso foi constante.

Um breve exemplo: a Companhia era autorizada a cobrar uma taxa de entrada de 10 mil réis por adulto e 5 mil réis por criança, a partir de um ano de idade. O imigrante, porém, só era informado dessa taxa – que não constava do contrato assinado na Europa – quando do desembarque no Brasil. A surpresa causava inquietação e insegurança, pois se encontrava completamente à mercê da Companhia de Imigração, sujeito a todas as imposições, desconhecendo o idioma, sem saber a quem recorrer para defender-se. Impossibilitado de voltar atrás, submetia-se às novas regras. A operação de câmbio, realizada quando o imigrante tinha algum dinheiro, também o prejudicava, pois as taxas utilizadas eram invariavelmente altas e a moeda brasileira passava a custar caro aos suíços. E mais: a única alternativa era trocar o dinheiro com a própria companhia, o que também não constava do contrato antigo.

Surpresas maiores estavam reservadas com relação às terras que recebiam. Na sua maioria, eram ocupadas por pés de café velhos, improdutivos, em terrenos pedregosos. Por fim, os juros cobrados sobre as dívidas de viagem e transporte elevados impossibilitavam ao parceiro saldar suas despesas com o fazendeiro.

A insatisfação levou Thomas Davatz, em 1856, a liderar a rebelião do grupo de suíços da fazenda Ibicaba, com intervenção policial, que resultou em seu retorno para a Europa. A despeito de prontamente debelado, o movimento foi preocupante, pois estavam em jogo o sucesso de uma experiência – a colônia de parceria, a existência de um empreendimento –, a Companhia de Imigração Senador Vergueiro, os interesses diretos de 246 pessoas e os indiretos de um número significativo de cidadãos europeus com desejo de emigrar e para os quais informações sobre a colônia eram importantes.

Tratava-se de acontecimento que extrapolava os limites das fazendas da família Vergueiro, tornando-se evento público. Razão pela qual, em 1860, veio ao Brasil o diplomata Johann Jakob von Tschudi, cônsul suíço encarregado de elaborar relatório oficial sobre as condições de trabalho dos parceiros. Sua apreciação final do episódio resultou também em livro – *Viagem para a*

América do Sul –, no qual apontava, em tom conciliador, para um misto de insatisfações pessoais dos parceiros e o procedimento duvidoso da Companhia de Colonização. Cabe lembrar, contudo, que o recrutamento para a emigração feito pelas prefeituras da Suíça não primava pela melhor seleção, autorizando a vinda de interessados de conduta difícil no próprio país de origem.

A imagem das condições de trabalho do Brasil na Europa, porém, ficaria comprometida, exigindo uma política crescente de propaganda em favor do país no exterior. Não bastassem as notícias de não cumprimento dos contratos, pesavam referências desabonadoras do país, de regime escravocrata, de Monarquia centralizadora e de religião católica obrigatória.

Embora a experiência de Vergueiro tenha sido difícil, o sistema de parceria acabou sendo adotado por outros fazendeiros de São Paulo com algumas correções. O recrutamento de trabalhadores pela Companhia Vergueiro prosseguiu, em face da crise crescente da mão de obra escrava e da demanda premente das lavouras de café. Mas as novas levas de imigrantes passaram a receber seus pagamentos em preço fixo por alqueire cultivado, ou por outros acertos, baseados num sistema de salários que se revelou mais adequado que a parceria. Ainda assim, a adaptação de ambas as partes não foi fácil.

Registre, leitor, que até aqui relatamos a experiência da *parceria*, pioneira na substituição da mão de obra escrava pela livre. A imigração subsidiada por iniciativa do governo, que viria mais tarde, em outro contexto de demanda das lavouras cafeeiras, será tratada mais adiante. Por ora, convém conhecer algumas das posturas do governo e dos movimentos emancipacionistas e abolicionistas, que corriam em paralelo, para o enfrentamento da difícil questão da introdução do trabalho livre no país escravocrata.

"Onda negra, medo branco"

A crise da falta de mão de obra se desenhava fatal para a economia com o escravo crescentemente caro e raro, tornando-se investimento proibitivo. Em paralelo, deu-se a intensificação da campanha abolicionista, acirrada a partir de 1868 – ano da queda do Gabinete Liberal comandado por Zacarias de Góes e Vasconcelos – quando segmentos progressistas do Império iniciaram movimento visando à emancipação e/ou abolição da escravatura. Uma série de leis restringiu ainda mais a disponibilidade de escravos. Em 1871, a Lei do Ventre Livre tornava livre todo filho de escravo nascido a partir daquele ano; em 1885, a Lei dos Sexagenários libertava, mediante indenização, o escravo com mais de 60 anos. Eram leis paliativas, sendo esta última bastante favorável ao proprietário, uma vez que concedia liberdade ao trabalhador já improdutivo, envelhecido e cansado, liberando seu senhor de mantê-lo até a morte.

Estas providências oficiais foram etapas extremamente morosas, de processo que se arrastou por muitos anos, temendo-se enfrentar mudanças na força de trabalho que respondia pela economia do país. Já vimos que esta questão se colocara lá atrás, em 1822, ano da Independência do Brasil, quando foram vencidos grupos que defendiam a ideia de um país livre, republicano, sem escravidão. Naquela altura, pesou significativamente o alastrar da cultura cafeeira, que ascendia no rol dos produtos da terra, enquanto seu preço também subia no mercado internacional.

A experiência de Vergueiro, em 1847, foi uma primeira tentativa. As leis paliativas do governo, de 1871 e 1885, só protelaram o problema. Todavia, a partir de 1880, com ímpeto crescente, proliferaram os movimentos emancipacionistas e abolicionistas, sobretudo entre as novas gerações letradas, empenhadas em qualificar o país, livrando-o da mancha da escravidão. Afinal, o Brasil era um dos últimos países do mundo a manter a vergonhosa instituição do trabalho servil. Mas não só segmentos da elite letrada encetaram campanhas. Na esteira daquela propaganda, a ideia da abolição se alastrou, reconhecida como a primeira campanha de alcance popular do país. Uma imprensa abolicionista vigorosa brotou, até mesmo em núcleos longínquos do interior, vários clubes abolicionistas foram fundados, se criaram "caixas de emancipação", isto é, fundos depositados para compra da liberdade de escravos. Na província paulista, escolas e bibliotecas populares foram singelamente inauguradas, de forma orquestrada, para ensinar as primeiras letras e permitir a leitura aos analfabetos, em favor de sua ilustração, das luzes do pensamento liberal.

Os próprios negros também tiveram parte importante na crise escravista e no processo de fim da escravidão. Fugas massivas, assassinatos de feitores e senhores, ameaças de revolta e mesmo revoltas deflagradas – ainda que debeladas e abafadas – contribuíam para disseminar ainda mais temor entre as elites brancas e proprietárias de escravos.

Nesse quadro tenso, de perigo latente – e com muito atraso –, os cafeicultores e o governo empenharam-se na vinda de trabalhadores livres. Tão em cima da hora, que datam do mesmo ano a Abolição da escravatura e a maior entrada de imigrantes para as fazendas de café. A Lei Áurea, assinada pela princesa Isabel em 13 de maio de 1888, decretava o fim da escravidão, com apenas dois artigos. Em 1888 entrava a maior leva de imigrantes italianos para o trato do café.

Tinha início uma nova etapa na história do trabalho no Brasil, em particular na lavoura cafeeira, cuja repercussão se deu de forma diferenciada entre as várias províncias/estados cafeicultores. É sabido que, na área fluminense, o atraso na substituição da mão de obra escrava pela livre foi bastante prejudicial àquela produção, que conhecia também o esgotamento do solo e a limitação de fronteiras agrícolas. Já na província mineira, em especial na Zona da Mata, a produção de café não conheceu declínio no período imediatamente após a Abolição e, curiosamente, sua produção continuou ascendente durante o período, valendo-se, em outras bases, da mesma mão de obra que permaneceu nas fazendas após a Abolição. Até porque, diversamente das levas paulistas, o imigrante que seguiu para Minas Gerais – italiano e alemão – voltou-se especialmente para as atividades urbanas e industriais. Nesse quadro, convém se deter na província/estado de São Paulo, onde a implantação da mão de obra livre na lavoura cafeeira teve efeito imediato. Ali, as terras virgens, as fronteiras agrícolas em aberto e o investimento de capital no negócio cafeeiro – inclusive a abertura de mais fazendas que poderiam ser revendidas, gerando elas mesmas outros negócios – possibilitaram a entrada e o aproveitamento das maiores levas de imigrantes da história do país.

Braços para a lavoura

A ideia de atrair o trabalhador estrangeiro vinha de longe. Desde 1808, com D. João VI, procurou-se atrair europeus para fins de ocupação demográfica do território, iniciativa que resultou na criação de núcleos esparsos pelo país, inicialmente de imigrantes suíços, alemães e também açorianos. Contudo, as colônias criadas eram de povoamento, e não de trabalhadores voltados especialmente para a lavoura.

Em 1847, a experiência de Vergueiro, como se viu, figurou como iniciativa pioneira na introdução do imigrante para o trabalho agrícola, e após 1850 os governos provinciais e a iniciativa privada já se envolviam com a responsabilidade da imigração.

Em São Paulo, no ano de 1871, o presidente da província de São Paulo, Antônio da Costa Pinto e Silva, reuniu vários fazendeiros e homens de negócios para formar a Associação Auxiliadora da Colonização e Imigração, voltada especialmente para o propósito de "facilitar para nossos fazendeiros a aquisição de trabalhadores livres". Logo, através da lei provincial de 30 de março de 1871, o governo ficava autorizado a emitir apólices para auxílio dos fazendeiros que quisessem mandar vir colonos para os seus estabelecimentos agrícolas. O empréstimo destinava-se ao pagamento das passagens e mais despesas que cada colono fizesse até o destino do trabalho. Dava-se preferência à introdução de colonos do norte da Europa.

Naquela altura estava em debate a vinda de chineses, *chins,* conforme denominação da época. A ideia inicial era trazer o trabalhador chinês sem a família, usá-lo como mão de obra para a lavoura por um determinado período, até que fosse providenciada a vinda de trabalhadores europeus e os chineses pudessem ser dispensados. Os partidários da imigração chinesa eram alguns cafeicultores de São Paulo, que necessitavam de jornaleiros – trabalhadores contratados por jornada diária –, pois os colonos, estabelecidos com contratos somente para limpar e colher o café, não davam conta dos demais manejos da fazenda.

A tentativa, porém, encontrou resistências. Havia oposição de grupos que acreditavam na inadequação do trabalhador chinês para o café, assim como se registrava na época uma postura preconceituosa, reticente pela possível miscigenação com o brasileiro. Corriam então teorias racistas favoráveis ao "branqueamento da raça", e os argumentos contra a vinda daquela etnia pesaram fortemente. Após alguns anos, a polêmica sobre a imigração chinesa, com muitas discussões no Senado, foi finalmente abortada.

Concomitantemente, um grupo de fazendeiros paulistas formulou e pôs em prática um projeto imigrantista pensado em larga escala, com vistas às demandas de suas extensas lavouras. Eram representantes praticamente da segunda geração dos cafeicultores do velho oeste de São Paulo, familiarizados com a empresa cafeeira, já lidando com o capital comercial, financeiro e industrial, cientes dos entraves das experiências pregressas. Logo, coube a esse grupo lançar as bases de uma imigração massiva, constante, transformadora do país.

A partir daqui, leitor, mudam o cenário, as vozes, a habitação, a alimentação, as relações de trabalho. Italianos, espanhóis, portugueses, libaneses e tantas etnias mais entraram no Brasil para escrever uma nova história. A construção desta nova etapa merece breve retrospecto.

Sociedade Promotora da Imigração: um mercado de trabalho

Desde 1878, o cafeicultor paulista Antônio Queiroz Telles vinha percorrendo vários países da Europa Ocidental, identificando finalmente

Hospedaria dos imigrantes. Com o crescimento do fluxo imigratório, a Assembleia Provincial autorizou o governo, em 1885, a construir novo prédio para alojamento de imigrantes. Escolhido o terreno nas proximidades da Estação do Norte da São Paulo Railway, no Brás, foi edificado a partir de 1886, majestoso edifício eclético, com projeto arquitetônico de Antonio Martins Haussler, possibilitando acomodar mais de mil imigrantes. Na hospedaria que funcionava como verdadeiro mercado de trabalho, os recém-chegados acomodavam-se gratuitamente por oito dias.

na Itália possível fonte de mão de obra para os cafezais do Brasil. A crise de desemprego era severa naquele país recém-saído das lutas políticas da unificação, atingido pela industrialização crescente e consequente expulsão do trabalhador rural das terras onde viviam. Ali, o pequeno agricultor, fosse meeiro ou arrendatário, enfrentava a dura concorrência de preços dos grandes proprietários e altas taxas de impostos, que o levavam ao endividamento. No máximo, conseguia empregar-se como trabalhador na indústria nascente nos centros urbanos, mas nesta também havia excedente de mão de obra. O caráter expulsor de uma Itália em crise e o receptor de um Brasil carente de trabalhadores propiciou o estreitamento da política de imigração entre os dois países.

Data de julho de 1886 a fundação da Sociedade Promotora da Imigração, projeto encetado por cafeicultores paulistas, tendo à frente o próprio Antônio de Queiroz Telles, conde de Parnaíba, que nesse momento respondia também pela presidência da província de São Paulo. Esse trabalho conjunto entre fazendeiros e governo facilitou o encaminhamento da questão. Acertava-se que o fluxo imigratório seria proveniente da Itália e o governo subvencionaria a vinda do colono. O imigrante isentava-se do pagamento da passagem e do transporte ferroviário até as fazendas de café. Logo, intensifica-se a vinda dos imigrantes para o Brasil, sabendo-se que até 1885 figuraram, sobretudo, os pequenos proprietários italianos empobrecidos pela crise italiana.

Em 1878, a primeira sede da hospedaria, local para onde eram encaminhados os imigrantes assim que chegavam – por razões organizacionais e sanitárias –, ficava no bairro de Santana, na antiga sede do Primeiro Núcleo Colonial de São Paulo, distante apenas 4,5 quilômetros da Estação da Luz. Em março de 1882, foi transferida para o bairro do Bom Retiro, a apenas um quilômetro da mesma estação. Em face do fluxo crescente, em 1886, o presidente da província ordenou a construção da sede própria no Brás, com possibilidade de acomodar até 4 mil imigrantes, com planta privilegiada, próxima das estações do Norte e Inglesa. Nela, os recém-chegados hospedavam-se gratuitamente por oito dias, funcionando o local como verdadeiro mercado de trabalho. A despeito de já terem assinado um contrato no país de origem, só seriam distribuídos entre as fazendas após sua passagem pela Hospedaria dos Imigrantes.

Enquanto a imigração foi subsidiada pelo governo, através de recursos públicos, o fazendeiro eximiu-se de investir na aquisição do trabalhador. Mediante esse mecanismo, o fazendeiro não apenas poupava capital, mas o ganhava, recurso que levou os proprietários da época a abrirem novas fazendas e ampliar os cafezais como forma de capitalizar ainda mais aquele processo produtivo. A grita geral dos fazendeiros de "falta de braços para a lavoura" resultou em forma de pressão para a permanente obtenção de subsídio disfarçado, quando também a formação de fazendas transformou-se em novo e grande negócio: além de produzir café, o fazendeiro passou também a produzir fazendas de café.

No papel e na imaginação fermentada pela propaganda, as condições pareciam maravilhosas. Entretanto, os imigrantes enfrentaram adversidades de toda ordem, da exploração advinda do não cumprimento dos contratos aos problemas de adaptação ao Brasil. Estranharam o clima, a alimentação, as doenças tropicais e a forma de arar a terra. Estiveram sujeitos a maus-tratos por parte do cafeicultor de tradição escravocrata, ao estigma de substitutos de escravos, à violência e ao banditismo do campo. Muitos ainda conviveram com os escravos, numa tensa relação de incompreensões mútuas. A propaganda imigratória maciça no exterior "vendia" a imagem paradisíaca das terras férteis do país, num sistema de arregimentação sedutor. A disseminação de fotos, com a família reunida na colheita do café, os remetia à tradição de trabalho da Itália pré-industrial, de forte apelo para populações desempregadas do campo. Naquele momento, o Brasil era um dos primeiros produtores de café do mundo e a política de "braços para a lavoura" ganhava todo o apoio governamental. Não foram poucos os imigrantes que, esperançosos do *fare l'America*, interrompiam um roteiro que previa sua ida à Argentina, ou mesmo aos Estados Unidos, e desembarcavam em Santos, subiam a serra e se viam na Hospedaria dos Imigrantes, em São Paulo, no bairro do Brás, acreditando numa só América, associada recorrentemente à América do Norte.

Entre 1886 e 1887, a entrada de imigrantes no país quase dobrou em relação ao ano anterior, passando de 32.650 para 54.932 imigrantes. No ano da Abolição da Escravatura, em 1888, efetivamente mais que dobrou, elevando-se para 132.060 imigrantes, no movimento significativamente subvencionado pelo governo imperial e pelo governo da província de São Paulo. Uma década depois, na próspera região de São Carlos, por exemplo, que recebeu um dos maiores contingentes de trabalhadores livres, a transição para o trabalho livre já fora praticamente completada. Ali os imigrantes constituíam mais de 85% da força de trabalho rural (13.418 pessoas). Dentre estes, a imensa maioria era composta de italianos (10.396); os brasileiros foram divididos pela cor e os brancos (1.028) quase se igualavam numericamente aos negros (1.242), provavelmente ex-escravos.

A vinda desses trabalhadores para o café, que chegavam em família, alterou não apenas as relações de trabalho, mas também a apropriação da terra, o cultivo do produto, os hábitos alimentares, as práticas culturais, cumprindo papéis diversificados nas novas frentes pioneiras pós-abolição. Lado a lado, patrão e colono iniciavam duro exercício de convívio para ambas as partes, lidando ao mesmo tempo com o novo e o inusitado. De toda forma, na lavoura cafeeira do Brasil, o trabalho do imigrante em família predominou até por volta de 1950.

Da Itália à fazenda, a saga de um percurso heroico

A assinatura de um contrato de trabalho e a vinda dos imigrantes em família foram condicionantes iniciais para a imigração dos primeiros italianos para o café. Subsidiados pelo governo brasileiro, levas de vênetos, na sua

Os emigrantes, óleo sobre tela do pintor italiano Antonio Rocco, em que o artista retrata a dificuldade da família imigrante, contrastando com as imagens otimistas sobre a vinda ao Brasil, divulgadas pela propaganda do governo.

maioria, desciam no porto de Santos, por vezes no Rio de Janeiro, mas o destino certo era a Hospedaria dos Imigrantes, na cidade de São Paulo.

Não foram poucos os problemas que surgiram com a vinda dos primeiros grupos. Ainda na Europa, os agentes prometiam a manutenção das famílias numa mesma colônia, o que nem sempre acontecia, pois havia uma cláusula que previa a possibilidade de uma divisão do grupo – desde que o colono não tivesse nenhum motivo justo ou fundado para recusar essa transferência. Ora, quem poderia apresentar algum motivo, sendo recém-chegado, sem falar a língua, sem conhecer qualquer outra pessoa fora de seu grupo? Além disso, quem julgaria o "motivo justo" caso o colono se recusasse a obedecer? Sendo assim, muitas famílias foram separadas, contrariando as expectativas de todos.

Seguiam para o desconhecido, para o trabalho acertado em contrato, que compreendia o direito a uma casa e o plantio de produtos para subsistência e revenda, dispostos entre as aleiras do cafezal. Havia a possibilidade também de dispor de pequeno pasto para alguns animais. Quanto aos deveres, eram muitos. Plantar, colher e beneficiar o café, fazendo render muitos talhões por família, eram as tarefas basicamente acordadas.

A visão do paraíso veiculada na Itália pela propaganda era rapidamente substituída pela dura realidade do trabalho árduo, das diferenças ambientais, dos choques culturais. O que aguardava esse colono no mundo da fazenda?

Tempo de violência, paixão e morte

Os primeiros anos foram difíceis de parte a parte. Tanto para o fazendeiro, que até então só lidara com o escravo, mas, sobretudo, para o colono, que se frustrava com as condições de trabalho oferecidas. A abertura de uma área cafeicultora repercutia imediatamente entre os imigrados, pois as condições de contratação nas novas lavouras acabavam sendo mais vantajosas. Frequente, pois, foi sua mobilidade, ainda que rompendo o contrato, em busca de novas frentes de trabalho.

Seu cotidiano foi marcado por disputas e violências, agravadas pela ausência de um aparato jurídico isento que interviesse dentro das propriedades. A autoridade do patrão – tido como "coronel" local – era suprema, e as arbitrariedades se sucediam ao arrepio da lei. Mesmo entre os colonos, o convívio era difícil, sendo frequentes os desentendimentos nos limites da propriedade, conflitos que se agravavam, particularmente, nas franjas pioneiras. Por vezes, tocaias eram organizadas por homens armados que efetivavam a "justiça sumária" contra seus desafetos. Assim, o abandono das lavouras foi uma constante, fosse para tentar colocação mais vantajosa ou por desentendimentos no local de trabalho.

A situação piorou ainda mais após 1896, com a crise da baixa cotação do café, quando os fazendeiros se viram impossibilitados de saldar seus compromissos, fossem os empréstimos, que atingiam taxas de juros anuais de 12% a 18%, fossem os pagamentos ao colono. À tensão gerada pela crise somou-se a violência registrada nas fazendas, frequentemente divulgadas pelo jornal *O Estado de S. Paulo,* a exemplo da notícia que transcrevemos, uma entre tantas que diariamente se veiculavam das áreas cafeeiras:

> Repetem-se os assaltos a mão armada para roubar nas estradas de Hammond, Jaboticabal e Ribeirãozinho. Na primeira, os salteadores atacaram o pessoal da Conserva; na segunda, Fuão Grillo, empreiteiro do Sr. Pedro de Alcântara; na última assaltaram a tiros Giovanni de tal, estabelecido com cervejaria em Ribeirãozinho.

Observe, leitor, as tantas categorias de trabalhadores que já convivem numa frente cafeicultora recém-aberta, com camaradas, empreiteiros, industriais emergentes, todos apostando na riqueza do café. E os dramas sucediam-se nos territórios havia pouco desbravados, onde coexistiam fazendas com população diversa, vilas em formação e florestas cerradas, em que os desmandos corriam soltos. O cenário era muito diferente do cartão-postal que seduzira o trabalhador estrangeiro, mobilizando-o para a mudança.

Mas nem só de agruras viveram os colonos nas fazendas de café. A exigência de que sua vinda se desse em família foi estratégia que beneficiava o proprietário, pelo maior rendimento do trabalho, mas favorecia o imigrante, em vários aspectos. Vamos acompanhar isso mais de perto.

Família no cafezal

A vinda em família era propícia ao governo, não só pelo subsídio, mas também pelo encaminhamento e acomodação do grupo numa mesma propriedade. Para o fazendeiro, a solução era interessante, pois aumentava os "braços para lavoura" enquanto se garantia a estabilidade do trabalhador no campo. Também para o imigrante a exigência era favorável, fosse pelo conforto de estar entre os seus, as possibilidades de melhor rendimento do trabalho em conjunto, reproduzindo a situação do país de origem, onde a família era a unidade fundamental da organização do trabalho, e possibilitando a sobrevivência do grupo. Em família, cuidavam de número maior de pés de café, produziam mais nos lotes de subsistência, potencializavam os rendimentos. Cada família era capaz de tomar conta de 10 mil pés de café.

Logo, a preservação do trabalho familiar foi rigorosa no sistema de colonato para o café. No início da grande imigração, foi praticamente exclusiva a vinda de famílias com muitos membros, porém, mais tarde, começaram a chegar indivíduos isolados, que formaram grupos itinerantes que trabalhavam por empreitadas nas fazendas. Os contratos celebrados variaram de acordo com as tarefas a serem executadas, as regiões de recepção e mesmo aquelas da pátria expulsora. Alterava-se, sobretudo, no tocante às tarefas previstas na lavoura.

É importante sublinhar que os imigrantes não eram empregados na fase inicial de abertura da fazenda, que compreendia a derrubada e queimada da mata, geralmente cumprida por brasileiros. Após 1897, porém, sobretudo os meridionais, se encarregaram deste trabalho, sabendo-se que, só a partir de 1910, foram correntes os contratos de empreitada para o desmatamento

Em fotografia posada, de autoria do suíço Guilherme Gaensly, a idealização da vida bucólica no campo, conforme veiculada pela propaganda do governo para atrair mão de obra imigrante para as lavouras de café.

e a plantação do cafezal. Esta última era a etapa mais longa do cultivo do produto, que se estendia por quatro anos, compreendendo a realização das covas, o plantio do café e a manutenção da limpeza do terreno. Nesse período, o imigrante podia plantar milho e feijão entre as fileiras, cuidando ainda de outros trabalhos da fazenda, desde a manutenção das cercas, a limpeza das ruas entre os pés de café, o trato do pasto e a construção da própria moradia. O calendário de trabalho agrícola dos primeiros anos de cultivo até o início da colheita – que se dava sempre a partir de maio – relacionava inúmeras tarefas distribuídas entre meses específicos, que compreendiam a semeadura do café e também do milho e do feijão, com respectivos tratos e colheitas dos demais produtos de subsistência.

Após a formação da fazenda, um segundo contrato contemplava sua manutenção e a colheita do produto. Na fase da colheita, utilizou-se muito a contratação de *camaradas*, indivíduos isolados ou que não contavam com família numerosa. Nesse novo contrato, cabia ao colono quatro ou cinco carpas anuais no café, a colheita e a prestação de serviços gratuitos nas fazendas, quando solicitados. Os pagamentos eram feitos pelas carpas (cuja unidade básica era mil pés de café) pela colheita (cuja unidade básica era um volume de grãos com 50 litros) e venda do excedente de cereais plantados.

Nesse sentido, é questionável a característica deste trabalho anunciado como assalariado, quando era pago por etapas, combinando diversas modalidades de pagamento. Antes, esse procedimento era uma forma de baratear o custo da mão de obra, também condicionado ao total apresentado pela família.

Os contratos impressos, assinados em duas vias, só podiam ser alterados ao final de cada colheita, mas essas normas variavam de proprietário para proprietário, ocorrendo muitas vezes o abandono do trabalho antes mesmo de cumprido o contrato. As multas aconteciam com frequência, gerando o endividamento progressivo do colono. Deixar de capinar, replantar e não reparar as casas eram alguns dos motivos para sua aplicação. Até mesmo a saída da fazenda era extremamente regulada, permitida apenas com autorização do administrador. Censurado ainda o andar em grupos, procedimento também coibido.

Num segundo momento, quando as terras enfraqueceram e as técnicas de cultivo mudaram, os pés de café foram plantados próximos, inviabilizando o cultivo de produtos consorciados entre as leiras. Os fazendeiros não compensavam essas perdas ao colono, mas ofereciam-lhes terras fora do cafezal, solução que exigia mais em termos de dedicação de jornada e incorporação da família no trato de roças distantes.

Concomitantemente, a grande aspiração da família imigrante da lavoura era seu lote de terra, ou como enfatizava um jornalista italiano: "O desejo de propriedade é instintivo no agricultor europeu, no italiano em particular. A maior aspiração da família camponesa é possuir um lote de terra." Nesta motivação, que muitas vezes acabou por conduzir o trabalhador da fazenda para a condição de lavrador independente, o traço preponderante foi a extrema economia, quando o controle dos gastos e a parcimônia se tornaram marcantes naquelas comunidades. Razão pela qual torna-se difícil o conhecimento dos totais da economia imigrante, pois os grupos eram reservados em suas poupanças, evitando os bancos, guardando dinheiro em colchões, esquivando-se de discutir o assunto com estranhos.

Sabe-se que os trabalhadores brasileiros nativos das fazendas gastavam duas vezes mais em alimentação do que os italianos e três vezes mais que os portugueses, que a quantidade de carne de porco salgada que uma família brasileira consumia em uma semana seria suficiente para uma família italiana, do mesmo porte, pelo período de duas semanas, e que o primeiro objetivo do italiano era a acumulação de economias, ignorando atividades que não contribuíssem diretamente para atingir esse objetivo e evitando gastos com produtos que inviabilizassem sua capacidade de poupar.

A despeito da prosperidade econômica conhecida por alguns grupos, as famílias mantiveram os hábitos austeros dos primeiros tempos, de contenção de gastos, produzindo para seu próprio consumo, capitalizando ao máximo as rendas do trabalho e, mais tarde, investindo em negócios, que se diversificaram progressivamente. Os testemunhos a seguir ilustram parte do cotidiano de austeridade da família imigrante. O primeiro é a lembrança de Julieta Luvizotto Nicolau, descendente de vênetos, colonos e mais tarde proprietários de fazendas de café:

> Os colchões eram de palha de milho e os travesseiros de pena de galinha. Roupa se passava com ferro de brasa, assoprado e abanado constantemente. Aliás, havia que ter sempre dois. Enquanto um passava o outro aquecia. Logo pela manhã, o café mais forte era para o Nono, que ia para o trabalho. A segunda coada era das crianças. O pão era coisa de rico. Havia mais polenta e às vezes banana na chapa do fogão. Para o almoço, o arroz era pego com a caneca, sem lavar, para não estragar a vitamina.

O relato de Cinira Módena, também descendente de italianos, informa sobre os hábitos alimentares de produção caseira, uma tradição da família:

> Lembro-me, quando menina, que em casa só se comprava sal, tecidos de mascates, bacalhau, sardinha, queijos duros – tipo parmesão. Estes últimos compravam de caixa. O restante era cultivado e criado – vaca, porco, galinha, patos e com isto faziam os derivados. Plantavam milho, por causa da polenta, arroz, feijão e todo o tipo de verdura, sobretudo almeirão e serralha. Plantavam também cana para o açúcar, que era produzido em casa – açúcar mascavo. Óleo não existia. Temperavam com gordura de porco.

Em outra perspectiva, é oportuno lembrar da lida em conjunto no cafezal, através da marcante convivência cotidiana dos grupos, quando, em

família, tocaram suas roças, economizaram seus parcos ganhos, adquiriram terras e foram além, formando bairros e criando cidades.

O município de Cerquilho, próximo da capital paulista, é uma das cidades de crescimento qualificado de comunidades italianas que vieram para as lavouras de café. Marcada por forte identidade imigrante, seus moradores até o presente são praticamente aparentados entre si e guardam com carinho muita lembrança da trajetória dos "nonos". Dentre elas, a memória da vida em família, que tem no casarão da família Grando um símbolo da tradição imigrante. Os Grando, colonos da leva de 1888, trabalharam na fazenda Maristela, de Laranjal Paulista, e com as economias adquiriram terras na fazenda Galo de Ouro, na vizinha cidade de Tietê. Ali, plantaram café, mas diversificaram com milho, feijão e cana, fabricando vinho e pinga. Construíram a capela familiar no então bairro Galo de Ouro, assim como o primeiro clube de esportes da comunidade. O tradicional casarão, onde coabitaram cerca de cem pessoas da família, chegou a possuir 24 quartos e só foi desfeito em 1930, quando as terras foram divididas entre os parentes. Desse patrimônio restou precioso depoimento, registro raro do peculiar cotidiano da família italiana que veio para o café, divulgado pela descendente Maria Ivanete Milaré Grando. Com ele deixamos o leitor, fechando esta seção dos mundos do trabalho na lavoura do café:

> A casa organizava-se da seguinte maneira: numa ala ficava a sala dos homens, com duas mesas enormes para acomodar vinte pessoas em cada uma, onde faziam as refeições e jogavam tômbola e baralho; a sala das mulheres, com uma mesa meio curta, pois não se sentavam nela; e mais a cozinha, despensa e a cantina. Em outra ala, construída separadamente e formando vários blocos, ficavam os quartos. Perto da casa ficava a capela, os terreiros para secagem do café, o paiol, o pomar, o engenho e a horta; mais além, o chiqueiro.
>
> Eles tinham um único chefe, que foi no início o Sr. Pedro Grando e após sua morte, em seu lugar ficou o Sr. Paulo Grando. [...] Cuidavam do dinheiro, que era guardado sob o colchão ou dentro dele, pois não havia inflação nem banco.
>
> Produziam quase tudo que precisavam: sabão, fubá, vinho, melado, pinga, açúcar mascavo (ferviam o caldo de cana até açucarar); matavam um boi e três a quatro porcos de até catorze arrobas para fazer linguiça, que era guardada na banha para se conservar. No lugar do pão, costumavam fazer "pinça": faziam a massa, esticavam, embrulhavam em folha de bananeira e assavam na brasa. Depois derramavam melado sobre ela e comiam. Era uma delícia. A criançada chegava a barganhar pedaços de "pinça". Faziam polenta duas vezes por dia e comiam com

linguiça, queijo, ovos ou carne. As panelas, por serem muito grandes, eram dependuradas em correntes, sobre o fogo. Eram necessárias duas mulheres para mexer a polenta, uma de cada lado, e homens para despejá-la sobre grandes tabuleiros redondos.

Cada dia, duas mulheres eram escaladas para os afazeres domésticos e as demais iam para a roça com os homens. Cada uma lavava a roupa de sua família, o que era feito num ribeirão a quatrocentos metros da casa, num batedor de roupas que acomodava doze mulheres. Esse serviço era feito de joelhos, pois o batedor ficava no chão, à beira da água corrente.

Apesar de trabalhar ao lado do homem, as mulheres eram muito discriminadas. Tomavam refeições em ambientes separados, não podiam participar dos jogos de tômbola e baralho, ficavam fazendo crochê em outra sala. Além disso, os homens alimentavam-se melhor e apenas eles aprendiam a escrever.

Nos primeiros anos de Brasil, para fazerem compras, levavam uma amostra para o dono do armazém saber que mercadoria desejavam. Até o ano de 1947, só se conversava em italiano.

A fazenda

*A fazenda acabou por mostrar um mundo muito
mais complexo [...]. Um mundo extremamente
contraditório, onde ideias modernas conviveram
com as mais retrógradas e degradantes condições humanas;
um mundo que, se produziu alguns dos episódios mais
cruéis da história brasileira, também soube gerar
alguns dos cenários mais poéticos que, ainda hoje,
e cada vez mais, despertam a atenção e a
admiração de muitos.*
Wladimir Benincasa

O imaginário popular guardou a lembrança da fazenda de café nos moldes daquela do Império, onde a casa de morada, senzala, terreiro, tulha e pomar, emoldurados pelo cafezal, definiam o complexo cafeicultor, perpetuando uma memória nostálgica, associada à vida bucólica do campo, ritmada pelo tempo mais lento, próprio do universo rural. Essa visão homogênea resulta da longa permanência do cultivo do produto, tocado em bases que pouco se renovaram, confinando-o ao binômio "casa de morada e senzala", aos instrumentos mais primitivos de beneficiamento dos grãos – pilões, rodas d'água e monjolos –, evocativos de um cotidiano saudável e até harmonioso em contraposição àquele efervescente e nervoso das cidades.

A varanda da casa de morada, sempre alocada no alto das edificações, de modo que o proprietário de lá controlasse todo o trabalho na propriedade, ainda hoje permite a reminiscência de cenários paradisíacos da natureza e dos campos de café, confirmando não só o pitoresco que marca sua paisagem, assim como a grandiosidade do cafezal, ondulação verde e simétrica em meio ao remanso do Império.

Ainda hoje, no interior desses casarões, é possível sentir toda a atmosfera da vida doméstica de outrora: a sala de jantar, com o assoalho de tábuas largas e as janelas escancaradas para a paisagem lá fora; móveis de palhinha e redes acolhedoras, penduradas em rústicos ganchos; retratos pelas paredes; cadeiras de balanço; fruteiras e lampiões sobre consoles. Nos dormitórios, penteadeiras com tampo de mármore sustentando a bacia, o jarro, a saboneteira. E a cozinha imensa, com o fogão de lenha e seu trempe de panelas, ou com o jirau para guardar embutidos, tendo por trás a parede negra de fuligem.

A despeito dessa memória quase romântica, que uniformiza a fazenda cafeeira num ideário que pouco se modificou ao longo dos tempos, sabe-se que essa unidade produtiva conheceu muitas transformações, representativas de seus tempos econômicos e culturais diversos.

Da fazenda imperial, assentada na mão de obra escrava, chegou-se àquela outra, espaço, sobretudo, da produção empresarial, que advém com emprego da mão de obra livre e as modernidades técnicas, em paralelo ao avanço para as terras virgens do oeste paulista. A região de Campinas constituiu-se em polo desta transição, centro difusor da arrancada em direção ao sertão, arregimentando os instrumentos propiciadores desta nova etapa do cultivo do produto. Valendo-se das facilidades de escoamento geradas pela implantação de linhas de ferro da Companhia Paulista (1872) e da Companhia Mogiana (1875), a cidade conheceu a instalação de indústrias de maquinários, a criação do Instituto Agronômico de Campinas (1887) e instituições complementares que consolidaram a área como propulsora do aperfeiçoamento agroindustrial do país. Ali se deu a transição entre a tradicional arquitetura quase autárquica do vale do Paraíba para a das grandes empresas agroindustriais do oeste paulista, testemunhando o desenvolvimento do núcleo industrial das fazendas, que deixava de ser pequeno conjunto arquitetônico para atingir grandes complexos integrados de obras civis.

Ainda ao fim do século XIX, os cafeicultores chegam ao poder e assumem postos de mando, agentes decisivos na implantação de uma República que se construiu na esteira dos lucros advindos do café. São eles que dão as cartas na política e na economia, de acordo com seus interesses de classe. A ferrovia e as cidades haviam impresso outra dinâmica ao cotidiano de fazendeiros que se tornaram homens de negócio, absenteístas apartados do universo rural, delegando-o a administradores, enquanto se voltavam para as novas aplicações do capital nos centros urbanos.

A despeito dos meios ampliados de comunicação, persistiu por bom tempo a autarquia daquelas unidades produtivas, mesmo depois de extinta a escravidão. O proprietário procurava manter o controle sobre a mão de obra, ainda que livre, congregando nos limites de suas terras todo o consumo necessário para sua manutenção. Os colonos dependiam, assim, dos armazéns de produtos complementares que funcionavam no interior das fazendas, vale dizer, viviam na dependência e órbita dos patrões. Mesmo quando o comércio de secos e molhados se localizava no vilarejo próximo, o empregado estava sob domínio do patrão, pois a cidade também era controlada pelo "coronel", o grande proprietário. Assim como de sua vontade e ingerência dependiam o funcionamento da escola, da assistência religiosa, do atendimento médico e demais serviços e funções do cotidiano do colono.

Com a instauração das relações de trabalho livre, regidas por um contrato, o binômio *casa de morada* e *senzala* foi substituído pelo de *casa de morada* e *colônia*. O gerenciamento da fazenda tornou-se atividade mais profissionalizada, em geral entregue a um administrador/gerente, figura que ganharia maior dimensão no processo de ocupação das novas fronteiras agrícolas. Concomitantemente, o fazendeiro se tornou citadino, e muitas das novas sedes se limitaram a instalações modestas, para breve acomodação do proprietário, longe de figurar como moradia permanente e/ou expressão de seu poderio. Essa exteriorização de poder passava agora a ser explicitada na casa da cidade, localizada na região de seus domínios ou mesmo na capital.

O modelo e suas variantes

Os modelos de fazenda de café variaram em função de conjunturas específicas à época de suas instalações, atendendo às transformações que presidiram o avanço daquela cultura, fosse como economia de mercado e respectivos modos de produção, fosse pela modernização das técnicas agrícolas e reordenações sociais pelas quais passou o país. Mais recentemente, a prática da cultura cafeeira se detém nas demandas que priorizam a excelência do produto e, de forma especial, aos cuidados agroecológicos com relação à "arquitetura do cafezal".

Ao longo dos 180 anos de trajetória do café no Brasil podem ser delineados, *grosso modo*, quatro modelos de unidade de produção cafeeira historicamente definidas, que compreendem variantes, não cogitadas aqui pelos limites desta abordagem.

Um primeiro, definido pelo modelo de fazenda do Império, do século XIX, assentado na mão de obra escrava, localizado basicamente no vale do Paraíba fluminense e paulista e, em menor proporção, em Minas Gerais, na região da Zona da Mata.

Um segundo, que poderia ser balizado no último quartel do século XIX, após a introdução da ferrovia e maquinário de modernização técnica, já se valendo da substituição da mão de obra escrava pela livre, avançando para o oeste e o norte paulistas, mantendo-se com algumas alterações, até por volta da crise de 1929.

Um terceiro, que, a partir dos anos 1930, conhece políticas de proteção e linhas de financiamento para o café, apoiado no trabalho dos colonos que residem na fazenda dotada de maquinário moderno, estendendo-se para o vale do Paranapanema e alastrando-se pelo Paraná, Espírito Santo e Minas. Modifica-se por volta de 1960, com a substituição do colono pelo *boia-fria*. Muitos exemplares dessas propriedades cafeeiras praticamente se extinguem a partir de 1970 ou se transformam completamente, com a implantação do Projeto Pró-Álcool e a introdução do cultivo da soja.

Finalmente, um quarto modelo, contemporâneo, dos anos 1990, que atende a outra economia de mercado, com a busca da qualificação do café, tratamento mecanizado, introdução de programas de informática, que se faz presente, sobretudo, na região da Mogiana no estado de São Paulo, mas também nos estados de Minas Gerais, Paraná, Espírito Santo, atingindo a Bahia, Mato Grosso e Goiás. Nessa última etapa da nossa história do café, os cuidados agroecológicos se intensificam, resultando não só em formas de plantar e tratar diferenciados, como também em melhoramentos genéticos que otimizam o aproveitamento da planta em vários aspectos.

O leitor perceberá melhor as transformações percorrendo alguns desses modelos, recuperados em sua historicidade, levando em conta que

1º modelo, no vale do Paraíba paulista. Fazenda Pau-d'Alho, de 1817, em São José do Barreiro. Fundada por João Ferreira de Souza, inicialmente se voltou para a produção de milho, arroz e aguardente. Em 1836 já produzia café, contando com 150 escravos. Foi provavelmente a primeira fazenda paulista concebida especialmente para o cultivo do café em escala comercial. Em 1822, sua sede em sobrado foi registrada pelo naturalista Saint-Hilaire e no mesmo ano recebeu a visita de D. Pedro ı, que se impressionou com a opulência do anfitrião. Hoje é tombada como patrimônio cultural, pelo seu caráter exemplar.

2º modelo, além de Campinas. Fazenda Santa Gertrudes, localizada na região de Rio Claro, fundada pelo barão de São João Claro, passando para o marquês de Três Rios e mais tarde para Eduardo Prates. Marco da história agrária de São Paulo, em 1857 foi relacionada como produtora de açúcar e café, com predomínio deste último, a partir de 1861. Modernamente aparelhada, a sede foi edificada com requintes de casa urbana. Por volta de 1890, contava com 85 casas de colonos; em 1898 era iluminada a gás acetileno; em 1902 recebia luz elétrica; em 1904, telefone, instalando posteriormente usina elétrica própria.

as formas de produção definiram a moradia dos proprietários, as edificações de beneficiamento, os edifícios de apoio, as habitações do trabalhador e as relações entre cidade e campo. Basicamente tem-se dois modelos pertinentes ao Império e à República. Se o primeiro foi o espaço do morar, trabalhar e viver permanente, o segundo figurou, sobretudo, como local de trabalho, com seu proprietário morando na cidade, fazendeiro citadino.

Mundo em miniatura

As primeiras fazendas cafeicultoras dos tempos imperiais, originárias das instalações do antigo engenho açucareiro, apenas reorganizaram o espaço anterior, conjugando por vezes ambas as atividades, da produção do açúcar e do café, até que o último predominasse. Logo, a casa de morada e a senzala permaneceram, confirmando as mesmas relações de trabalho presididas pelo vínculo senhor e escravo. Inicialmente bastante rústicas, estas unidades produtivas implantavam-se próximas aos cursos de rios e ao longo dos principais caminhos. Com o aumento da produção, as fazendas aparelharam-se até atingir dimensões de verdadeiro povoado. Algumas chegaram a contar com mais de mil habitantes, ostentando grande fausto por parte de seus proprietários.

A novidade espacial, por conta do cultivo do café, foi a introdução do terreiro, imprescindível para o beneficiamento do novo produto. Localizado ao lado ou em frente à casa de morada, permitia ao senhor das terras controlar o trabalho da escravaria.

Apesar das poucas mudanças, a estrutura da fazenda cafeeira se apresentava mais elaborada que aquela da cana. Não só exigiu novas dependências e maior divisão do trabalho, como intensificou processos e características já existentes no tempo de engenho, isto é, aumento constante do número de escravos, uso sucessivo de novas terras, reafirmação da economia rural e confirmação da monocultura.

Nesse momento, mais que as extensões cultivadas e a imponência da casa de morada, o que atestava a importância e o poder do proprietário era o número de escravos que possuía. Por volta de 1817, início do cultivo no vale do Paraíba fluminense, a existência de 189 escravos numa propriedade era número significativo. Posteriormente, com o aumento da produção, esse número de referência foi superado. O rico e poderoso fazendeiro comendador Joaquim José de Souza Breves (1804-1880), por exemplo, chegou a possuir, em todas as suas fazendas do Rio de Janeiro, 6 mil escravos, um dos maiores plantéis particulares da época.

Pintura que retrata a fazenda Boa Vista (detalhe) em Bananal, atribuída a Georg Grimm, em 1880. Casa de morada, senzala, oficinas dispersas e açude permitem visualizar o universo autônomo e isolado das fazendas de café da primeira metade do Império, figurando um mundo em miniatura.

Ao lado das fazendas adaptadas em terras do engenho de açúcar, sobrevieram novas propriedades, abertas em territórios de matas virgens, especialmente configuradas para o café. Estas, já de início, conheceram maior complexidade, atentas às necessidades exclusivas daquela produção.

Tanto na fazenda adaptada ao engenho de açúcar como naquela criada para implantação específica da cultura, um procedimento foi constante: a autarquia dos estabelecimentos, poderosos em sua autossuficiência, porém, marcados por profundo isolamento, traço que cunhou hábitos e práticas na sociedade brasileira. Essas propriedades apartavam-se dos raros núcleos urbanos, escassos e mal aparelhados até meados do século xix e traziam de fora apenas o sal, a pólvora e o ferro. Os demais produtos e utensílios de consumo diário e aparelhamento local eram produzidos em seu interior, orgulho de seus proprietários, que se vangloriavam da superioridade de seus domínios.

Essa autonomia foi mais observada entre os fazendeiros do vale do Paraíba fluminense e paulista, privados por longos anos de meios de

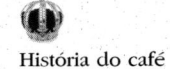

transporte ágeis, servidos por estradas precárias e distantes dos portos do litoral. Diversos relatos contemporâneos àqueles estabelecimentos insistem no caráter fechado daquelas unidades, submetidas a severo e direto controle por parte do fazendeiro, vivendo cotidiano tão só prescrito pelo cultivo e beneficiamento do produto, tocadas a escravos que trabalhavam quase que com "a precisão de máquinas".

José de Alencar, em seu romance *O tronco do ipê*, que tinha por cenário a fazenda Nossa Senhora do Boqueirão, na região de Vassouras, em 1850, menciona a arquitetura de dominação que presidia os espaços do trabalho. Referindo-se à implantação da casa de morada, senzala, terreiro, tulha e outras eventuais edificações, relatava: "Todos esses edifícios formavam um vasto paralelogramo, com um pátio no centro; para este pátio, fechado por um grande portão de ferro, abriam os cubículos das senzalas."

O francês Charles Ribeyrolles, viajante que em 1859 visitou várias fazendas, impressionou-se com o estágio de isolamento daquelas unidades, admitindo: "Uma grande fazenda é um mundo em estado primitivo. É o domínio e a tribo dos velhos tempos." O norte-americano Herbert Huntington Smith, em 1878, a respeito de uma prestigiosa propriedade cafeeira no vale do Paraíba, deixou relato mais ilustrativo do confinamento ao comentar que, após uma estrada de coqueiros perfilados, deparou-se com "um espaço murado, semelhante a um pátio-prisão", interceptado por uma porteira fechada que vedava totalmente o ingresso, que só se dava após se vencer duas ou três porteiras, construídas de tal modo que se fechavam pelo próprio peso, reforçando a sensação de isolamento.

Outro observador estrangeiro que passou pelo Brasil na década de 1880, Van Delden Laerne, confirmou esta imagem de mundo apartado e hostil ao admitir que:

> A aparência de uma fazenda fábrica é raramente alegre [...] raramente há jardins com árvores [...]. Apenas aqui e ali, além do primeiro pátio da fábrica, se poupam algumas árvores. [...] mas isso é mais para benefício do gado ou para provar a excelência da terra que para adornar ou avivar a paisagem.

Em que pese a rica vegetação das florestas, sempre presente nos caminhos do café, a aridez da paisagem da fazenda não foi uma impressão isolada, mas resultou em registro uniforme dos olhares estrangeiros que conheceram de perto aquelas propriedades e deixaram relatos.

As expressões *pátio-prisão* e *fazenda-fábrica* são adequadas para ilustrar a impressão causada por aqueles estabelecimentos no tempo do Império. Tratando-se de uma unidade de produção, seu cotidiano e espaço eram organizados para a máxima exploração da terra e da mão de obra e, nesse sentido, poucas áreas eram beneficiadas por tratamento pitoresco ou aprimoramentos estéticos, salvo os raros jardins das casas de morada, os pomares, em geral de frutas nativas silvestres, eventualmente bem cuidados, e ainda plantações de ervas aromáticas esparsas e desalinhadas, elementos que compunham a paisagem no entorno da casa.

Indefectíveis, porém, em muitas fazendas eram as palmeiras imperiais, perfiladas como lanceiros, símbolo de poder e classe no Brasil, sobretudo por parte dos cafeicultores afinados com a Monarquia. De certa forma, a palmeira imperial fazia as vezes de "jardim" daquela unidade de produção, uma das raras manchas verdes na área fechada em quadra, definida pela casa de morada, terreiro e senzala.

Esse mundo do trabalho austero, comum às fazendas cafeeiras do vale, pode ser aferido pela relação de construções da fazenda Marrecas, registrada no inventário da família elaborado no ano de 1858:

> casa de morada, senzala, terreiro, engenho de moer cana, casa para moinho de milho tocado por animais, três casas para a tulha de café, um chiqueiro coberto, um curral, um moinho d'água coberto, três casas que servem de paiol, uma casa para guardar carros de boi, um quarto e uma casa para hospital, uma casa para guardar tonéis, quatro casas para guardar a tropa, um galinheiro coberto; engenho de socar café coberto de telha, com paredes de pedra, tocado por água.

Mas havia muito mais: as oficinas tocadas por escravos artífices, verdadeiros mestres em seus ofícios, voltados para trabalhos de carpintaria, ferraria, selaria, alfaiataria, sapataria e teares domésticos, utilizados na confecção do vestuário dos escravos. Uma das mais importantes era a *tenda do ferreiro*, lugar da produção de utensílios como garfos e panelas; material para construção, como vergalhões, pregos, trancas, dobradiças e fechaduras; ferramentas para roçar, incluindo machados, enxadas e foices; instrumentos para castigos de escravos, como a "corrente de ferro e seus colares", o "gancho de ferro para o pescoço do negro", o "tronco de ferro para o pé do negro" e o "par de algemas", peças estas mencionadas no inventário da fazenda Barreiro, de 1838, na cidade paulista de São José do Barreiro.

A marcenaria, igualmente mantida por escravos, desenvolvia trabalhos elaborados, a julgar pelas ferramentas existentes nas fazendas mais aparelhadas: *trado*, uma verruma que fazia buracos na madeira; *galopas,* que são plainas grandes; *guilhermes,* utensílios para fazer filetes nas portas; *graminhos,* instrumentos com os quais se traçavam riscos paralelos nas bordas das tábuas – um arsenal de ferramentas que revelava até certa sofisticação do trabalho por mão escrava.

Com o desenvolvimento da produção, a casa de morada também se transformou. Desde as toscas sedes adaptadas dos tempos do engenho até as luxuosas, espelhos da fortuna do proprietário em tempos de apogeu, patrimônios notáveis que ilustram não apenas as várias fases do processo histórico cafeicultor, mas também valores, práticas e hábitos no Brasil do século xix.

Casa-grande e senzala

O binômio "casa-grande e senzala", dinâmica fundante da sociedade brasileira desde os tempos coloniais, deve ser visto em seu conjunto, pois ambos os espaços se completam e só se explicam na sua relação. A existência da casa-grande só foi possível no quadro da economia agroexportadora, apoiada na vasta mão de obra escrava. Já a senzala deu sentido àquela, como sua determinante, e conheceu arranjos que conjugaram modelos transplantados da África com adaptações no Brasil, pouco alterados com o café.

O leitor já deve ter percebido que raramente se usou aqui a terminologia "casa-grande". Em seu lugar, foi mencionada "casa de morada". Cabe explicar que a denominação "casa-grande" foi muito presente na definição da moradia do proprietário dos engenhos do Nordeste, uso consagrado pela obra clássica *Casa-grande e senzala*, do sociólogo pernambucano Gilberto Freyre. Nas terras do Sudeste, não obstante a presença da mesma dualidade e de arranjo espacial semelhante, o termo utilizado, conforme aparece nos inventários, testamentos e mesmo na literatura, era "casa de morada", por vezes "casa de vivenda", "casa de habitação" ou ainda "casa sede". Com o escritor José de Alencar (1829-1877), cearense de nascimento – mas que estudou em São Paulo e viveu a maior parte de sua vida no Rio de Janeiro –, ficamos sabendo que a denominação "casa-grande", em São Paulo, era usada apenas pelos escravos para definir a casa de morada do patrão. Já no contexto da imigração, "casa sede" passou a ser a definição da casa do proprietário utilizada por parte dos moradores da colônia.

Dito isso, a casa de morada cafeeira no Sudeste foi construção que ao longo do tempo se requintou e até se apalacetou, fosse na proporção do plantel de escravos que o proprietário dispunha, fosse como ícone de seu poder socioeconômico e político, observado, sobretudo, a partir de meados do século XIX. Enquanto a casa de morada se preservou, transformando-se em patrimônio histórico por sua representatividade arquitetônica e simbólica, a senzala, moradia dos escravos, pouca atenção mereceu; demolidas em sua maioria, só recentemente foram alvo de interesse de estudiosos.

Casa de morada: assimetria de modelos e arranjos

Abrir as portas da casa de morada da fazenda cafeeira é recuperar vários passados, tantas são as diferenças regionais, etnoculturais e arquitetônicas que presidiram aqueles modelos, espelhando momentos históricos distintos. A casa de morada da fazenda do Império, do século XIX, é bem diferente daquela da República, do século XX, assim como há variantes entre aquelas do cultivo inicial, no Rio de Janeiro, e as que vieram depois, em São Paulo e Minas Gerais. Outros fatores de assimetria podem ser registrados, oscilando na mesma região sedes suntuosas e outras de simplicidade tocante. Sem nos determos na descrição tipológica de cada uma delas – repletas de nuances –, nos restringimos a alguns estereótipos.

A casa de morada da fazenda imperial, sobretudo a partir da segunda metade do século XIX no vale do Paraíba, era edificação grandiosa, em particular nas regiões inicialmente prósperas de Rezende, Vassouras, Areias, Bananal e São José do Barreiro, expressão do enriquecimento crescente de seus proprietários. Surgindo em áreas circunscritas à órbita da Corte, pautavam-se pela etiqueta e valores desta, procurando reproduzir seus salões, sua culinária, hábitos e práticas culturais. Em tempos republicanos, especialmente no século XX, a casa sede na banda oeste paulista, de Campinas em diante, conheceu instalações sólidas, algumas até portentosas, mas desprovidas do requinte arquitetônico, da opulência e do mobiliário elegante, observados nas predecessoras do vale. Nessas propriedades, posteriormente tocadas pela mão de obra livre, privilegiavam-se os espaços de trabalho, com novas construções voltadas para o beneficiamento do café, das imensas tulhas às poderosas casas de máquinas, enquanto o fazendeiro investia, sobretudo, na sua casa da cidade. Algumas dessas sedes, porém, edificaram-se com cuidados alusivos aos modelos da Corte, figurando como exceções no padrão vigente nas terras paulistas.

Após a Crise de 1929, no quadro da abertura de novas fazendas no extremo oeste, a casa sede tornou-se mais singela, porque os proprietários, descapitalizados, se preocupavam, prioritariamente, com a produção. De toda forma, mesmo na escala modesta de muitas delas, com reduzido número de janelas e cômodos, as fachadas foram mantidas com suas varandas elevadas, reminiscência do poderio passado, onde ainda se podia descortinar o horizonte dos cafezais. Também na planta interna manteve-se a solução do grande salão – agora sem apliques ornamentais –, que se abria para um longo corredor com cômodos de uso múltiplo.

Vale retomar os primeiros modelos com Saint-Hilaire, o botânico viajante que, em 1822, atravessou o vale do Paraíba paulista e constatou a simplicidade das primeiras sedes. Conta-nos o cientista que nas fazendas da vila de Areias, situada num vale entre dois morros cobertos de mato, as casas de morada eram baixas, pequenas, cobertas de telhas, construídas de pau a pique e rebocadas de barro. O mobiliário interno consistia unicamente numa mesa, um banco, um par de tamboretes e uma "comodazinha". Tudo muito tosco.

Os relatos de opulência têm início a partir da segunda metade do século XIX, espelhando realidade totalmente diversa. Em 1860, o jornalista e viajante português Augusto Emilio Zaluar, em momento de apogeu do café naquela província, descreveu a casa de morada da fazenda Pinheiro, de propriedade do comendador José de Souza Breves, na região de Barra Mansa, no Rio de Janeiro. Não se tratava de uma "habitação vulgar da roça", mas, sim, de um "palácio elegante", considerado suntuoso em qualquer grande cidade. Situava-se na parte mais elevada do terreno, dominando um vasto anfiteatro de montanhas circundantes, tendo à frente as águas do rio Paraíba. Logo em frente à casa, duas pontes se encontravam sobre uma ilha no meio do rio, permitindo a passagem para ambas as margens. Um jardim pitoresco emoldurava a construção, assentada na colina. No acesso à casa, duas escadarias laterais de mármore levavam à espaçosa varanda, que dava acesso ao grande "salão de espera", com paredes decoradas por retratos do imperador e da imperatriz, de autoria do pintor Cromoelston, mais seis gravuras, cópias de diferentes quadros de Horácio Vernet, e mobília e ornatos de gosto apurado. Ponto alto era a sala nobre, "uma peça soberba". Ali estavam grandes espelhos de Veneza, candelabros de prata, lustres e mobília semelhantes às da Corte, "nada ficando a dever-lhe".

Em território paulista, a curiosa mancha do chamado fundo do vale, onde se deu a entrada da cultura nas cidades de Areias, Bananal e São José do Barreiro, ainda guarda exemplares expressivos da opulência inicial, que

148

Fazenda Rialto, em Bananal, reproduzida pelo pintor Villaronga, *c.* 1860, em mural da sala de jantar da casa sede. No conjunto, vê-se o cafezal ao fundo, parte do pomar, as senzalas em quadra e a requintada sede, em dois pavimentos, ornamentada com lambrequins. A construção foi demolida na década de 1980.

marcava o vizinho vale fluminense. Ali, as sedes das casas de morada se sofisticaram em momento pós-apogeu cafeeiro na região, isto é, de 1860 em diante, expressando um poderio que já se esvaía, fosse pela deterioração das terras como pela produção crescente da rubiácea na concorrente região de Campinas e adjacências. São exemplos hoje restaurados e reapropriados a sede da fazenda Resgate, em Bananal, ou a da fazenda Pasto Grande, em Taubaté, e até mesmo no litoral, em São Sebastião, a casa-grande da fazenda Santana. Em São José do Barreiro, também se encontra uma joia documental, a sede da fazenda Pau-d'Alho, modelar unidade de produção cafeeira, um dos primeiros conjuntos agrícolas, edificada expressamente para abrigar uma fazenda de café. Hoje propriedade do Estado, tombada pelo Serviço de Patrimônio Federal e Estadual, não produz mais café, mas permanece como marco cultural expressivo da empresa cafeicultora de outrora.

Em São Paulo, além de Campinas, o fausto anteriormente aludido já não é o mesmo. Outra proposta preside a aparência das casas de morada dos estabelecimentos que se abrem para oeste, de 1850 em diante. Inicialmente são sedes toscas, algumas herdeiras do tempo do açúcar, outras remanescentes da atividade tropeira. Algumas ainda de taipa, outras de pau a pique, mas todas adequadas às necessidades da unidade de produção cafeeira, abrigando família extensa, agregados e escravaria doméstica. Mais tarde, muitas delas primaram pela construção imponente, sinal visível a todos do poder econômico e político do proprietário. Após a ferrovia, os fazendeiros que ocupavam as terras do avanço cafeeiro, versados no trato do capital, preferiam as habitações urbanas, situadas na cidade próxima à fazenda (e muitas vezes extensão de seus domínios) ou na própria capital paulista, que se transformava então na "capital dos fazendeiros".

Não foi diferente na região da baixa paulista, onde se localizaram sedes confortáveis, porém diversas em seu propósito de opulência cortesã. Em muitas delas delineiam-se, ao final do século xix, o cultivo do ideal de civilização em meio às novas ideias higienistas. Jardins, hortas e pomares passam a ser objetos de cuidados, sobretudo para aquele fazendeiro que, morando na cidade, tinha o campo como refúgio idílico. Os jardins de imitação europeia, com canteiros geometricamente traçados e profusão de mudas, contavam, por vezes, com estufas complementares; as hortas e pomares, ao fundo da casa de vivenda, também se voltavam para o cultivo de espécimes variadas, de ervas medicinais a frutas exóticas, e havia até mesmo repuxos d'água, reproduzindo modelos de práticas medicinais e/ou embelezamento estético, apropriados pelo proprietário, em viagens embevecidas pela Europa.

Por vezes, todos os elementos acima elencados se expressavam num mesmo exemplar: a inicial sede tropeira, a casa mais elaborada do apogeu da produção cafeeira e a sede para refúgio episódico da família proprietária, com as benfeitorias ditadas pelas vogas importadas. A fazenda do Pinhal, em São Carlos, tombada como patrimônio histórico por sua representatividade no âmbito federal e estadual, é exemplo desse repertório diversificado, preservada até hoje por descendentes da família fundadora. Lá estão a casa de morada em taipa de pilão, dos tempos tropeiros, o terreiro atijolado, parte das senzalas, a capela no interior da sede e o pomar de jabuticabeiras, luxuriantes túneis sombreados, onde repuxos d'água cumprem uma função terapêutica (o método Kneipp, modismo trazido da Europa por seu proprietário, o conde do Pinhal) e as palmeiras imperiais, indefectíveis, a lembrar que ali viveu um monarquista liberal.

Fazenda Santa Veridiana, uma das maiores produtoras de café paulista, propriedade de Antônio Prado, assim denominada em homenagem à sua mãe, Veridiana Prado. Servida pela linha-tronco da Mogiana, que desde 1882 tinha em Lage a estação mais próxima, também se favoreceu pela instalação em 1893 do ramal Santa Veridiana, da Companhia Paulista (que tinha Antônio Prado na presidência), passando cerca de um quilômetro da sede. Transformou-se em ponto de baldeação de passageiros da Paulista que se dirigiam a Ribeirão Preto pela Mogiana.

Já às vésperas da República, no curso de mudanças profundas, o fazendeiro que se quer moderno ainda guarda mentalidade escravocrata, estranhando as formas empresariais de gerir a propriedade. Muitos deles, visando demonstrar seu poderio e postura progressista, constroem a casa de vivenda adotando modelos urbanos, convocando festejados arquitetos da capital. As várias casas-sedes projetadas pelo afamado arquiteto Ramos de Azevedo ou a sede da fazenda Santa Maria, em São Carlos, típica casa urbana com requintes de casa da cidade, ilustram esta difícil etapa de transição. Em contrapartida, também o modelo das tradicionais "casas-grandes" migra para as capitais, onde a morada urbana reproduz aspectos comuns do partido fazendeiro, como forma de compensação e evocação da tradição rural e telúrica da sociedade imperial brasileira.

Um grupo homogêneo de sedes rurais pode ser percebido ao norte do estado, especialmente nos limites com o estado de Minas Gerais, nas imediações de Mococa. Ali a ocupação inicial foi de mineiros, que deixavam as lavras decadentes e se embrenhavam no vale do rio Mogi, onde abriram fazendas de gado. Pela enorme distância dos portos, o café chegou mais tarde à região, após 1860, e com mais intensidade após a ferrovia. Logo, boa parte das casas de morada da fazenda cafeeira da área nasceu em função da inicial atividade pecuária, solidamente construídas em taipa de pilão, seguindo o modelo mineiro, despojadas, quase toscas, por vezes de proporções diminutas. Quando se transformaram em fazendas cafeicultoras, receberam acréscimos, alguns deles à semelhança de exemplares consagrados do vale do Paraíba e mesmo do "velho oeste". Mas permaneceram sóbrias, conjugando materiais diversos – taipa e pedra, taipa de prego, adobe e tijolos –, expressão do processo diverso da entrada do café na região.

Conjunto interessante se localiza na área quase conjugada da linha da Paulista com aquela da Mogiana, nas imediações de Jaboticabal, Casa Branca e Santa Cruz das Palmeiras. Ali foi reduto dos Prado, onde vicejaram as fazendas São Martinho, de Martinico Prado, a Santa Veridiana, de Antônio Prado, e Brejão, de Eduardo Prado. A primeira já não existe – tendo sido a mais faustosa –, mas as demais reproduzem, em sua simplicidade elegante e qualificada, a proposta de casa sede do fazendeiro citadino.

Nas fazendas da Alta Paulista e Média Sorocabana, são comuns as sedes imponentes, mas de construção muito simples, apenas uma figuração da tradicional casa de morada, agora utilizada para breve estada do fazendeiro em suas vistorias à empresa cafeicultora. O proprietário investe em outros negócios, paralelos ao café, ou está atolado em dívidas pela crônica crise de mercado que se abateu sobre o produto, a partir de 1929.

Os inventários e testamentos têm mais a dizer sobre o acervo no interior destas casas, especialmente no vale do Paraíba. Através dessa fonte, se infere os tantos padrões de assimetria do morar que coexistiam em áreas de produção cafeeira homogênea. Ali, em muitas das casas de habitação, o mobiliário e as alfaias estavam longe da pompa e riqueza sugeridas pelas moradas do baronato do café. Em outras, porém, que primaram pela sofisticação do cotidiano, alguns vetores podem ser considerados como responsáveis pela mudança: o aumento da produção de café na localidade; a origem do proprietário, com vivência nos centros mais avançados; a chegada da estrada de ferro, facilitando o escoamento de riquezas e propiciando maior circulação de ideias, com a introdução de novas práticas culturais.

Recorrentes nesses inventários são as peças de prata e trastes de madeira/móveis, longe, contudo, de figurar como acervo vultoso no conjunto dos bens. Outra constante foi a menção aos jogos de palhinha, pressuposto da existência de uma sala de recepção. No mais, constavam, com frequência, as cômodas, camas de armação, cadeiras, catres, armários, assim como "caixão de guardar roupa", marquesas de palhinha, canastras, oratórios e a "mesa grande que serve para jantar". Quanto às pratas, não se apresentam como item de valiosos espólios. Incidem sobre salvas, copos, castiçais, espevitadeiras, sinetes, esporas, peças de menor porte e relativamente pouco valor. No item louças, cristais e vidros, raramente essas peças apareciam em conjuntos coesos, a exemplo dos que constam do acervo de dois fazendeiros expressivos de Queluz: "aparelho de louça dourada para chá" de Manoel Novaes Cruz, ou aquele de José Wenceslau de Souza Arantes, composto de aparelho de porcelana, um outro roxo, garrafas brancas, outro "aparelho de porcelana dourada para chá e café, seis compoteiras, redomas e mangas". Com relação à tradicional louça azul, de importação frequente na época, sintomáticas do modo de vida burguês do vale do Paraíba fluminense no século xix, nos inventários da banda paulista vinha dispersamente citada, mencionando-se com frequência "meio aparelho de louça azul" ou "incompleto" ou ainda "meio aparelho de chicras" [sic], *de louça chines* [sic].

Requinte supremo, porém, a considerar-se o ensaio de tantas novas práticas culturais entre os fazendeiros da primeira metade do século xix, a existência de uma pequena biblioteca na sede da fazenda Boa Vista, de propriedade de José Antônio Dias Novaes, com as seguintes obras:

> hum livro Dicionario Magnum Lexicum Latinum, hum jogo de Selecta Latina, hum jogo de Dicionario francez portateis, huma Gramatica franceza, as inriades [*sic*] em francês (propvavelmente Henriade, de Voltaire), hum jogo de Pharmacopea, hum livro de Telemaco em francez [*sic*].

Sabendo-se que dois de seus filhos cursaram a Academia de Direito de São Paulo, é lícito supor que este rol pertencesse aos jovens acadêmicos/bacharéis.

No caso da área de Queluz, as idiossincrasias no morar confirmam a heterogeneidade do cotidiano daquela elite rural, que em alguma medida podem ser transpostas para boa parte do vale do Paraíba paulista. Ali são muitos os contrastes que afloram no cotejo entre o montante do espólio do proprietário e seus bens relativos à casa da fazenda. Basta lembrar que o mais rico dentre os inventariados da área, José Luís Pereira, que

153

herdara os bens de Manoel Novaes da Cruz, aumentando-os em 150%, vivia precariamente, isento de pertences que revelassem o mínimo apuro do cotidiano, conforme revela a relação de seus bens móveis, em inventário autuado em 1865:

> 582 oitavas de prata velha, um par de esporas de prata, um relógio parente de Roskler com corrente, uma bacia de arame usada, 5 arrobas de cobre velho, um taco pequeno, uma balança grande, uma cabeçada velha para tropa, uma mês grande, uma mesa pequenina, uma marquesa francesa, três marqueses singelas, 6 cadeiras de palhinha.

Já o Major José Wenceslau de Souza Arantes, proprietário mais luxuoso, que se cercara de peças qualificadoras do requinte de seu viver na fazenda, era o que mais devia passivamente – 56% do monte-mor (valor monetário do patrimônio acumulado)!

Idiossincrasias à parte, importa considerar que, hoje, as casas de morada das fazendas cafeicultoras resultam em monumentos históricos, documentos potencializados que nos abrem portas e janelas para o passado, permitindo sua múltipla apreensão. Com exemplares significativos tombados pelo serviço de patrimônio, vêm sendo restaurados pelos atuais proprietários, conscientes da importância destes como testemunhos e especialmente interessados em seu potencial para a indústria do turismo rural. Projeto que se enriquece com a recuperação de costumes e práticas que lhes eram afetas, da culinária e festas religiosas aos saberes e fazeres dos tempos do café.

Senzala em quadra: arranjo brasileiro

A senzala vem merecendo estudos voltados para sua tipologia arquitetônica, organização espacial, usos e apropriações pelos escravos. Nesse sentido, infere-se que muitas daquelas instalações não eram tão precárias, como a historiografia vinha fazendo crer. Ao "cuidar dos cativos", os fazendeiros estavam cuidando de uma mercadoria vital para seus negócios, muito embora documentos também mostrem que – contradizendo a lógica capitalista – muitos proprietários estiveram longe de se preocupar com as condições de vida de sua escravaria.

Entramos neste universo, guiados pelo esclarecido fazendeiro e escritor Francisco Peixoto de Lacerda Werneck, barão de Pati do Alferes, que deixou a obra *Memória sobre a fundação de uma fazenda de café na província do*

Rio de Janeiro. Trata-se de um relato de 1847, contemporâneo às pressões da Inglaterra para supressão do tráfico, mas anterior à lei de 1850 que determinou sua extinção. Nesse momento, ainda se adquiria escravo sem muita dificuldade, embora o capital para este investimento já fosse vultoso. A "mercadoria" passara a ser significativa, sabendo-se que a riqueza do fazendeiro em seus testamentos se media não só por suas terras e tralhas, mas, sobretudo, pelo número de "peças" de que dispunha.

Suas memórias denotam a preocupação com a "mercadoria-escravo" ao reconhecer a importância de se investir naquela edificação:

> As senzalas dos pretos, [...] devem ser voltadas para o nascente ou o poente, e em uma só linha, se for possível com quartos de 24 palmos em quadro, e uma varanda, de oito de largo em todo o comprimento. Cada quarto destes deve acomodar quatro pretos solteiros, e se forem casados, marido e mulher com os filhos unicamente. [...] as senzalas devem ser feitas no lugar mais sadio e enxuto da fazenda; *é da conservação da escravatura que depende a prosperidade do fazendeiro.*

A partir de 1850, com a proibição do tráfico negreiro, o escravo tornou-se produto crescentemente valioso, e os cuidados aumentaram. Em 1878, o fazendeiro Luís Peixoto de Lacerda Werneck retomava a *Memória* do pai acrescentando dados e, em nova edição, insistia:

> a umidade, sendo um dos inconvenientes de nosso clima, é forçoso que o lavrador procure situar as habitações no lugar mais seco e enxuto do estabelecimento, e *constituindo os escravos a máxima parte de sua fortuna, como de ordinário acontece, deve ele refletir que na conservação desses e na sua saúde e bem estar é que consiste a prosperidade de sua indústria.* Entretanto alguns agricultores, não atendendo a seus interesses, conservam seus escravos em cloacas úmidas e mal ventiladas, onde adquirem moléstias ou incômodos insidiosos, que posteriormente os levam ao túmulo [...].

De fato, a senzala da fazenda cafeeira introduziu modificações na morada escrava. Pelo relato dos viajantes e ilustrações de época sabemos que inicialmente, na área das primeiras plantações, os negros habitavam choças semelhantes à sua moradia nas tribos da África, localizadas próximas à casa-grande, mas não arregimentadas em quadra em torno do terreiro, articulando-se estreitamente com a casa senhorial. Só num segundo momento é que surgiu o modelo da *senzala em quadra* com características de pátio-prisão: a entrada única com portão para todo o quadrado, as trancas noturnas, os cubículos sem janelas, as pequenas frestas gradeadas e todas as portas voltadas para o terreiro. As prescrições de Werneck pesaram na construção destes espaços chamados "quadro de senzalas" ou "senzalas em quadra", assim como pesaram também os modelos dos "barracões" negreiros da costa africana, dotados de altos muros de alvenaria ou com paliçadas unidas por lâminas de ferro e galpões dentro do cercado, vigiados por homens armados.

Quanto aos usos daquele espaço, a exemplo do modelo de moradia africana, a senzala do Brasil do café também se limitou ao pernoite, destinada tão só ao sono ou abrigo dos cativos. Os arranjos internos para sua ocupação variavam de acordo com os grupos ali instalados, podendo-se elencar – ressalvadas todas as variantes e exceções – três modelos de vigência prolongada: a *senzala-pavilhão,* edifício com cubículos separados para escravos solteiros e casados; *senzala-barracão,* destinada aos escravos e escravas solteiros em amplos recintos separados; *senzala-cabana,* onde se instalavam escravos casados ou solteiros de um mesmo sexo. Na perspectiva arquitetônica, tanto nos estabelecimentos mais modestos como naqueles de grande porte, os inventários do vale do Paraíba confirmam que a senzala era um suceder de lanços dispostos em linha, "cobertos de telha", praticamente sem variações.

Logo, a grande novidade do arranjo espacial da senzala na fazenda cafeeira foi a senzala em quadra, que rompeu com modelos anteriores existentes nas Américas, subtraindo a autonomia do escravo em sua construção. Este modelo, geralmente de taipa, "militarizado", quase a exemplo de um forte, revelou a extrema vigilância e o rigoroso controle que presidiu as unidades de produção da fazenda cafeeira do vale imperial. Algumas delas foram reproduzidas em telas, trazendo a imponência do conjunto para o primeiro plano, em meio a uma paisagem serena, sugestiva de relações bucólicas e amenas, conforme a estética romântica pintou o Império. Mas, por trás da simetria geométrica, do equilíbrio plástico e da placidez agrária emanados da tela, havia um contexto tenso, definidor daquele modelo que era em quadra, mas também configurava o pátio-prisão, o qual vigorou na unidade de produção cafeeira.

Não será demais lembrar ao leitor o que naquele momento corria por trás do cenário do cafezal: a necessidade de ampliar a produção, em face dos crescentes mercados em alta; o arrocho das leis internacionais antiescravistas e, sobretudo, o intenso contrabando transatlântico que levou o tráfico negreiro, fosse na África como no Brasil, a figurar como um dos mais rendosos negócios que também nasceram e se desenvolveram à sombra do café.

Edificações de beneficiamento

Lavadores, terreiros, casas das máquinas, tulhas, moinhos, figuraram como núcleo operante da unidade de produção cafeeira. Sua disposição e construção obedeciam à melhor racionalidade do trabalho, conhecendo transformações derivadas de posteriores aperfeiçoamentos técnicos. Até por volta do final da década de 1870, os edifícios constitutivos da fazenda de café eram também dispostos em quadra e, ao seu redor, alocavam-se os apêndices, como novos terreiros e/ou edificações adicionais: moinhos, marcenarias, serralherias etc.

A rigor, as diversas instalações se posicionavam em declive no terreno, aproveitando-se da lei da gravidade. Assim, o *lavador* – primeira estação do beneficiamento – situava-se na área mais alta, onde o café recebia uma primeira lavagem. Em seguida, os grãos eram levados ao *terreiro* e, na sequência, para a *casa das máquinas*.

A água aproveitada de um único lavador, por vezes, podia abastecer toda a cadeia: inicialmente, mais limpa, atendia à tarefa de lavagem do grão; em seguida, era canalizada para mover as rodas-d'água que geravam força não só para a casa das máquinas de beneficiamento como também para outras unidades da fazenda, como moinhos e serrarias.

A segunda estação de beneficiamento, *o terreiro* – destinado a secar o grão –, permanece até os dias atuais, sobretudo pelo fato de ainda se constituir na solução mais barata à disposição dos fazendeiros. No passado, situava-se à frente da casa de morada, com alguns exemplos de sua instalação nas laterais, mas sempre de acesso fácil e à vista do proprietário. Inicialmente de terra batida, foram rapidamente substituído por superfície pavimentada, pois o contato com a terra prejudicava a qualidade do produto. E mais: sempre dotado de ligeira declividade, para melhor escoamento da água das chuvas.

Aos terreiros de terra, seguiram os terreiros de cimento, à base de camadas de argamassa de cal ou betumes, e também terreiros de pedras. Em algumas propriedades, o terreiro de cimento Portland revelou-se de boa qualidade, por vezes considerado melhor que o de tijolos. Mas foi o terreiro de tijolos que prevaleceu na maioria das fazendas.

Lavagem dos grãos de café numa instalação de lavagem, processo destinado à retirada de terra, folhas e outras impurezas.

O entorno do terreiro passou a contar com ruas para que a circulação não interferisse no trabalho de secagem; mais tarde, vieram as muretas, que impediam a penetração da água das enxurradas. Comum, portanto, as grandes fazendas disporem de olarias para construção e manutenção de seus terreiros, não raro imprimindo nas peças as iniciais dos proprietários.

A *casa das máquinas*, considerada o edifício mais importante da unidade de produção cafeeira, abrigava os equipamentos de beneficiamento e atendia à secagem do café em coco. Seu tamanho extraordinário – que exigia pé-direito muito alto – foi diminuindo, em paralelo à diminuição do tamanho das máquinas. Inicialmente de construção simples e rústica, abrigou os equipamentos primitivos, a exemplo do monjolo de rabo, os carretões e os engenhos de pilões, tocados a água ou por animais. Com a introdução de maquinário à força motriz, vapor e eletricidade, esse espaço se aperfeiçoou; mais ainda quando surgiram as *turbinas* para aproveitamento da energia hidráulica e os *locomóveis a vapor*, que exigiram novas edificações para os respectivos abrigos. Mais tarde, a energia para as máquinas de beneficiamento proviria das *pequenas centrais*

Casa das máquinas, vista exterior. As primeiras casas de máquinas, ao tempo da força animal, eram muito simples, abrigando monjolos e carretões. A força motriz e a eletricidade subsequentes exigiram amplas construções, articuladas com o terreno. Nesta fotografia, tomada em fazenda de Ribeirão Preto, zona que inovou os métodos de beneficiamento, tem-se a conjugação de três momentos: ao fundo o cafezal, o terreiro para secagem e a casa das máquinas, já servida por carretas.

hidrelétricas, que serviam às fazendas da região. Nessa transformação, muitas das casas de máquinas foram demolidas por se tornarem obsoletas.

Quanto às *tulhas,* edificação que se fez presente nas grandes propriedades, para armazenar o café já seco, em coco, requeria técnica construtiva apurada para a boa conservação do produto. O cuidado maior era com a umidade. A construção desses "celeiros", geralmente de tijolos ou revestidos de madeira de lei, deveria contar com telhados e forros bem fechados e impermeabilizados, para prevenir infiltrações de qualquer ordem. O caminho percorrido pelo café em seu interior demandava não só sua edificação em nível inferior ao dos terreiros, assim como espaços de recepção nos telhados, por onde entravam as vagonetes, que deslizavam por trilhos em declive até o local do armazenamento.

Uma variante do modelo tradicional de tulha, de uso posterior, foi a *tulha secadeira,* que conciliava a secagem mais rápida do grão, através de

ventiladores e o armazenamento do produto, dispensando, pois, o trabalho de rodo do terreiro.

Pode-se considerar a tulha a edificação-referência da capacidade produtiva da fazenda, antes do surgimento dos armazéns gerais, os imensos galpões construídos pelo governo a partir de 1920, para armazenar os estoques das fazendas, com vistas a equilibrar a exportação do produto no comércio internacional. Um dos exemplos de grandiosidade da produção e do caráter de empresa agrícola, ambos ilustrados pelas amplas dimensões da tulha, se encontra na fazenda Santa Eudóxia, em São Paulo, inicialmente propriedade do visconde de Cunha Bueno, passando no século XX para a posse de uma companhia inglesa, considerada fazenda-modelo e hoje em mãos de família particular. A magnitude do edifício, seja pela qualidade da técnica construtiva em alvenaria de tijolos aparentes ou pelas dimensões colossais, ilustra a alta produtividade daquela propriedade a seu tempo.

Aqui se encerra uma vistoria na fazenda do Império. Haveria muito mais a ver, se tomássemos uma propriedade com muitas oficinas. Basicamente as instalações percorridas conformavam a fazenda cafeeira imperial, que se ampliou e/ou mesmo simplificou-se, conforme os processos foram se modernizando, conhecendo novas atuações da mão de obra. Mas esta é uma outra história.

O café e o trem, nos trilhos

Café com pão, café com pão, café com pão
Virgem Maria que foi isto maquinista? [...]
Agora sim [...]
Ai seu foguista, bota fogo, na fornalha [...]
Vou depressa, vou correndo, vou na toda
Que só levo pouca gente [...].

Manuel Bandeira, *Trem de ferro*

No ritmo do trem, o poema de Manuel Bandeira já coloca o leitor nos trilhos. Se preferir, aboletado na janela do trem. Dali, na paisagem então descortinada, pode-se divisar o cafezal, tingindo de verde os campos ondulantes tocados a escravos, confirmando o remanso do Império e a placidez agrária do cenário. Entre a velocidade do trem e os campos aparentemente inertes, estava um país às vésperas de mudanças decisivas. Duas décadas mais tarde, o Brasil seria uma república, com imigrantes em lugar de cativos e a lenta tração animal substituída pela velocidade da tração elétrica. Intermediando tempos tão diversos, a locomotiva anunciava o futuro.

A exemplo do ritmo do trem, o café tinha pressa, pois os mercados tinham pressa, os ingleses – nossos banqueiros – tinham pressa e, claro, os fazendeiros tinham pressa. Haviam descoberto uma lavoura de ouro. Ouro verde. O capitalismo, favorecido pelas conquistas da Revolução Industrial, movendo engrenagens poderosas e bem azeitadas, também acelerava o passo pressionando o ritmo da produção, que precisava escoar em safras generosas. Os cafezais não podiam ficar parados, precisavam ir além, mais para frente, onde havia terras virgens por desbravar. Nesse movimento, a locomotiva foi presença insólita nos campos de café, imagem instantânea e fugidia – tanto como sua passagem –, permitindo súbitas transformações. No rastro de sua fumaça com cheiro de café, foi possível o registro de algumas aparições que mudaram a paisagem estática do Império, assim como a dinâmica das relações sociais. Levas de imigrantes, máquinas de todo o teor, manufaturas importadas, livros e revistas que disseminavam novas ideias, mercadorias de várias procedências passaram a circular, transportados pela máquina condutora do progresso.

Como isso se deu?

Antes mesmo da segunda metade do século XIX, os fazendeiros estavam cientes da necessidade de drásticas mudanças no transporte do café. À proporção que a cultura avançava para o interior, o custo de seu transporte aumentava, e, claro, quanto maior a distância entre a fazenda e o porto de escoamento, mais se elevava o frete e menor era o seu lucro. A situação se agravou quando os cafezais atingiram a distância de duzentos quilômetros dos portos de embarque. Não só o produto corria o risco de se deteriorar no longo percurso como também o investimento nas tropas se tornava abusivo. Chegou-se ao ponto em que plantar café além de Rio Claro, então boca de sertão, tornou-se inviável. E mais: a travessia da serra do Mar, com as safras provenientes da produção do velho oeste paulista, aparecia como obstáculo incontornável. As tropas de mulas levavam de três semanas a um mês para seguir de Campinas, pela serra da Mantiqueira, a São Paulo, e só então descer pelas escarpas para Santos. Não se podia mais protelar.

Dupla composição a vapor maria-fumaça, da Companhia Paulista, puxando comboio composto por vagões de passageiros por volta de 1910.

A solução foi a ferrovia, o transporte revolucionário que, a partir da engenharia inglesa, encurtava as distâncias na Europa. No Brasil, na década de 1830, iniciaram-se as discussões na Assembleia Legislativa provincial para a criação de uma estrada de ferro que ligasse Santos à zona cafeeira mais nova da província. Era preciso atacar o íngreme penhasco que vedava o planalto, rasgar a rocha com trilhos de ferro que escoassem os grãos para o porto e que de lá singrassem para o mercado internacional. Em 26 de abril de 1856, a recém-criada companhia inglesa São Paulo Railway Co., conhecida como A Ingleza (então com z...), obtinha por decreto imperial a concessão para a construção e exploração da ferrovia por 90 anos. Os primeiros estudos haviam começado em 1835, mas só após 1850 a ideia começou a sair do papel, graças ao barão de Mauá. Assim, entre 1860 e 1867, foi construída a São Paulo Railway, a primeira ferrovia em solo paulista, que tinha, por trás do empreendimento, o dinheiro inglês e o barão de Mauá como um de seus maiores acionistas. Cerca de 5 mil homens participaram da obra, em sua maioria imigrantes portugueses, espanhóis, italianos e ingleses, pois a

162

força de trabalho escrava era proibida naquela tarefa. Afinal, os ingleses condenavam a escravidão. Iniciava-se, pois, uma nova era movida pelo carvão, que transformava água em vapor e impulsionava uma reviravolta no transporte. O sucesso não era só técnico. A Ingleza chegou a ser a ferrovia mais lucrativa da América Latina.

Paranapiacaba: lugar de onde se vê o mar

Em 1867, um silvo de trem inaugurava o trajeto de 50 quilômetros, entre a cidade de Jundiaí e o porto de Santos. Era a estrada de ferro São Paulo Railway pondo fim ao isolamento do planalto paulista, rompendo a grande muralha da serra do Mar. Como ponto estratégico, a meio caminho, no último ponto antes da descida rumo ao litoral, ergueu-se a estação Alto da Serra, hoje Paranapiacaba. Inicialmente, era apenas um acampamento para os operários, mas em seguida abrigou os trabalhadores ingleses que cuidavam do funcionamento e manutenção do complexo sistema funicular. Se o mecanismo é sofisticado ainda hoje, imagine naquela época. Consistia em quatro planos inclinados na encosta da serra, cada um com uma máquina fixa a vapor, que tracionava as composições por meio de cabos de aço, puxando os vagões para o alto, ou descendo-os, sob controle, para o porto de Santos. Uma verdadeira obra-prima da engenharia ferroviária inglesa, construída para transportar o café, que até hoje encanta os aficionados da ferrovia. Naquela vila, os remanescentes das casas ferroviárias, hierarquizadas, deixavam bem claro quem mandava: o capital inglês. O que era confirmado pela torre do relógio, arremedo de Big Ben eternamente enevoado, a lembrar que, a partir de então, o tempo marcado pelo movimento do sol, da lua e pelo cantar do galo passava a ser contado com precisão, em minutos quebrados, marcados pelos relógios ingleses e pela pontualidade das estações.

Em 1888, o escritor naturalista Júlio Ribeiro, impressionado com o empreendimento, sintetizava a perfeição daquele sistema funicular: "Máquinas fixas de grande força recolhem e soltam um cabo fortíssimo, feito de fios de aços retorcido. Presos às duas pontas desse cabo giram dois trens: um sobe, outro desce."

Mas foi Blaise Cendrars, o poeta francês, que em 1924 descobria o Brasil guiado pela caravana modernista, que, perplexo em face do engenho, apreendeu a estação mágica em registro poético, suspensa entre as nuvens:

163

Aqui o trem é içado por cabos e atravessa a
Montanha dura em várias seções
Todas as estações estão suspensas no vazio
Há muitas cascatas e foi preciso fazer grandes
Obras para escorar por toda a montanha
Que se esfacela.

Hoje, a vila de Paranapiacaba, plantada num abismo, guardando ares vitorianos, envolta em permanente neblina – "imitando um manto branco de pura lã inglesa" –, é patrimônio inestimável do avanço do café, marco simbólico que possibilitou a arrancada da rubiácea do sertão ao mar. É também museu vivo, visto como "pedaço da Inglaterra em ruínas", "espaço de dormentes esquecidos e máquinas inertes", "cidade novidade que passou a cidade antiguidade", mas também "um mundo de estrada de ferro". Acima disso, foi o "nó górdio" que, superado, permitiu o arranque vitorioso para o escoamento das safras, lançando o Brasil em nova etapa do capitalismo internacional.

A força de um símbolo

Ultrapassado o obstáculo da serra do Mar, o trem alcançou o planalto, seguindo além, pelas exigências do café. A cidade de São Paulo, que cumpria seu papel tradicional de zona de passagem entre o litoral e o sertão, teria essa função potencializada e consolidada pela instalação da ferrovia. Foi a partir dali que os trilhos de ferro se espraiaram, na imagem do geógrafo Theodoro Sampaio, como uma grande mão espalmada que indicava o interior, cobrindo, em trinta anos, cerca de 3 mil quilômetros só no território paulista. A liberação de capitais advindos da suspensão do tráfico, em 1850, e a regulamentação da nova Lei de Terras no mesmo ano contribuíram para que a ideia do avanço se acelerasse, quando os próprios cafeicultores, interessados em escoar suas safras por preços mais baixos, estenderam as estradas férreas até as suas propriedades, com recursos próprios. Nesse momento, o trem seguiu atrás e, por vezes, junto com o café.

A teia ferroviária que então se estabelece – e não só na província de São Paulo – pode ilustrar, de forma didática, o roteiro dos cafezais, assim como a dinâmica que presidiu cada um desses percursos e a identidade de cada região definida pelo seu trajeto. Paulista, Ituana, Sorocabana, Mogiana, Bragantina, Araraquarense, Noroeste, para mencionarmos as principais, só em São Paulo; D. Pedro II, no Rio de Janeiro e Minas Gerais; Leopoldina, também no Rio e em Minas, que não foram apenas nomes de ferrovias, mas denominações representativas de identidades e traços culturais próprios.

O novo meio de transporte, símbolo de uma modernidade festejada mundialmente, barateava extraordinariamente os custos, encurtava as distâncias entre a capital e o interior, gerava mais riqueza, enquanto detonava um processo de circulação de informações, introduzindo a sociedade rural num mundo repleto de novidades. Jornais, livros, companhias artísticas, novos materiais de construção e artigos de luxo chegavam até as bocas do sertão. Mobilizando as mentes a se projetarem no futuro e perseguirem o progresso, o trem figurou como arauto da modernidade, festejado em prosa e verso por várias gerações literárias. "Batismo luminoso das grandes revoluções", "Rei dos Ventos", "Arauto da Grande Luz" são evocações da locomotiva no tratamento romântico de Castro Alves. "Ideia condensada em metal" que rasga o "luminoso ingresso em direção ao Progresso", sintetizou sua figuração na abordagem parnasiana de Raimundo Correa. E tantas mais, que confirmavam o trem de ferro como sugestão plástica mais acabada do programa modernizador e vanguardista que se anunciava. As ideias de luz e progresso, tão caras aos cafeicultores do novo oeste, acabavam por se consubstanciar na máquina revolucionária.

A locomotiva havia sido impactante até mesmo para a sociedade inglesa, em que o espetáculo da máquina era até previsível, e não seria diferente no Brasil. Das tropas de muares ao trem a vapor, o salto foi brutal no país agrário, que ainda traficava escravo, de população analfabeta, marcado por grande atraso. Ainda hoje, após a extinção de tantos ramais a partir da década de 1960, a ferrovia sobrevive como fetiche, celebrada em prosa e verso, imagens e sons que a remetem, infalivelmente, ao café.

Das locomotivas enfeitadas que irrompiam nas estações monumentais àquelas que resfolegaram pelas estradas cata-café, apanhando as safras ao pé das tulhas, o percurso foi longo. Em "Trenzinho caipira", do compositor Heitor Villa-Lobos, dá até para divisar seu serpentear na paisagem, carregada de café. Convido o leitor a seguir seu rastro, conforme os trilhos se dirigiram para o interior, avançando por zonas tomadas pelo cafezal.

165

Grande mão espalmada

A quem, senão aos agricultores, capitalistas e negociantes
da província, cabe a iniciativa disso?
Saldanha Marinho

Há uma crítica unânime com relação à falta de planejamento efetivo da rede ferroviária paulista, e que procede: nossos traçados obedeceram ao roteiro do café, mas percorreram caminhos definidos pelos fazendeiros mais poderosos, visando o benefício de suas propriedades, desvirtuando-se dos trajetos traçados com racionalidade pelos primeiros engenheiros da ferrovia.

Como se viu, tudo começou com os ingleses, que venceram a serra do Mar, até Jundiaí. E como não interessou a eles o prolongamento daquela linha, os fazendeiros o fizeram, começando pela Companhia Paulista de Estrada de Ferro, que, em 1872, inaugurava o trecho de Jundiaí a Campinas. Daí, os cafeicultores das regiões subsequentes espicharam os trilhos de aço até suas terras, avançando para os pontos extremos da província. Ambas as cidades, São Paulo e Campinas, tornaram-se entroncamentos ferroviários importantes, que definiram seus destinos prósperos. Ao fim do Império, o mapa paulista apresentava verdadeira teia ferroviária, que dominava a província, a serviço do café.

Surgiram assim a Companhia Paulista (1868), a Companhia Mogiana (1872) e a Companhia Sorocabana (1871), esta inicialmente ligada ao algodão, porém, mais tarde também tributária do café em seu avanço até as barrancas do rio Paranapanema. Em 1877, a Estrada de Ferro D. Pedro II, procedente do Rio de Janeiro, ligou-se a São Paulo, na altura da cidade de Cachoeira, no vale do Paraíba paulista. E muitas outras, menores, que acabaram por ser engolidas pelas demais ou simplesmente se extinguiram.

Uma breve repassada por nomes de pioneiros da ferrovia – inclusive de linhas menores – nos dá boa parte do quadro político e social da elite cafeicultora em São Paulo naquele momento: Saldanha Marinho, presidente da Companhia Paulista, também presidente da província, foi um dos fundadores do Partido Republicano; Antônio Queiroz Telles, futuro conde de Parnaíba, em 1870 criou a Companhia Ituana, em 1872 fundou a Companhia Mogiana e mais tarde, a Sociedade Promotora de Imigração; Antônio Carlos

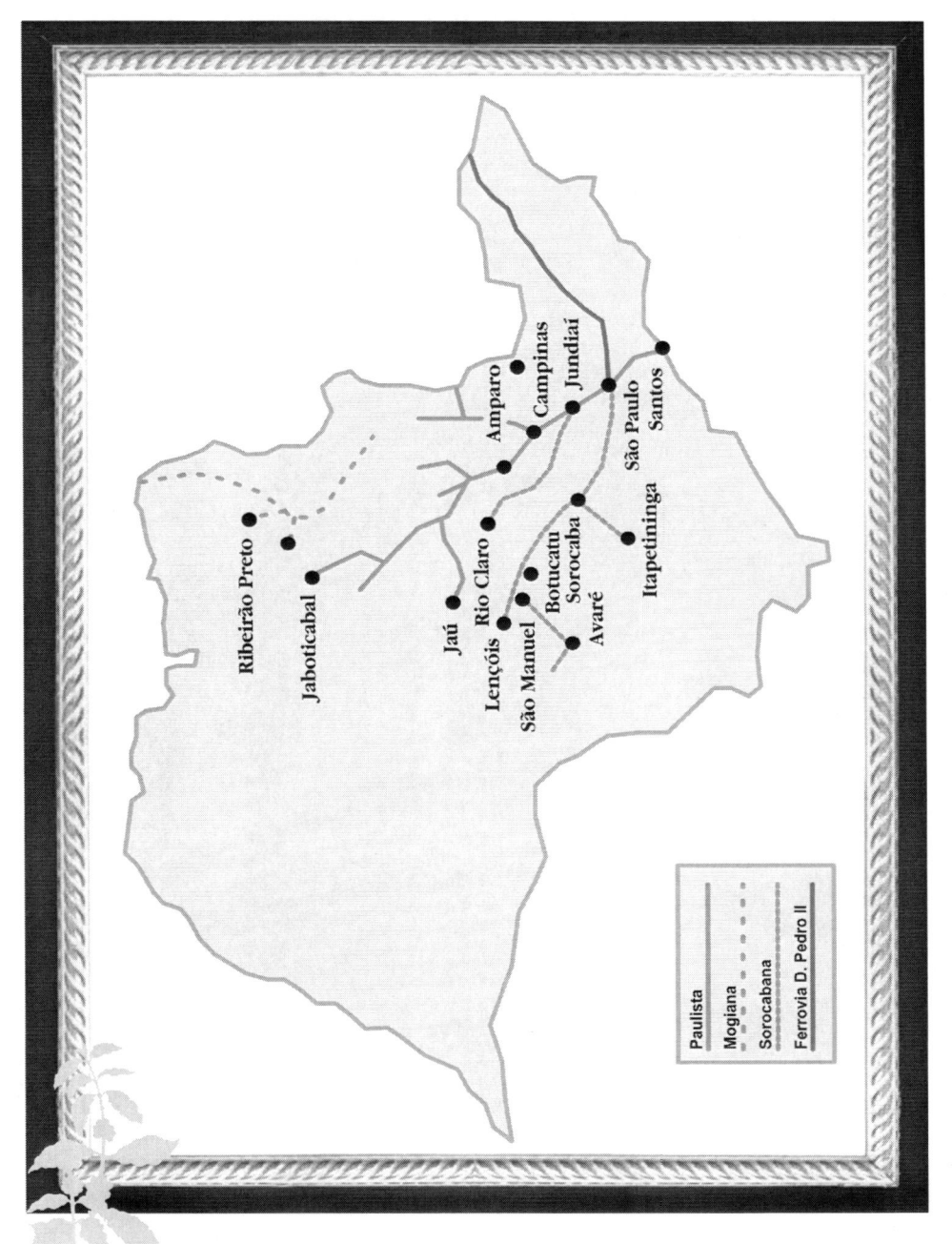

Primeira fase da distribuição dos cafezais pelo interior paulista, em áreas nomeadas pelas respectivas linhas ferroviárias.

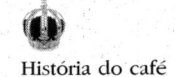

Fachada do Palácio da Mogiana, construído em 1891, em Campinas, na avenida Campos Salles nº 427, para sede da Companhia Mogiana de Estradas de Ferro, que ali funcionou até 1924. A exemplo das demais sedes das estações de ferro das capitais, foi construído suntuoso edifício, em estilo eclético, financiado pelos cafeicultores da região. Hoje é tombado como patrimônio cultural.

de Arruda Botelho, então barão do Pinhal, em 1880 criou a Companhia Rio Claro, a primeira ferrovia a ser construída sem subvenção governamental, às expensas tão somente dos cafeicultores da região.

Em algumas áreas, a composição entre trilhos de ferro e navegação fluvial foi a solução possível. Como ocorreu, por exemplo, na área da Mogiana, onde, durante muito tempo, o escoamento do café se dava pelo rio Mogi-Guaçu, transporte assumido pela Companhia Paulista de Vias Férreas e Fluviais. Em 1883, os trilhos da Mogiana já atingiam a cidade de Porto Ferreira, principal porto de recepção e despacho do café proveniente das fazendas da região. Nesse mesmo ano, o engenheiro André Rebouças apresentou relatório de exploração dos rios Mogi, Pardo e Grande, confirmando as possibilidades de sua utilização como vias fluviais para escoamento de produto. Em 1887, através de moderna obra de engenharia, inaugurava-se a linha de navegação desde Porto Ferreira até o pontal do Rio Pardo, organizando-se o tráfego através de pequenos trechos, correspondentes aos vários portos, denominados Prainha, Amaral, Pulador, Cunha Bueno, Jatahy, Cedro, Martinho Prado, Pinheiro, Jaboticabal e Pirangueiras. Praticamente todos eles a serviço de fazendeiros da área. O material flutuante compunha-se de 6 vapores e 22 lanchas para escoamento da produção.

O vale do rio Mogi-Guaçu, limite natural entre as zonas da Paulista e da Mogiana, servido de eficiente transporte fluvial, estava pronto para viver a primeira fase de sua grande produção cafeeira, atraindo novos desbravadores e mais população. Ali localizaram-se as maiores fazendas cafeeiras da última década do século XIX. Só a fazenda São Martinho possuía 14 mil alqueires de terras.

Com grande envergadura e para agilizar o escoamento do grão nas demais províncias produtoras, duas ferrovias destacaram-se na condução do café no Sudeste: a antiga Estrada de Ferro Pedro II e a Leopoldina Railway Company.

Estrada de Ferro Pedro II

Em 1854, o Brasil se colocara como primeiro produtor mundial de café. No ano seguinte, o governo se empenhou em dar início à ligação ferroviária entre a Corte e as vizinhas províncias de São Paulo e Minas Gerais, firmando contrato em 9 de fevereiro de 1855 com o engenheiro britânico Edward Price para a construção de uma primeira seção. Sob a direção de

Christiano Benedicto Ottoni foi então organizada a Companhia de Estrada de Ferro D. Pedro II, com obras iniciadas em junho do mesmo ano. Em 1858, inaugurava-se o primeiro trecho, com cerca de 49 quilômetros entre a estação Aclamação (na cidade do Rio de Janeiro) e a Freguesia de Nossa Senhora da Conceição de Marapicu (atual Queimados), com três estações intermediárias: Engenho Novo, Cascadura e Maxambomba (atual Nova Iguaçu). Em 1860, foi concluído o Ramal de Macacos, a partir de Japeri, que era o ponto de partida para que a Estrada de Ferro Dom Pedro II atravessasse a serra do Mar. Em 1863, chegou-se a Rodeio (atual Engenheiro Paulo de Frontin) e, no ano seguinte, ao vale do Paraíba fluminense. A julgar pelas dificuldades da época, a partir de 1858, as obras transcorreram até em ritmo acelerado.

Depois de efetivada a transposição da serra do Mar, a linha se bifurcou. O trecho chamado Linha do Centro seguiu em direção a Entre Rios (atual Três Rios). O outro, denominado Ramal de São Paulo, seguiu em direção ao porto de Cachoeira (atual Cachoeira Paulista), atingindo-o em 20 de julho de 1875. Em 1891 ocorreu a incorporação da Estrada de Ferro São Paulo-Rio – criada por iniciativa de fazendeiros do vale do Paraíba –, que ligava a capital paulista ao atual município de Cachoeira Paulista. Pronto! Rio e São Paulo uniam-se pelos caminhos de ferro, embora, para o escoamento do café, fosse até um pouco tarde. Afinal, desde 1850, o porto de Santos garantia a colocação dos grãos paulistas no mercado mundial, prescindindo do porto do Rio de Janeiro.

Mas a Estrada de Ferro D. Pedro II tinha outras rotas para captar o café. Na localidade de Entre Rios, onde chegou em 1867, encontrou-se com a Estrada de Rodagem União e Indústria, inaugurada em 1861. Essa estrada seguia de Petrópolis a Juiz de Fora. A partir dali, avançou para outros municípios de Minas Gerais, alcançando Queluz de Minas (atual Conselheiro Lafaiete), em 1883. Essa ligação era importante, pois, afinal, Minas sozinha não conseguia chegar ao mar.

Quando da Proclamação da República, a Estrada de Ferro Dom Pedro II teve seu nome oficialmente alterado para Estrada de Ferro Central do Brasil. Em 1895, os trilhos que seguiam por Minas Gerais chegaram a General Carneiro e se bifurcaram em direção a Belo Horizonte e Sete Lagoas, e a Central do Brasil continuou se ampliando cada vez mais. Mas essa já é uma outra história, de tempos de República. Interessa, por ora, conhecer outra estrada de ferro, que avançou do Rio para Minas e Espírito Santo, a Leopoldina Railway Company.

Leopoldina Railway Company

Verdadeiro conglomerado de linhas férreas, as origens desta ferrovia remontam ao ano de 1871, quando, por iniciativa do governo imperial, foi criada em Londres a Companhia Estrada de Ferro Leopoldina. Cruzando toda a metade oriental do Rio de Janeiro, a sudoeste de Minas Gerais e sul do Espírito Santo, seus trilhos atingiram uma extensão de mais de 2.100 quilômetros até o final do século xix. Além de café, os principais produtos transportados eram açúcar, milho, feijão, sal, madeira, lenha e animais. Seu apogeu ocorreu entre 1898 e a década de 1930, quando foi administrada por credores britânicos, ultrapassando em 1931 o total de 3 mil quilômetros de vias. Sua rede, com três linhas-tronco e cinco linhas transversais, atravessava, além do então Distrito Federal, os estados do Rio de Janeiro, Minas Gerais e Espírito Santo.

Ao final da década de 1930, a Leopoldina começou a sentir os efeitos da falta de conservação de seus equipamentos, fosse pela crise cafeeira, que levou à diminuição do transporte de cargas, ou mesmo pela dificuldade em se importar carvão, material rodante e peças de reposição. Com o início da Segunda Guerra Mundial, essa situação se agravou e o uso posterior intensivo das máquinas e equipamentos, sem a adequada manutenção, acelerou a degradação.

Estradinhas cata-café

Não só os trilhos das grandes companhias riscavam a província. Entre as sedes de fazenda e as estações das cidades próximas, surgiram pequenos ramais a serviço de propriedades cafeicultoras, construídos pela iniciativa particular, as chamadas *estradas cata-café*. Muitas delas ainda podem ser percebidas através de trilhos remanescentes, nas velhas fazendas cafeeiras. Mas, de certa forma, ao fim do Império, os trilhos de ferro – não só para pequenas extensões de linhas, mas também para atender ao moderno maquinário volante do beneficiamento do café – até se banalizaram... Afinal, o fazendeiro podia adquiri-los a preços módicos, anunciados nas páginas dos jornais, fornecidos pela Casa Arens, com sede em Campinas e loja na capital.

Mas as estradinhas cata-café, por onde correram os trens caipiras, permanecem no imaginário e na lembrança do cafezal. Para rememorar sua passagem, com ritmo e cadência particulares, basta ouvir Villa-Lobos, ou Tom Jobim, ou ainda Egberto Gismonti. Todos eles, em momentos inspirados, imortalizaram o serpenteio das máquinas, que resfolegaram avançando interior adentro, seguindo e abrindo os caminhos do café.

Cidades do café: "boca de sertão" e "fim de linha"

Fala-se que a rede urbana do Sudeste originou-se significativamente do café, sendo que 90% das cidades paulistas resultaram do avanço daquela cultura. Nessa afirmação há exagero. Ocorre que, paralelamente às cidades nascidas com o café, já havia núcleos urbanos originários dos tempos da Colônia, desenvolvidos em função da catequização, do avanço colonizador, da exploração de ouro, do comércio, do pouso de tropas, da produção da cana e do cultivo do arroz. Muitas dessas vilas preexistentes acabaram por se consolidar, em função da economia cafeeira. Outras surgiram, de fato, por conta do avanço dos cafezais, sobretudo em sua itinerância para as frentes pioneiras.

Apesar do irromper do trem na paisagem, por bom tempo as tropas de muares percorreram pachorrentamente trilhas empoeiradas, trazendo no lombo a produção do campo, ligando povoações que, tão só por caprichos administrativos, recebiam a denominação de "cidade". Em raro depoimento sobre a província de São Paulo, na década de 1860, o jornalista e emigrante português Augusto Emílio Zaluar mencionou alguns núcleos mais expressivos, longe de conferir-lhes animação urbana especial, admitindo: "Todas as cidades querem ser Corte [...] ainda que seus habitantes só tenham por ponto de reunião a casa onde se joga dominó e todas as portas se fecham antes do toque de recolher."

De fato, a própria capital era uma cidade triste e aquelas do interior, imersas no mundo rural, figuravam como espaços meramente administrativos, definidos por ruas mal traçadas e sem calçamento, largos desleixados de terra batida, igreja matriz acanhada, edifício da Câmara e cadeia em condições precárias, por vezes um teatro de proporções modestas, ou a instalação tosca da Santa Casa de Misericórdia. As poucas "vendas" de comércio não lhes conferiam expressão maior e o abastado proprietário das terras locais ainda não construíra seu palacete na praça da matriz, exercendo da sede rural o controle sobre o espaço urbano, movimentando-se entre a fazenda, a capital ou a Corte.

Com exceção de São Paulo, que se tornaria em breve a "Capital dos Fazendeiros" e Campinas, a "Princesa do Oeste", a rede de núcleos urbanos da província minguava na direção oeste. Na altura dos campos de Araraquara, era abruptamente interrompida pelo sertão. A mancha ocupada desde o fundo do vale do Paraíba até os campos de Araraquara cobria-se do verde dos cafezais, interrompido pela permanência da cana-de-açúcar nas imediações de Itu, o arroz no vale do Ribeira, ao sul, ou pelas recentes plantações de algodão nas cercanias de Sorocaba. Entre 1870 e 1890, não se registrou alteração substancial nos limites geográficos desse perímetro desbravado e cultivado. Todavia, foi em seu interior, nesse momento, que ocorreram transformações de vulto, em decorrência do avanço cafeeiro e da chegada do trem, traduzidas pelo aumento da população e pela emergência de novos núcleos urbanos.

Logo, no universo agrário da província paulista, tinha início o processo de urbanização, resultado da acumulação de capital proporcionado nesta fase pela atividade tropeira, pela cana-de-açúcar, mas, sobretudo, pelo café, caracterizando a etapa agrário-mercantil, para a qual a ferrovia daria impulso decisivo.

Essas "cidades imperiais do café", longe da imagem idealizada de uma "civilização do café" refinada e faustosa, figuravam mais como toscas vilas, com modesto aglomerado de ruas e largos malcuidados. Embora muitos municípios pertencessem a regiões ricas, os cofres públicos municipais continuavam vazios, cabendo aos fazendeiros locais providenciar os benefícios urbanos e serviços de seu interesse. No geral eram cidades precárias, sem calçamento, com edifícios públicos toscos implantados em praças de terra batida, onde ciscavam galinhas e porcos, atropelados pelo gado solto, desgarrado das tropas que atravessavam as ruas frequentemente desertas. Pouco comércio, festa apenas nos dias santos, raras agremiações sociais, nenhuma animação urbana. Vassouras talvez tenha sido das mais faustosas por reunir os primeiros fazendeiros proeminentes, que viviam na órbita da Corte. Mas Bananal, também afamada pelo seu apogeu de maior produtora do grão do Brasil, no ano de 1854, não passava de núcleo de poucas ruas, de casas modestas, população escassa, vítima de epidemias e doenças, pois os palacetes de seus brasonados só seriam construídos a partir de 1860. De certa forma, as cidades cafeiras do vale só conheceram ordenamento e aformoseamento urbano já no declínio econômico, quando os grandes proprietários usaram o espaço urbano como ostentação de um poder que já se esvaía.

Avançando mais para oeste aparecem os centros novos, criados e desenvolvidos por conta do avanço cafeeiro. Mais que isso, na economia cafeeira e por conta dela, o estabelecimento de municípios foi instrumento básico de penetração governamental pelo interior adentro. Do ponto de vista administrativo, o mecanismo funcionava da seguinte maneira no território paulista: até a década de 1930, cidades conhecidas como "bocas de sertão" ocuparam a orla pioneira de povoamento, funcionando como áreas de apoio para expedições que avançavam além-fronteira. Essas vilas ficavam sob jurisdição administrativa do centro municipal mais próximo, localizado na direção da capital. À medida que a cidade de fronteira crescia de importância, ela e o território em torno seriam desmembrados do município mais velho. Com frequência, na ocasião já crescera outra "boca de sertão" na nova frente pioneira.

É interessante acompanhar esse crescimento em números. Na província paulista, entre 1816 e 1889, exatamente o período de propagação da lavoura cafeeira, surgiram 101 municípios novos. No vale do Paraíba, por onde entrou a cultura, nasceram a partir de Areias (1816) 21 vilas. Na zona da Paulista, 14 vilas; na Mogiana, 19. Na Sorocabana, 26. Na zona Ituana, a partir de Piracicaba (1827), 7 vilas. Nas zonas denominadas Ingleza e Bragantina, 4. No litoral e zona de Iguape, 3 vilas, a partir de Xiririxa (1842), hoje Eldorado.

Para confirmar o surgimento massivo de cidades no rastro do café, é preciso avançar pela República, e mais para oeste. No período entre 1890 e 1929, e por conta dos cafezais, surgem 127 municípios novos, com dez estações transformadas em cidades na Noroeste do Brasil, sendo Penápolis a primeira delas. Na Alta Paulista, são cinco cidades, começando por Piratininga (1913); na Alta Sorocabana, dez cidades, além do Salto Grande, sendo a primeira Platina (1915); na Araraquarense, registram-se 15 cidades, em torno de Rio Preto. Entre 1886 e 1934, o número de municípios mais que dobrou. Das 140 novas unidades criadas naquele período, 118 foram no planalto ocidental.

As cidades localizadas no trajeto das ferrovias conheceram prosperidade, sobretudo aquelas que se encontravam em suas linhas-tronco. Por algum tempo desfrutaram da posição de cidades "fim de linha", ou de local de baldeamento de passageiros, até que a parada seguinte atraísse novos serviços e mais população para servir ao café. Muitas dessas estações funcionaram como portos secos para a expedição do produto, implantados em entroncamentos estratégicos para seu despacho. Caso ficassem à margem do traçado da ferrovia, sobrevinha inevitavelmente a decadência, a exemplo das outrora promissoras cidades do fundo do vale: Bananal, São José do Barreiro e Areias, denominadas "cidades mortas" pelo escritor Monteiro Lobato.

Repassando-as na perspectiva de seus cenários e significados, em retomada cronológica, registram-se como núcleos urbanos expressivos as cidades com mais de dez mil habitantes, a começar por Campinas, que rivalizava com São Paulo, seguindo-se Sorocaba, Itu, Piracicaba, Rio Claro, Bananal, Pindamonhangaba, Guaratinguetá e Santos. Todas conheceram o movimento de "aformoseamento", promovido, sobretudo, pelos fazendeiros locais, destinado antes a expressar seu poderio que maior empenho para com seu crescimento qualificado. Estavam pouco atentos aos serviços de infraestrutura e cuidados sanitários preventivos das tantas epidemias que então rondavam a população.

Como cidades apenas "aformoseadas", algumas foram expressivas, sobretudo a partir de 1870. No Rio de Janeiro, a cidade de Vassouras conheceu planta de arquiteto francês; em São Paulo, a cidade de Bananal, já no declínio de sua produção, recebeu chafariz inglês e uma estação de ferro belga. Jundiaí e Ribeirão Preto construíram teatros. Novas sedes de Câmara e cadeia receberam planta do arquiteto Victor Dubugras, a exemplo de Araras e São Carlos. Nas praças públicas com jardins gradeados à inglesa, surgiram palacetes, réplicas daqueles da Corte ou da capital. Registra-se também, por conta desse avanço cafeeiro, o surgimento de Santas Casas de Misericórdia, novas igrejas e, posteriormente, imponentes templos protestantes. A iluminação a nafta, em breve, seria substituída pela eletricidade, enquanto o comércio local, ainda acanhado, desenvolvia-se, sobretudo, para atender aos moradores do campo.

As cidades portuárias, a exemplo de Ubatuba, num primeiro momento, e a seguir Santos, conheceram – cada uma a seu tempo – transformações expressivas. Quanto ao surto de cidades do novo oeste paulista e do Paraná, praticamente todas nascidas diretamente do avanço cafeeiro, este só se daria no século xx, com a grande arrancada para as frentes pioneiras que avançaram pela Noroeste, Alta Paulista e norte do Paraná, muitas delas cidades-modelo, a exemplo de Londrina e Maringá.

O caso da capital São Paulo pode ser anunciado desde já: de núcleo colonial, de 1554, que funcionou como rota de passagem para o interior e demais capitanias, abrigou com o café o nó ferroviário de onde partiram as linhas de ferro promissoras que percorreram a província. Logo se tornou o centro comercial, financeiro e industrial da província/estado, posição que mantém até o presente.

Contemplava-se já ao fim do Império as dádivas do café. A produção crescente propiciou mais desenvolvimento ao mercado interno, trouxe a ferrovia, multiplicou as cidades, introduziu a mão de obra livre, instalou as primeiras indústrias, instituiu um sistema de crédito e proporcionou modernização aos centros urbanos. Esses sinais de modernidade, porém, ocorreram apenas nos centros exportadores, no eixo Rio de Janeiro-São Paulo-Minas Gerais, especialmente nas cidades beneficiadas pelo café, gerando a gritante dicotomia entre aquelas de elevado progresso e núcleos acanhados, alguns à beira da extinção. Mais que isso, na rede urbana nacional, enquanto os centros atrelados à demanda mundial se modernizavam, o restante do país permaneceu atrasado, submetido à estrutura rural arcaica, à margem dos avanços econômicos e culturais.

Por ora, paramos por aqui. Neste momento, é oportuno informar ao leitor sobre a paisagem de destruição ambiental que se estabeleceu no avanço das lavouras, em paralelo ao rastro do trem e à abertura das cidades, na contínua itinerância da rubiácea. Progresso e destruição foram duas faces de uma mesma moeda, que circula até o presente, confirmando a letra de Caetano, que fala da "força da grana que ergue e destrói coisas belas".

Destruição da paisagem

O investimento maciço no café, sobretudo a partir da Independência, deu-se com o capital mercantil nacional, constituindo-se na primeira cultura a deslanchar após a queda do monopólio de comércio metropolitano. A inicial mobilização dos recursos produtivos foi direcionada para a aquisição de terras, escravaria e, mais tarde – em razão da suspensão do tráfico e liberação de capitais –, aplicados em melhoria de transportes, maquinário e novas aquisições de terras. A expansão da oferta brasileira levou à queda de preços do produto no mercado internacional e consequente aumento da demanda, justificando a ampliação da lavoura cafeeira no país. Logo, a liberação de capitais, a ampliação do mercado e a necessidade de terras virgens para os novos cafezais conformaram o tripé que determinou o avanço voraz da cultura, deixando em seu rastro paisagens de destruição.

A economia do café, a exemplo da açucareira, repetiu o cenário característico da *plantation*, responsável pela devastação da cobertura vegetal de parte da Mata Atlântica. Mais ainda quando de sua interiorização pelo esgotamento e degradação do solo, em momento que se desconhecia e/ou se evitava a utilização de insumos. A recomposição de terras era prática inexistente, tornando-se mais interessante ao fazendeiro de café transferir seu capital para solos novos, de maior rendimento.

O vale do Paraíba paulista já fora uma boa escola para os cafeicultores. O estudioso da área, Luís Saia, noticia que, em 1836, aquela região estava ainda coberta de floresta natural, lembrando que foi ali também que a cultura do café passou a sua infância, aprendeu a plantar, colher, beneficiar, morar, gastar e a deixar atrás de si um rastro de problemas e contradições. A consciência de que se cultivava de forma predatória vinha de longe. José Bonifácio, naturalista e mineralogista de formação, alertava para o pouco cuidado que se tinha com a terra para exploração de suas riquezas. O preparado fazendeiro de Vassouras, Francisco Peixoto de Lacerda Werneck, o barão de Pati do Alferes, em 1847, lamentava os estragos feitos com a derrubada das árvores e o desperdício da madeira, insistindo que seu brado repercutisse por todos os ângulos do Império: "É tal o descuido que há sobre esse importante ramo, que mete dó, e faz cair o coração aos pés aqueles que estendem suas vistas à posteridade e olham para o futuro que espera a seus sucessores."

A exemplo do vale do Paraíba, com terras esgotadas no período de quarenta anos e abandonado em favor da expansão agrícola rumo a oeste, também as novas frentes foram cultivadas e abandonadas em curto espaço de tempo, deixando para trás terras gastas e zonas decadentes. A forma predatória de cultivo do produto e sua itinerância eram condutas que se mantinham inalteradas pela busca desenfreada do lucro.

No início do século xx, os artigos que resultaram nos livros *Urupês* e *Cidades mortas*, de Monteiro Lobato, raros sucessos de venda na época, traziam forte crítica à forma bárbara com que se tocava a agricultura no país. Anos mais tarde, o geógrafo Pierre Mombeig amplia a crítica, apontando a sistemática devastação florestal e o impacto sobre o solo provocados pela cultura cafeeira. Em seu estudo sobre o novo oeste paulista, região ocupada praticamente a partir do início do século xx, insiste que as derrubadas extensivas, por anos seguidos, arruinaram a paisagem, a ponto de comprometer o abastecimento de lenha das ferrovias e dos demais usos em serrarias, construções e até mesmo no cotidiano doméstico. Em face da depredação movida à ambição e falta de planejamento, tentava-se contornar o desastre ambiental, de forma melancólica: "os fazendeiros e as empresas ferroviárias empreendem reflorestamentos nos mesmos locais onde, há quinze ou vinte anos, abatiam-se as florestas. Plantações de eucaliptos são hoje numerosas às margens do leito ferroviário da Paulista".

A criação do Instituto Agronômico de Campinas, em 1887, por iniciativa do Estado e do Horto Florestal de Rio Claro, em 1916, afeto à Companhia

Paulista, foi iniciativa que procurou subsidiar a lavoura cafeeira, alertando para os riscos do avanço predatório da cultura. Pelos estudos do Instituto Agronômico, sabe-se que, após 22 anos de cultivo, uma excelente terra roxa não contém mais do que 42 toneladas de húmus por hectare, contra 172 no início do plantio, enquanto o pH cai de 7 para 5,4. E mais: a utilização extensiva das terras, impossibilitando associações com outras culturas e com a criação de gado, limita a prática da adubação e, consequentemente, do revigoramento dos solos gastos.

Todavia, a motivação econômica nos negócios do café superava a incipiente visão ecológica da época. A despeito do conhecimento da devastação propiciada pelo avanço cafeeiro, na década de 1920, as florestas do Paraná, repletas de araucárias e madeiras nobres, foram destruídas em curto espaço de tempo. Ali, o capital da empresa britânica Norte do Paraná e mais os investimentos de cafeicultores nacionais promoveram a rápida destruição de árvores nativas e a ocupação das terras, onde brotaram, a perder de vista, campos ondulantes de pés de café, simetricamente perfilados.

Se o leitor quiser ver e sentir, em outra dimensão, a gravidade do impacto ambiental do avanço do café, não deixe de assistir ao documentário de João Moreira Salles, *O Vale*, uma das melhores traduções da devastação ambiental e consequente declínio da paisagem natural e da qualidade de vida dos seus habitantes.

Pausa para um café

Cafés cariocas: do Papagaio ao Lamas

Caro leitor, imagine a balbúrdia de um café, com diversas pessoas falando ao mesmo tempo. Esta azáfama foi típica dos cafés de algumas capitais brasileiras da República Velha, que se eternizaram pelo ambiente eletrizante, associados a espaços de frequência democrática e passageira. Diferiam e muito dos primeiros cafés que surgiram no Rio de Janeiro, ainda ao tempo da Colônia, onde por volta de 1799 registravam-se no varejo nada menos que 40 "casas de café", ao lado de 334 tavernas e apenas 17 casas de pasto. Eram olhados com desconfiança, associados aos antigos botequins, onde se vendia apenas vinho a frequentadores de fama duvidosa.

Muito antes mesmo do famoso bordão da República – "O Rio de Janeiro Civiliza-se" –, a sede da Corte conheceu cafés lendários, que foram se implantando em paralelo ao crescimento da vida urbana. Luiz Edmundo, que descreveu como ninguém o Rio de Janeiro de seu tempo, não economizou adjetivos para descrever o Café do Rio, um dos mais famosos:

> O coração da *urbs* fica no sítio em que se encontram e cruzam as ruas do Ouvidor e de Gonçalves Dias. Nesse lugar de maior movimento, de alta elegância e melhor distinção é que se instala o arquifamoso Café do Rio, com prestígio e renome, desde os últimos dias do passado regime, glória e viço dos estabelecimentos congêneres em toda a cidade.

Situado numa confluência elegante, era local para ver e ser visto rapidamente. Com freguesia grande e variada, o ambiente era agitado, num vaivém de gente, murmúrio de vozes, local impróprio para verdadeiro ponto de reunião ou palestra. A descrição do ambiente, pelo seu contemporâneo Teixeira de Oliveira, vale a pena:

> Abrindo para a rua Gonçalves Dias há oito portas e duas para a rua do Ouvidor. Na casa "chic" do ponto "chic", o bom gosto, porém, não aparece nem para tomar café! Salão vulgar, pequeno. Armações pesadíssimas, todas em estilo *art nouveau*, aquele hediondo estilo de macarrões e pernas de gafanhoto, que foi a tortura de uma época. Grande riqueza sim nos panos de cristal dos mostruários (vitrines), na qualidade da madeira dos balcões e na robustez da louçaria, mandada vir toda da Inglaterra. Mesas de pé de galo, com tampos de mármore, que ainda se importam de Lisboa. Cadeiras da fábrica Thonet, ainda vindas da Áustria, com fundos de palhinha, quiçá um tanto cambaias e sovadas pelo uso. Não esquecer a coleção de espelhos, os clássicos, os infalíveis, os implacáveis espelhos, diante dos quais os elegantes da época alinham os *plastrons* das gravatas [...] ou retificam a curva dos bigodes engomados [...].

Em matéria de tradição, porém, nenhum excedeu ao Café Papagaio. O estabelecimento nasceu em 1856, de antigo negócio de torrefação e moagem do sr. Domingos Ferreira Lino, na rua do Carmo. A moagem era feita a mão, por um escravo da família, e tinha na porta modesta um papagaio, para distração. Com o crescimento do negócio, mudou-se para a rua Gonçalves Dias, recebendo oficialmente na tabuleta o nome de Café Papagaio. Consta ter sido o primeiro estabelecimento da cidade iluminado a luz elétrica. Para lá também foi o mesmo papagaio que divertia os clientes com palavras inesperadas e respostas capciosas. Era uma marca da casa, que pertenceu ao Lino até 1891. Passou por muitas mãos e, após leilão em 1940, foi demolido, permanecendo na lembrança como reduto de intelectuais, patrimônio cultural carioca.

Por reportagem do jornal *Noite Ilustrada* de 9 de janeiro de 1940, sabe-se que o velho Papagaio era uma sala aconchegante e simples, com ótima frequência, tendo muito discreta, à direita, a charutaria, o balcãozinho do Fagundes. Possuía também restaurante e entre este e o espaço do café, sobre um estrado coberto por oleado vermelho, tocava a simpática orquestrazinha do Papagaio, um quarteto, bem do tempo em que havia música nos cafés. O repertório era da vanguarda: Chiquinha Gonzaga, Ernesto Nazaré, Paulino do Sacramento, Costinha, J. Cristo, Aurélio Cavalcanti. Nessa altura, o proprietário, um tal de Marques, bigodudo, com *pince-nez* de cordão e ar de funcionário público, ameaçava quem o chamasse de sr. Papagaio. O que era constante. Frequentador assíduo e galhofeiro era Raul Pederneiras. Ele e sua roda de amigos: Calixto, Fastaff, Crispim do Amaral e todos que fizeram o *Mercúrio*, *O Tagarela*, *O Avança* e *O Malho*. Aliás, o periódico *Tagarela* foi fundado nas mesas do Papagaio, ocupando mais tarde a redação do primeiro andar do mesmo prédio. Este café era também o lugar de encontro de Lima Barreto, Rodolfo Amoedo, Bittencourt da Silva Filho, Bastos Tigre, Emílio de Menezes – a festejada "República das Letras".

Mas também havia o Café Lamas, dos estudantes, com portas que nunca se fechavam; o Belas Artes, no extremo do edifício do Liceu de Artes e Ofícios; o Amarelinho, dos rapazes das letras; o Acadêmico, próximo da velha Faculdade de Direito; e o Café da Câmara. De todos, só restam o Lamas e o Amarelinho, desvirtuados de suas funções iniciais, mas sobrevivendo como registros de história e memória.

E em São Paulo?

Na capital do café, eles surgiram concomitantemente às primeiras exportações, ganharam cara própria, viraram "instituição".

Cafés paulistanos: de Nhá Umbelina ao Café Guarany

Na crônica da São Paulo colonial, o café era mencionado apenas como plantação, sem alusão à bebida. Foi assim que, em 1819, Saint Hilaire chamou atenção para as chácaras com pés de café dispostos simetricamente, localizadas na entrada ou saída da cidade. A bebida ainda não se tornara hábito, pois o precioso grão era caro, com produção restrita. Dava-se então preferência ao chá, mais barato, importado diretamente da Ásia, ou mesmo produzido nas terras de Arouche Toledo Rendon, onde hoje se encontra o Viaduto do Chá.

Ao tempo do "burgo dos estudantes", porém, o consumo da bebida se propagou. Nas "repúblicas", nas noites byronianas escuras de frias neblinas e nas vigílias dos estudantes, o café se introduziu nas beberagens acadêmicas e ganhou consumidores. Nas *casas de pasto*, local de refeições para viajantes, tornou-se habitual, servido também pelas doceiras informais da cidade. A mais famosa delas era Nhá Umbelina, estabelecida por volta de 1860 no Largo de São Francisco, em frente da Academia. Conta-nos Silva Bruno que a sala de jantar da casa de Nhá Umbelina era praticamente uma dependência do curso jurídico, pois, no intervalo entre as aulas, recebia os estudantes com café, chocolate, mingaus e amendoim torrado. Naquela altura, o viajante Haffard observou o curioso hábito nas residências de tomar café acompanhado de pinhão cozido ou milho verde.

Por volta de 1870, eram comuns as quitandeiras de tabuleiro, da então rua das Casinhas, hoje xv de Novembro, e dentre elas, Nhá Maria Café, moradora de um sobrado com sacadas de rótula na mesma rua. Dali ela servia empadas de farinha de milho com piquira ou lambari e tigelinhas de café torrado e moído na hora. Na remodelação da cidade, imprimida a partir de 1872 pelo presidente da província João Theodoro, o sobrado foi demolido e Nhá Maria Café, obrigada a abandonar o lugar, pois seu pequeno negócio não podia atrapalhar o desenvolvimento da metrópole do café.

A popularização da bebida em São Paulo se deu através dos quiosques, cópia dos modelos cariocas, portáteis, armações de madeira que, por vezes, se moviam sobre rodas. Desde 1872, requeria-se da Câmara licença para esses pontos de venda, que se estabeleceram nos largos da Memória, da Misericórdia, da Cadeia e na Estação da Luz, áreas então de maior movimento. Frequentados por trabalhadores em rápida passagem, serviam não só o cafezinho, mas também o café com leite e pão com manteiga, refrescos diversos, cigarros de palha, charutos, fumo de corda e, mais tarde, jornais, revistas, bilhetes de loteria, graxa e cordões de sapato. Esses quiosques botequins foram uma marca da cidade até serem suprimidos pela remodelação urbana ditada, exatamente, pela capital do café, que se queria moderna, asseada e higienizada. O serviço sanitário incidiu pesado na supressão daqueles compartimentos de higiene precária, pondo fim às tradicionais armações, a despeito de legalizadas, precursoras do atual comércio ambulante.

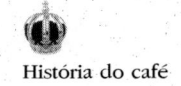

Entrando no século xx, os Cafés da Pauliceia figuravam como espaços de sociabilidade por excelência. Dentre eles, reinando desde 1904, estava o Café Guarany. Em 1914, era assim anunciado em reclame de *O Estado de S. Paulo*:

> *Café Guarany*, a casa que promoveu a valorização do café. Serviço modelar. Ponto elegante da cidade.

Localizava-se na rua xv de Novembro, defronte da travessa do Comércio, no mesmo bulício do Triângulo, o centro histórico da capital, próximo das Arcadas e das redações dos jornais. À direita da porta de entrada ficava o vendedor de estampilhas, tendo por vizinho, ao fundo, o charuteiro.

Havia também o Café Brandão, o Girondino, o Java, o Caridade e os diversos Acadêmicos, mas o Guarany sobressaía-se dentre todos. Vale conhecê-lo com Afonso Schmidt:

> Um salão enorme para aquele tempo. Mesas de mármore, cadeiras austríacas. Compridos bancos laterais com espaldares de couro. No fundo um estrado com grades. Nesse estrado, a orquestra. As valsas de Lehar e Strauss estavam em moda. Ali se reuniam médicos, advogados, jornalistas prósperos, políticos de certo prestígio e, principalmente estudantes. Lá em cima havia bilhares. Um clube não sei de quê. Na porta, um preto velho, gordo, de *cachenê*, desempenhava as funções de leão de chácara.

De dia até à noite, varando a madrugada, em atmosfera febril, a freguesia segmentava-se. Pela manhã e à tarde era o café de negócios e empreendimentos, ponto de encontro de comerciantes e corretores. À noite, engalanava-se, até com orquestra, quando a frequência diversificava-se, com assiduidade de políticos, jornalistas e homens de letras. Após a meia noite, tão logo acabavam os espetáculos nos teatros das imediações – o Santana, São José e Politeama –, vinha a revoada das famílias, para um breve lanche, antes de tomar o bonde para os bairros. Com a reminiscência de Schmidt, fechamos seu expediente na calada da noite:

> Ali pelas duas horas, o salão já estava quase deserto. Caixeiros apagavam lâmpadas incandescentes. Na meia escuridão só permaneciam animadas as mesas do fundo. Eram os retardatários,

que vinham das reuniões sindicais. O Pimenta dos "Gráficos", o João Freire dos "Garçons", o Antonelli da "Construção Civil e Anexos" e os jornalistas menos prósperos. Redatores, tipógrafos e revisores dos matutinos instalados nas proximidades entravam de gola erguida, as mãos nos bolsos, por causa do frio. [...] O tempo era de penúria. Eu, para ser franco, não dispunha todas as noites dos quatro tostões para a média com pão quente. Mas os caixeiros eram uns camaradões. Havia aquele careca [Deus lhe fale na alma...] que, nem eu bem acabava de fazer a merenda, gritava para dentro:

– Está pago. Suspenda a louça!

E o garçom mais próximo arrebatava pratos e xícaras, sem importar-se com reles questões de dinheiro.

Lá fora, na cidade de ruas vazias, Monteiro Lobato, assíduo frequentador, dá notícia do rumo dos clientes boêmios: "quando a roda levanta acampamento do Café Guarany e se põe a perambular pelas ruas garoentas, a velha poesia volta".

O Guarany não foi apenas um café. Em 1900, funcionou como "sede" do semanário burlesco *O Garoto*, ilustrado por Raul, vendido por módicos 100 tostões, conforme informava na primeira página: "Escritório: mesa do canto do Café Guarany ou no olho esquerdo da rua". Além de "escritório", O Guarany era importante ponto de distribuição dos periódicos, anunciados e vendidos em suas dependências, na charutaria. Em 1903, a nacionalista revista *Via Láctea,* de Jorge Costa, trazia anúncio do Café Guarany, corroborando seu papel aglutinador da intelectualidade paulistana: "O único procurado pela intelectualidade de São Paulo ".

A casa de inúmeros papéis, emblemática da São Paulo dos anos de 1910, conjugava em suas mesas "escritórios", "endereços", encontros diários de amigos, rodas literárias, profissionais afins, socorrendo inclusive os que deixavam o interior para alguns dias na capital como referência de encontro seguro: "Sábado próximo, ao meio-dia, no Café Guarany. Está bem? *Ciáo...*". Em 1915, a seção esportiva do *Tagarela* informava: "Diz-se: que o ponto dos footballers é a porta do Guarany."

O lendário estabelecimento também foi parar nas páginas do romance *Gente Rica*, de José Agudo, ao flanar dos personagens, descrito como ponto de "agrupamento de bacharéis em perspectiva, que ali costumam expor diariamente aos transeuntes pacatos o irrepreensível corte das calças vincadas e dos paletós cintados".

Era o café preferido de Lobato. Já editor da *Revista do Brasil*, referindo-se às pressões diárias dos novos, admitia em 1919:

> Felizmente há o banho desodorante de todas as noites no *Café Guarany* – ou o que o Renée [refere-se ao Thiollier] com cara de nojo, deve chamar a "roda do Lobato". Um dia te conto o que é a minha roda. Compõe-se dum pau d'água, dum tungador engraçadíssimo, dum empregado de banco e mais coisas assim. Conversa-se de tudo, menos de literatura e arte; e a obrigação é só dizer coisas interessantes e que façam rir – e todos nós rimos continuamente ainda que não haja graça. O tungador é um prodígio de gíria malandra; conta com tal graça as patifarias que faz, que até as vítimas se regalariam, se o ouvissem. Nenhum deles sabe que sou escritor, porque eu funciono com uma coisa só: o "pagante".

O local também era frequentado pelas famílias, no hábito de "tomar sorvete na cidade", após o jantar; ou para ver e ser visto com o auxílio dos "espelhos dos dois lados, enquanto o reflexo recíproco estendia as imagens dos candelabros de cristal até o infinito", como narrou Jorge Americano.

A exemplo dos velhos cafés do centro, o Guarany não ficou imune às transformações do Triângulo. Com a introdução do hábito das refeições na cidade, o Guarany virou restaurante, potencializando economicamente seu imenso espaço. Mais tarde, o mesmo desenvolvimento urbano fez com que fosse demolido, dando lugar à construção de um arranha-céu.

Os cafés também foram afetados pela nova moda das *casas de chope* e, no pós-guerra, das *casas de chá*, que recebiam as famílias para o "*five o'clock tea*". As *brasseries*, onde imperavam as cervejas, também lhes fizeram concorrência. Mas o café não perdeu os seus fãs, pelo contrário. Em 1922, surgia um estabelecimento de nome pomposo, criado à altura da nova Pauliceia, especialmente para servir café. Era o Palace Café, assim noticiado pela imprensa: "A afamada terra do café não tinha, até a pouco, nesse ramo do comércio, uma casa que reunisse as condições de elegância, asseio e bem-estar que se desfrutam no *Palace Café*".

Era considerado o mais luxuoso da cidade.

AGORA SIM!

República do café

A sociedade pioneira é antes de tudo dinâmica.
Dinamismo estreitamente associado ao dinamismo
geográfico, pois é em virtude dos novos desbravamentos
que se fazem ou desfazem as fortunas.
Pierre Mombeig

Terra e poder

A propriedade rural valia por pé de café. [...] e os negócios
multiplicavam-se estonteantemente. Fulano comprava hoje
uma fazenda por trezentos contos, vendia três meses depois
por seiscentos e ia comprar outra por novecentos.
Leão Machado

Na nova ordem republicana, política, sociedade e cultura se entrelaçam com os cafezais. Ao longo da Primeira República (1889-1930), especialmente, conjugam-se o surto econômico advindo daquela monocultura e a construção de uma classe dirigente, que abraçou modelos políticos e projetos de hegemonia nascidos à sombra dos cafezais. Um breve retrospecto da trajetória desta cereja reluzente, que já fora sustentáculo da Monarquia, ilustra a histórica conjunção "República e cultura cafeeira", no Brasil.

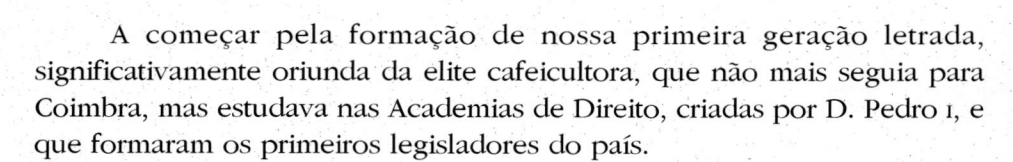

A começar pela formação de nossa primeira geração letrada, significativamente oriunda da elite cafeicultora, que não mais seguia para Coimbra, mas estudava nas Academias de Direito, criadas por D. Pedro I, e que formaram os primeiros legisladores do país.

Fazendeiros nas *Arcadas*: aprendizes do poder na escola de política

Há quem diga que a República foi dos bacharéis, mas também que ela foi dos fazendeiros. Ambas as afirmações são verdadeiras. Os dois personagens, de fato, se confundiam num só. Se um deles, o fazendeiro, atuou na economia, o outro, o bacharel, se envolveu com a política. Considerando que coexistiam, respondendo pela economia e pela política, foram esses dois agentes sociais, imbricados, que definiram o novo modelo do país, a partir de seus interesse e visão de mundo.

Para melhor explicar esta simbiose, é preciso recuperar um espaço marcante no desenvolvimento de nossas elites dirigentes: a Faculdade de Direito do Largo de São Francisco, na capital paulista. Ali surgira, em 1827, nosso primeiro curso jurídico, voltado para a formação dos quadros nacionais do Brasil recém-independente, numa São Paulo de apenas vinte mil habitantes, muito distante da cidade que, décadas depois, seria a capital do café. Foi para aquela Academia que se dirigiram, expressivamente, os filhos de famílias fazendeiras, em busca do preparo para exercer postos de mando na jovem nação emergente. Nada estranho, pois, que da Escola de Direito saíssem gerações letradas que se envolveram com bandeiras de lutas marcadas pelo ideário liberal, mas, sobretudo, afinadas com seus interesses de classe.

Um breve exemplo: o primeiro diretor da Academia, o Marechal Arouche Toledo Rendon, formado em Coimbra, foi dos primeiros lavradores a experimentar o plantio do café em São Paulo. Nicolau de Campos Vergueiro, outro diretor da instituição, foi pioneiro ao inovar o trato da mão de obra cafeeira, instituindo o sistema de parceria, em sua fazenda Ibicaba. A maioria dos professores era ligada a famílias cafeicultoras, sem mencionar os alunos, que chegavam de outras províncias, algumas vezes acompanhados por escravos de sua propriedade, trazendo, junto com enxoval e bagagem, um sobrenome que os ligava às fortunas do café.

Naquele raro núcleo de ilustração do Império, concentrou-se uma elite acadêmica simpática a correntes revolucionárias e a ideias cientificistas da segunda metade do século XIX, abraçadas com o ardor da juventude, mas que acabaram relativizadas quando da conquista de postos de mando na política nacional. Coube àqueles predestinados "aprendizes de poder", em grande parte de procedência fluminense, paulista, mineira, baiana e gaúcha, encetar campanhas então modernizantes – pela abolição da escravatura, pelo regime republicano, pela laicização do Estado – e assumir postos de mando na nascente República de fazendeiros. Muitos, porém, também egressos da Academia, a despeito de agentes sociais decisivos para a implantação do novo regime, foram alijados, interiorizando-se em comarcas obscuras do interior paulista quase sertão. Marginalizados também foram os tantos funcionários públicos e representantes das camadas médias urbanas, que participaram de formas diversas de movimentos e práticas culturais, que almejaram e lutaram pela República.

Para ilustrar esse percurso, alguns lembretes da atuação de bacharéis, egressos da São Francisco: a redação e lançamento do *Manifesto Republicano*, em 1870, no Rio de Janeiro, do qual participaram os ex-alunos Quintino Bocaiuva e Saldanha Marinho; a fundação do jornal *A República*, com redatores egressos daquela Escola; a Convenção Republicana de Itu, de 1873, realizada no sobradão dos irmãos Almeida Prado, fazendeiros e estudantes da Academia de Direito, reunindo expressivos cafeicultores da região. Na pauta da convenção, estava a ideia de fundação de um partido republicano paulista. Significativa, também, a eleição dos primeiros deputados republicanos, representantes de famílias cafeicultoras poderosas, Campos Salles e Prudente de Moraes, sinalizando que novas forças econômicas e políticas ganhavam espaço.

Logo, as campanhas abolicionista e republicana alastraram-se nas províncias cafeeiras, com endosso expressivo dos estudantes da Academia e da jovem magistratura que se interiorizava pelo país, parte considerável dela também de origem cafeeira. Traziam da vivência acadêmica o comprometimento com causas sociais e políticas, em confronto com a ordem imperial vigente. A começar pela questão da Abolição, que então dividia a classe proprietária de terras. Tal era o impasse, que o Partido Republicano Paulista (PRP) não assumiu sua defesa pública como plataforma, embora a substituição do cativo pelo trabalhador livre já estivesse em curso, sobretudo em fazendas do oeste paulista.

Apesar das resistências de tradicionais cafeicultores e, tardiamente – em 13 de maio de 1888 – sobreveio a Abolição. Rompia-se um dos elos mais fortes da Monarquia, momento em que setores militares também descontentes, sob pressão de membros da oligarquia cafeeira, especialmente a paulista, promoveram o desfecho republicano através do golpe de Deodoro. A conhecidíssima cena oficial da Proclamação da República, reproduzida em tela de Benedito Calixto, permite outras leituras, além da evidente cena política. Uma delas deixa entrever a força do café. Os cidadãos à paisana, que se encontram à margem do quadro, são representantes dos interesses do Brasil moderno, afeto à economia cafeeira desenvolvida no oeste paulista, que tinha em seu trajeto a conquista técnica da ferrovia, a introdução da mão de obra livre, a diversificação do capital e a promessa do liberalismo econômico.

Na República café com leite

O primeiro presidente da República civil, empossado em 1894, o fazendeiro paulista e bacharel Prudente de Morais, sinalizava a força política do grupo cafeicultor. Em 1898, o segundo presidente, também bacharel, paulista e fazendeiro, Manuel Ferraz de Campos Salles, consolidou uma estrutura política baseada nos estados e, mais que isso, nos estados onde a economia cafeeira dava o tom, isto é, São Paulo e Minas Gerais. Instituía-se assim a "política dos governadores", conforme se denominou aquela prática popularmente conhecida como "política do café com leite", alusiva ao café paulista e ao leite mineiro. Seus representantes tinham a mesma origem, a Faculdade de Direito de São Paulo, o que lhes dava – salvo algumas divergências – a mesma visão de mundo e um projeto de poder homogêneo. Na concepção daqueles chefes de Estado inaugurais, a República deveria ser governada acima das multidões ainda agitadas nas ruas da capital da União, cabendo ao Executivo as tomadas de posição, apenas homologadas pelas assembleias, apartando, assim, a coletividade das decisões.

Os estados de São Paulo e Minas Gerais contavam com oligarquias fortes, que respondiam por partidos republicanos bem arregimentados, dispunham dos maiores eleitorados do país, em razão de suas expressivas populações, com bancadas expressivas na Câmara Federal. Seus representantes eram agentes poderosos na cadeia produtiva do café, figurando como grandes produtores e exportadores, ramificando-se pelas atividades empresariais afetas ao transporte e comercialização do produto. Naquele quadro de economia monocultora, a força desses grupos e estados potencializava-se, conferindo-lhes liderança, hegemonia e autonomia. Foi esse grupo que apoiou a inicial República dos militares, estes últimos

Na "política do café com leite", revezavam-se no poder paulistas e mineiros. Em comum tinham na bagagem a cultura oligárquica e os estudos na Faculdade de Direito do Largo São Francisco.

responsáveis pelo ato da proclamação e pelos anos imediatamente subsequentes à sua instalação.

Dois registros elucidativos dessa ingerência no poder, por parte dos cafeicultores: dos 11 presidentes da Primeira República, 9 provinham de São Paulo ou Minas e da Faculdade de Direito do Largo São Francisco, ligados ao cultivo do café. Logo, a "política do café com leite", leia-se, "dos cafeicultores", marcou as décadas iniciais da República no Brasil, decidindo as questões nacionais conforme interesses imediatos de fazendeiros paulistas e mineiros, distante do povo, alijando-o do poder. No trato da "coisa pública", pouca coisa mudara naquela Primeira República.

Coronéis, enxada e votos

A estratégia para a manipulação popular tinha suas raízes no Império, mas aperfeiçoou-se ao longo da própria campanha republicana, cujos líderes souberam organizar uma máquina eficaz de propaganda e controle, infiltrada nos mais distantes rincões onde o café chegara, com população rural e urbana comandada pelo grande proprietário local. Essa conduta se traduziu ao longo da Primeira República em práticas recorrentes de clientelismo, pressão e violências. Votos forçados e fraudes eleitorais tiveram nas denominações "votos de cabresto" e "currais eleitorais", respectivamente, a representação do exercício político, sobretudo, no universo rural. Ali, a figura do "coronel" – senhor todo poderoso das terras e das populações a seu serviço – foi decisiva.

A despeito da enorme distância de valores, hábitos e condutas que separavam o tradicional coronel do Nordeste do Brasil daquele paulista, sabe-se que também o coronel paulista se pautava pelo controle absoluto de suas terras e sua gente. Ainda que, por vezes, fosse fazendeiro com casa na capital, vestindo-se no rigor do figurino e longas estadas em Paris. A força desse proprietário, reverenciado como "coronel" – uma reminiscência da titulação da antiga Guarda Nacional do Império –, se fez sentir com mais energia no extremo oeste paulista, vigorando em regiões mais distantes do estado, até pelo menos a década de 1940.

As posturas centralizadora e autoritária desse personagem foram correntes. O apartamento do povo das eleições figurou como uma de suas principais manobras. Nas eleições presidenciais, entre 1894 e 1926, o percentual de votantes entre a população nunca ultrapassou 3,4%. Ainda em 1930, na eleição de Júlio Prestes, o índice de participação atingiu a marca de 5,5% da população. E mais: as alianças políticas garantiam previamente a eleição de determinados candidatos, em detrimento das campanhas eleitorais. Prudente de Morais obteve mais de 84% dos votos válidos em 1894, e o também cafeicultor Rodrigues Alves, no pleito de 1918, atingiu a surpreendente marca de 99,1% dos votos válidos.

Na jovem República, permaneciam as práticas do Brasil rural, que a despeito de industrializar-se nas capitais do Sudeste perpetuava a mentalidade dos mesmos donos do poder e das mesmas oligarquias cafeicultoras que vinham administrando o país. Para esse grupo, recém-saído da ordem escravocrata, as mudanças de mentalidade e conduta foram lentas, não obstante serem vistos como fazendeiros citadinos. Entre o barão do Império e o coronel da Primeira República, ainda havia mais semelhanças que diferenças.

São Paulo: uma imagem que se confundia com o país

Por conta do ouro verde, São Paulo tornou-se a capital dos fazendeiros e mais tarde a metrópole do café. Sede da ferrovia, de instituições culturais afamadas, inaugurava o debate da arte moderna, arvorando-se em referência

A força do café interveio no centro paulistano e a cidade de São Paulo tornou-se a metrópole do café. O dinheiro da política cafeeira financiou a nascente indústria, incrementou o comércio, construiu novos bairros e ampliou ruas e avenidas. Na foto de Gaensly, a rua xv de Novembro em direção ao largo da Sé, em 1902.

nacional. Na década de 1920, seu ritmo de construção de imóveis registrava a média de uma casa em menos de uma hora meia. Como capital do estado de maior produção cafeeira do país, reforçava a imagem que se delineava da locomotiva poderosa que conduzia o Brasil.

O ideário construído para São Paulo, como condutor da nação, tinha por trás embasamentos fornecidos por nomes ligados ao café. A *Revista do Instituto Histórico e Geográfico de São Paulo*, de 1895, publicação que reunia a elite letrada paulista, lançava seu primeiro número com o título: "A história de São Paulo é a própria história do Brasil". Um de seus membros mais destacados, o historiador e bacharel Alfredo Ellis, de tradicional família cafeicultora, publicaria em 1926 o livro *Raça de gigantes*, conferindo um passado heroico à primitiva e tosca capitania paulista. O grupo do jornal *O Estado de S. Paulo*, poderoso órgão da imprensa constituído por representantes do grupo cafeicultor e ex-acadêmicos da São Francisco, lançara em 1916 a *Revista do Brasil*, periódico que reunia intelectuais paulistas que idealizavam um futuro para o país, um projeto de nação. Essa publicação foi adquirida em 1918 pelo também ex-fazendeiro e bacharel Monteiro Lobato, que criou uma rede de distribuição nacional, levando-a aos confins do território, disseminando toda uma produção literária, significativamente paulista. Em 1925, a revista seria adquirida por Paulo Prado, representante completo da elite cafeicultora, bem-sucedido produtor e exportador do grão, também egresso da Faculdade de Direito, que não só patrocinara a Semana de Arte Moderna como também lançara, em 1925, a primeira edição da obra *Paulística,* na qual esmiuçava as origens da terra paulista. Alcântara Machado, em 1929, editava o hoje clássico *Vida e morte do bandeirante*, em que estudava o passado bandeirante a partir de inventários e testamentos. Ao assumir sua cadeira na Academia Brasileira de Letras em 1931, afirmou: "Paulista sou, há quatrocentos anos". Estava consagrada a gênese do "quatrocentão".

Washington Luís, em seu mandato de prefeito da capital (1914-1918), levou ao máximo o embevecimento paulista. Em sua gestão foram criados o brasão de armas e o lema da cidade de São Paulo, trazendo a divisa *Non ducor, duco* ("não sou conduzido, conduzo"), ladeado por dois ramos de café. Data deste momento, sob auspícios da prefeitura, a montagem da peça *Contratador de diamantes,* de Afonso Arinos de Mello Franco, encenada em 1919, alusiva ao passado bandeirante dos paulistas tradicionais. Tem início, também, a publicação das primeiras *Atas da Câmara* da cidade e dos *Inventários e testamentos* de famílias paulistas. Em passagem por São Paulo, o poeta Emílio de Menezes se entusiasma com o significado da economia paulista e sua gente, produzindo os versos:

Ó alma vegetal, planta rica e sadia,
Que do rubi do fruto à esmeralda do galho,
Te transformas em ouro, ouro que em ti irradia,
Aí estás agasalhando o paulista agasalho,
Que é o berço da beleza e a fonte da energia.
Fonte da intrepidez e berço do trabalho.

A produção literária paulista que celebra a "São Paulo do café" é incomensurável, confirmando a autoimagem de representação nacional que se conferia ao estado. O café garantia essa hegemonia, esse poderio.

A queda da Bolsa de Nova York em 1929, abalando fortunas, e a subsequente Revolução de 1930, com a vitória de Getúlio Vargas, foram rudes golpes ao estado mais poderoso da União. Relegado no campo político, seria também subjugado, a partir de 1931, pela criação do Conselho Nacional do Café, órgão que passava a cuidar dos interesses cafeeiros, a partir do poder central, agora em outras mãos.

Complexidade crescente nos negócios do café

O café fumegando na xícara é o ponto final de um longo processo. No ato de sorvê-lo, sempre associado a algo agradável – pausa no trabalho, momento de cordialidade, celebração e lazer –, ignora-se a ampla cadeia produtiva que precede o gole saboroso. Cassiano Ricardo, em "Moça tomando café", explica, poeticamente:

que há um mar azul, antes de sua xícara de café;
e que há um navio longo antes do mar azul...
E que antes do navio longo há uma terra do Sul;
e que antes da terra um porto, em contínuo vaivém,
com guindastes roncando na boca do trem
e botando letreiros nas costas do mar...
e antes do porto um trem madrugador
sobe-desce da serra a gritar, sem parar,
nas carretilhas que zumbem de dor...
E antes da serra está o relógio da estação...
Tudo ofegante como um coração
[...]
E antes dessa estação se estende o cafezal,
E antes do cafezal está o homem, por fim,

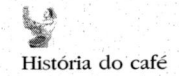
que derrubou, sozinho a floresta bruta.
O homem sujo de terra, o lavrador,
que dorme rico, a plantação branca em flor,
e acorda pobre no outro dia... (não faz mal)
com a geada negra que queimou o cafezal.

A poesia traduz com beleza e rigor toda a complexidade que está por trás da xícara. E que se ampliou, na voracidade dos mercados. O aumento da demanda exigiu maior produção e mais qualidade do produto, que, em competitividade crescente, gerou novas divisões do trabalho, ampliando a cadeia produtiva com maquinários sofisticados, profissionais diversos e atividades econômicas múltiplas. Logo, a produção e comercialização do café, em tempos de República, se problematizaram. Já iam longe os tempos em que as lavouras se desenvolviam a menos de duzentos quilômetros do porto, cabendo ao fazendeiro o controle de toda a operação – do plantio ao embarque por tropas e colocação no mercado. Na subsequente potencialização e agilização do comércio, sobretudo após a implantação da rede ferroviária, a divisão de tarefas se impôs, gerando novos profissionais no circuito. A ampla rede dos negócios exigiu uma divisão de tarefas e, posteriormente, a quase total dependência do fazendeiro de agentes intermediários, decisivos para a comercialização e colocação do grão.

A pluralidade de agentes envolvidos com o controle da comercialização do café, porém, não aconteceu de imediato. Transcorreu de forma peculiar, em estágios. O advento da ferrovia balizou uma das primeiras mudanças, transformando muitos fazendeiros isolados e autossuficientes em seu mundo rural em agricultores da cidade que lidavam com os negócios comercial e financeiro do café, operando nos centros urbanos. Mas, mesmo após a ferrovia, para alguns fazendeiros, a mobilidade pessoal até o porto de despacho era difícil, presos que estavam à administração da propriedade ainda autárquica e distante. Por vezes, seu apartamento daquela área se dava por limitações pessoais no trato das intricadas questões econômicas e financeiras que presidiam a exportação do produto. Logo, fez-se necessária a interferência do *comissário*.

Comissários, classificadores, exportadores...

Os primeiros comissários surgiram no Rio de Janeiro, ao longo da segunda metade do século XIX, negociando café em consignação, com comissão de 3% sobre as vendas. Nessa fase inicial, centralizavam todo o trabalho, cuidando de receber as remessas, selecionar os grãos, classificá-los em tipos para a exportação, formar os lotes e entrar em contato com os corretores das firmas exportadoras, que por sua vez também ganhavam porcentagem. Essas práticas, que se iniciaram no porto do Rio de Janeiro, estenderam-se ao porto de Santos.

Com a posterior complexidade do fluxo cafeeiro, produtor cuidando da fazenda e comissário cuidando do porto passaram a ser individualidades com tarefas próprias, que deveriam se harmonizar para o escoamento lucrativo das safras. A atuação do comissário, porém, ampliou-se, assumindo não só a colocação do produto no mercado, mas também desempenhando o papel de fornecedor de mercadorias carentes nas fazendas, como bacalhau, carne seca, sal, toucinho e ferramentas, inclusive financiando essas compras até a colheita seguinte. Enredava-se assim o fazendeiro com esse intermediário onipresente, que acabou por funcionar muitas vezes como banqueiro desses produtores, financiando também a formação de novas lavouras, compra de escravos, de terras e até mesmo saldando suas dívidas. Nessa múltipla função, muitos deles estreitaram as relações com seus fornecedores, fossem as comerciais ou aquelas sociais. Nesse controle exacerbado, valendo-se da dependência do produtor, muitos extrapolaram de suas funções, adotando condutas irregulares, traindo a confiança dos clientes, apropriando-se indevidamente de seu capital, levando muitos à ruína.

Em determinada altura, o comissário precisou se valer do *classificador* e *ensacador*, categorias que inicialmente cumpriam as tarefas estritas de classificar e ensacar os grãos, respectivamente, para despacho no porto, auxiliando o comissário. Todavia, passaram a atuar por conta própria, separando lotes, formando estoques, vendendo e concorrendo com o próprio comissário. Conforme o café se interiorizava, surgiu o comissário de café do interior, com tarefas mais restritas, intermediário entre o comissário do porto e o exportador, agente social frequente nas cidades onde estavam as grandes fazendas.

O volume das importações, com novas funções especializadas, determinou a formação de *firmas comissárias*, tocadas inicialmente por experientes agentes comerciais, familiarizados com a dinâmica financeira, em que figuravam muitos egressos das tantas empresas estrangeiras que atuavam no país. Em particular das alemãs e inglesas. Na praça de Santos alocaram-se as mais expressivas casas comissárias de café do país, fossem aquelas de capital nacional, as de capital misto e as de capital estrangeiro, as mais poderosas. Os ingleses, que já dominavam a implantação das ferrovias a serviço do café, colocaram-se com sucesso na comercialização do produto, fazendo escoar para o mundo as milhares de sacas abarrotadas nos armazéns do cais de Santos.

Entre as grandes casas comissárias nacionais estava a Prado Chaves. Em 1911, com a denominação de Sociedade Anônima Companhia Prado Chaves, possuía 15 fazendas e mais as propriedades da firma que pertenciam aos sócios, estes também de tradicionais famílias cafeicultoras. Posteriormente, a firma foi além do café, lançando-se em empreendimentos diversificados que englobavam empresas de serviços de infraestrutura urbana, atividades industriais e a criação de bancos.

Logo, na comercialização das safras, havia três agentes que intermediavam a transação: o *comissário*, o *classificador* e o *exportador*, definindo uma difícil situação de mercado que levava comissário e classificador a subirem os preços, enquanto os exportadores – que detinham grande poder de negociação – abaixavam. Esse quadro foi observado, sobretudo, até 1903, quando se acumulavam as sacas no porto, com risco de deterioração, precisando ser despachadas a qualquer preço. Só em 1920, com a criação dos armazéns gerais, grandes galpões foram construídos pelo governo para estocar as sacas, melhorando as condições de negociação entre ensacadores e exportadores, muito embora coubesse a estes últimos maior poder de imposição de preços. Casas comissárias e exportadoras responderam, finalmente, pela colocação do produto no mercado externo, alocadas em complexas instalações que compreendiam os escritórios, salas para prova, armazéns com máquinas beneficiadoras e locais para preparo das ligas de café.

O bom funcionamento desses grandes escritórios dependia, porém, de vasta mão de obra, representada por trabalhadores braçais – homens e mulheres –, decisivos para seu termo. Retomando aqui de forma sucinta, na sequência do processo de despacho, do momento em que o produto chegava ao porto, tem-se as *costureiras*, para os sacos de café; os *ensacadores*, para preparação do produto; e os *estivadores*, voltados para o transporte da mercadoria devidamente embalada para o navio. Estes últimos, responsáveis pela movimentação da carga no porto, cuidavam da retirada e arrumação da mercadoria – os pesados sacos do grão – nos porões e conveses dos navios. A quebra de uma dessas tarefas, em particular aquela do estivador, implicava sérios transtornos. A possível greve dessa corporação sempre pairou como ameaça, temida pelos "homens do café", e não raro concretizou-se, figurando os estivadores como uma das primeiras categorias profissionais a se organizar em sindicatos e reivindicar seus direitos.

Estrangeiros na economia cafeeira

As grandes firmas exportadoras desempenharam amplo papel em toda a cadeia, muitas vezes se colocando na ponta inicial do processo, quando adquiriram fazendas e passaram também a plantar café. Seria importante situá-las desde aqui, pois permanecem até o presente como instâncias decisivas desse negócio. Percebidas como peças fundamentais da engrenagem da expansão capitalista, algumas empresas de capital estrangeiro que se estabeleceram no Brasil, acompanhando o crescimento da produção brasileira do grão, têm sido objeto de análises econômicas em razão, sobretudo, das inúmeras funções mercantis e financeiras que desempenharam. Não só despachavam o produto, colocando-o no mercado internacional, angariando mais clientes, como ainda realizavam empréstimos e financiamentos aos cafeicultores, acabando por assumir o controle sobre a formação e produção das fazendas, gerando novas formas de propagação da cultura em sua contínua itinerância. Financiando companhias de colonização, propiciaram novas áreas de cultivo, implantadas em terras virgens, assentadas em bases empresariais, por vezes através de *holdings,* que se especializaram na especulação de toda a sorte de dividendos provenientes da comercialização do grão. Ampliaram seu papel de agentes da exportação cafeeira para responder por outros setores econômicos, a exemplo das empresas de urbanização, negócio rendoso nas capitais que se aparelhavam para conformar a imagem de um país que se queria moderno.

A presença do capital estrangeiro no Brasil – longe de ser uma impo-sição isolada dos países imperialistas – resultou de mecanismos inerentes ao avanço do capitalismo internacional. Naquele momento, sua entrada, estimulada pelo governo brasileiro, concorreu para a modernização do país, enquanto garantia a reprodução do capital nacional ao articular a economia brasileira para o mercado mundial. Vale lembrar que o cafeicultor brasileiro – salvo exceções – desconhecia mecanismos comerciais e financeiros para otimização dos lucros auferidos com o café. Muitos já eram até titulados, mas poucos, inclusive, sabiam assinar o próprio nome, em tempos em que muitos negócios ainda eram fechados no fio da barba.

Certo que alguns representantes do setor foram dotados de larga visão e preparo, a exemplo de Nicolau de Campos Vergueiro, atilado homem de negócios, precursor de empreendimentos comerciais e financeiros derivados do setor cafeeiro, bem como introdutor da força de trabalho livre. Outros tantos

199

aprenderam com o capital comercial do tropeirismo, iniciando suas lavouras cafeeiras, otimizando seus lucros. O barão de Iguape – de quem descende a família Silva Prado – e o conde do Pinhal podem ser tomados como exemplos de homens além de seu tempo, com talento para lidar com novas aplicações do capital, com os lucros do café. Assim como os Souza Queirós. Não por acaso, foram estes representantes que se envolveram, inicialmente, com a ferrovia e, em seguida, com a imigração. Mas eram exceções. A maior parte dos cafeicultores, homens rudes que assentaram suas fortunas tão só no capital agrícola, estavam despreparados para lidar com as modernas aplicações do mercado. Colhiam safras milionárias, guardavam os lucros de suas vendas nas burras de seus escritórios, por vezes desconhecendo as operações bancárias e financeiras em curso. Exemplo desse atraso, da parte de muitos, era a defesa da mão de obra escrava até as vésperas da Abolição.

Nesse quadro, a entrada das firmas estrangeiras no Brasil foi inevitável para a inserção do Brasil no mercado capitalista internacional. Convém ao leitor ter conhecimento de pelo menos duas delas – a Theodor Willie & Co. e a E. Johnston & Co. –, das mais atuantes no ramo cafeeiro. Suas atividades derivaram para outros segmentos da economia nacional de forma tentacular, controlando não só o mercado do café, mas ainda os serviços dele decorrentes, que se desdobraram em investimentos financeiros de toda a ordem. Mais que números e estatísticas gerados por essas intermediações internacionais, convém repassar, ainda que sucintamente, a implantação, crescimento e atuação dessas casas exportadoras.

Theodor Willie & Co.

A escolha da firma alemã Theodor Willie & Co., a pioneira em Santos, tem uma razão de ser. Trata-se de empresa exemplar, dadas suas características de agente do avanço do capitalismo internacional na economia cafeeira em sua penetração nos países periféricos, assim como por seu papel de agente poderoso na crescente disseminação do café brasileiro pelo mundo.

Paradigma de investidor, Theodor Willie personificou uma era da exploração capitalista em suas variadas formas, cumprindo os papeis clássicos que o momento demandava para o sucesso do empreendimento. Ao criar a empresa em 1844, a exportação era até então feita pelo porto do Rio de Janeiro. Com vistas largas, Willie inferiu que, dado o avanço registrado pelo vale do Paraíba paulista, já atingindo Campinas, o escoamento do produto só poderia se dar através do porto mais próximo, aquele de Santos. O consumo internacional da bebida na Europa e Estados Unidos vinha com tendência de crescimento, e nesse movimento percebeu um crescimento sem volta. Pelo menos para o espaço de sua geração.

Inicialmente, Willie exportou café, açúcar e algodão, importando o que faltava no comércio brasileiro. Como faltava tudo em matéria de manufaturados, fez entrar no Brasil objetos, produtos e máquinas de que carecia o mercado. Para os fazendeiros que enriqueciam e mudavam o estilo de vida – sobretudo no morar –, as porcelanas e objetos decorativos trazidos pela Theodor Willie & Co. eram o que melhor representava os sonhos de consumo da época.

Theodor Willie permaneceu no Brasil apenas três anos, tempo suficiente para conhecer os mecanismos e tomar providências para seu melhor funcionamento. Com altos lucros, retornou à Alemanha em 1847, fixando residência em Hamburgo. Nunca mais veio ao Brasil. Em seu lugar deixou o sócio, gerente da firma desde sua fundação. De lá administrava severamente toda a negociação, sobre a qual tinha controle absoluto, dominando a complexa engrenagem de câmbio, mercados e bolsas que presidiam o circuito do café.

Inicialmente utilizou veleiros de sua propriedade e, em seguida, beneficiou-se da invenção do navio a vapor, introduzindo-o no porto de Santos. Possuindo frota própria, conquistou clientes pelo mundo, levando nosso grão até o Egito. Em iniciativa ousada, passou a agir com mercados de futuro, comprando o café ainda a ser colhido. Para isso, Theodor Willie tinha boa retaguarda. Apoiado no capital do Banco Alemão e da Siemens & Kalske, de Berlim, investiu em urbanização, adquirindo a Tramway Vila Isabel, a Companhia Carioca de Bondes e implantando a Companhia Telefônica do Rio de Janeiro. Decisiva também sua atuação na arrancada do café para conquista da terra roxa, quando financiou a implantação de várias fazendas naquela nova área.

Desde 1906, a firma teve participação efetiva nos planos iniciais de iniciativa do governo de valorização do café. Como agente comercial do estado de São Paulo, foi das maiores beneficiárias, detendo informações privilegiadas que permitiram melhor planejamento de suas atividades no mercado cafeeiro. Além da comissão a que tinha direito pela compra do produto, possuía visão global das condições do mercado, o que lhe permitia especular não só com o câmbio quanto com os estoques do café. A intervenção estatal no comércio

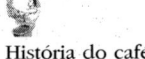
cafeeiro, comprando, através de um empréstimo no exterior, os excedentes para estabelecer o equilíbrio entre a oferta e a procura, trouxe vantagens não só para a Willie, mas também para todos os comerciantes e banqueiros que trabalhavam nas operações. Logo, a integração dos grandes capitais vinculados ao café no esquema das empresas de colonização permitiu a concentração de lucros ainda maiores nas mãos daqueles capitalistas.

A crise internacional de 1913 e a Primeira Guerra Mundial interromperam o sucesso desse plano de valorização. A economia brasileira foi atingida pela redução dos preços em seus principais produtos de exportação, isto é, o café e a borracha. O impacto sobre o mercado cambial foi amortecido devido à atuação da Caixa de Conversão, que manteve a taxa fixa ao contínuo fluxo do capital estrangeiro. Mas, no contexto bélico, a situação da Theodor Willie & Co. tornou-se difícil. Mais ainda quando a Inglaterra se valeu de mecanismos específicos contra os países que ameaçavam sua posição hegemônica, através das *black lists* [listas negras]. Estas listas negras excluíam de seu comércio as nações inimigas, especialmente a Alemanha. A Theodor Willie & Co. foi diretamente atingida pelo boicote inglês, que afetou todas as atividades comerciais e financeiras da firma.

Nessa ocasião, perdeu sua posição dominante no mercado cafeeiro para a Brazilian Warrant & Co., sua principal concorrente inglesa. No setor financeiro a Theodor Willie & Co. de Hamburgo sofreu represálias com a desapropriação de suas ações em Londres. Em 1917, com a entrada dos Estados Unidos e do Brasil na guerra contra a Alemanha, a situação da Willie ficou insustentável. Como medida de segurança nacional e defesa pública, o governo brasileiro determinou o fechamento das casas de Santos e do Rio de Janeiro. A de São Paulo continuou funcionando, mas sob forte controle do governo, que limitou suas atividades praticamente apenas à venda de produtos nacionais.

A inclusão da Theodor Willie & Co. na *black list* da Inglaterra e depois na dos Estados Unidos desestruturou completamente a atuação da firma, e seu fechamento encerrou uma fase. Finda a guerra, as condições impostas pelo conflito foram suspensas e os preços do café começaram a subir, enquanto a geada de 1918 ajudava na recuperação do valor de mercado. Com o estoque mundial abaixado, o estado de São Paulo tinha novamente controle sobre o mercado cafeeiro. Em condições favoráveis, a Theodor Willie & Co. iniciou, em setembro de 1919, o trabalho de reerguimento da firma. Em 1937 era proprietária de muitas terras na região de São José do Rio Preto, colocando à venda doze mil alqueires, que dariam origem à cidade de Votuporanga.

A instalação da Theodor Willie & Co. no Brasil, a exemplo de tantas outras empresas estrangeiras que aqui atuaram, foi parte do crescimento capitalista no quadro de expansão propiciado pela economia cafeeira. Sua fundação, apogeu e decadência representaram mero desdobramento do capitalismo internacional de cujo desenvolvimento dependia, cada vez mais, o setor cafeeiro, base da economia nacional.

Quanto aos ingleses...

Na economia cafeeira, o inglês foi muito mais do que um estereótipo da ferrovia, sobretudo em termos da participação nos negócios do café, quando ampliou a espessa teia subterrânea de relações econômicas presididas pela Grã-Bretanha no Brasil.

A histórica ligação de Portugal com a Inglaterra registrara-se já na Colônia, quando os súditos britânicos contaram com favores aduaneiros, beneficiaram-se com o ouro das Minas Gerais, escoltaram a família real em sua fuga pelo Atlântico, financiaram parte de nossa Independência e, por muitos anos, praticamente controlaram o comércio marítimo do país. Em 1821, o Brasil absorvia mais produtos ingleses que toda a Ásia e quatro quintos de todas as mercadorias vendidas à América Latina. O *made in England* entrava na ordem do dia. A subsequente ligação do Brasil com os banqueiros Rothschilds atravessaria os séculos e, de certa forma, passava a ser legítima a afirmação de que os escritórios comerciais ingleses eram mais poderosos que suas esquadras. Uma quadrinha então corrente ilustra em linguagem popular essa percepção ainda ao tempo do Império:

> Não se pesca mai de rede,
> Não se pode mai pescá,
> Qui já sube da nutiça
> Qui os ingrês comprou o má.

A expressiva presença da frota britânica entre os portos da Grã-Bretanha e do Brasil determinou sua liderança no transporte marítimo, definindo o comércio de importação e exportação entre os dois países, antes mesmo que o café potencializasse essa atividade. Intensificou-se, porém, em meio à notável produção cafeeira, quando do surgimento do navio a vapor. Com frotas bem aparelhadas e casas comissárias em Santos, agilizaram a circulação do produto, da porteira da fazenda ao consumo em mesas europeias, praticamente dominando a sua distribuição.

Uma das mais antigas casas comissárias em Santos era a Vieira Barbosa, que, desde 1864, tinha como gerente o genro do proprietário, dr. Ignácio Wallace Gama Cochrane, engenheiro fiscal da São Paulo Railway. Cochrane seria também um dos fundadores da Associação Comercial de Santos e um de seus diretores, mais tarde deputado na Assembleia Estadual. Outra importante casa comissária foi a Companhia Paulista de Armazéns de Santos, também controlada pelos ingleses. Destaque maior coube ao Grupo Brazilian Warrant, uma *holding* com seu capital investido nas atividades do café. No centro de seus negócios estava a exportadora E. Johnston & Co. Ltd. cujos esforços de Edward Johnston, no princípio do século, pela consolidação de um sistema de *clearing-house* – segundo o qual as bolsas garantem o cumprimento dos compromissos de compra e venda assumidos em pregão –, culminaram na fundação da Bolsa do Café de Santos.

Edward Johnston, nascido em Londres em 1804, filho de funcionário da tesouraria da Marinha, cresceu familiarizado com as possibilidades de expansão que a frota britânica propiciava. Chegou ao Brasil na década de 1820 e aqui permaneceu após a Independência, ingressando na firma das ilhas Canal de F. Le Breton & Co., no Rio de Janeiro. Em 1827, bem estabelecido, casou-se com Henrietta, filha do dr. Charles Alexander Moke, holandês proprietário de uma das mais importantes fazendas de café nas imediações da Corte. Uniam-se, portanto, duas famílias com tradição no conhecimento do cultivo do café e na forma de melhor operar para seu comércio. Após algumas viagens à Europa para inferir as possibilidades do mercado, sobretudo Inglaterra e Holanda, desligou-se da firma das ilhas Canal e fundou a E. Jonstohn & Co., em 1842, com escritório e armazéns na zona comercial do antigo Rio de Janeiro, na então rua do Sabão, mais tarde Visconde de Inhaúma. Tinha como sócios Willian Joseph Havers e o brasileiro João Ignacio Tavares.

A E. Johnston & Co. foi das primeiras importadoras estrangeiras a lidar também com produtos primários, o que não era corrente entre suas pares, desenvolvendo papel de intermediária entre fornecedores estrangeiros e consumidores do Brasil. Edward Johnston, por exemplo, intermediava a venda de café da Tijuca, de propriedade de seu sogro, procurando mercados na África do Sul.

O crescimento da empresa foi constante e sólido, permanecendo como uma das maiores exportadoras de café do país. Mais tarde, a E. Johnston & Co. fundiu-se com a Theodor Wille, praticamente dominando o mercado. Na década de 1920, o controle dos negócios cafeeiros pelos britânicos se ampliou, quando a exportadora E. Johnston & Co. Ltd., a Companhia Paulista de Armazéns de Santos e o grupo Brazilian Warrant desenvolveram papel destacado nesse circuito. Embora as fazendas fossem consideradas uma garantia ruim para empréstimos, após a Primeira Guerra, ampliara-se a base de capital da Brazilian Warrant, e a ideia de gerência e posse de fazendas foi implementada. Os preços estavam baixos em decorrência de dívidas e hipotecas dos fazendeiros, e a empresa diversificou-se formalmente, atuando a partir de então nas plantações de café. Em 1920, a Companhia Agrícola Fazendas Paulistas (CAFP), fundada por Edward Greene, em São Paulo, foi incorporada como subsidiária de propriedade total da Brazilian Warrant para compra da fazenda Santa Eudóxia, com 21 mil hectares, próxima a São Carlos, no caminho da Estrada de Ferro Paulista. Em 1924, quando os preços do café subiram, a firma comprou também os 57 mil hectares da fazenda Cambuí, considerada propriedade-modelo, bem servida de ferrovias. Conta-nos Johnston que:

> A ideia de comprar fazendas de café no Brasil vinha intrigando Edward Greene desde a década de 1890, quando os primórdios da crise do café em São Paulo fizeram com que as fazendas fossem postas à venda no mercado. [...] Greene reconheceu que os baixos preços do café e o acúmulo de dívidas entre os fazendeiros significavam que poderiam comprar propriedades baratas em São Paulo. [...] Essa diversificação garantiria suprimentos de boa qualidade para a exportação. Se as perspectivas para o café piorassem, outros produtos, como o algodão, poderiam ser plantados nas propriedades.

Mas o investimento britânico no café foi além, quando decidiu aplicar também na colonização de terras da margem esquerda do rio Paranapanema. Naquela área já havia alguns núcleos de colonização, iniciativa dos pioneiros Barbosa Ferraz, Alves Lima, Leôncio de Castro, Gastão Vidigal, João Moreira Salles, Ribeiro dos Santos e Gastão Mesquita Filho. Em 1925, os ingleses registram os estatutos da Companhia de Terras do Norte do Paraná, adquirindo três anos depois a Companhia Ferroviária São Paulo-Paraná, mais tarde chamada de Ferrovia do Norte do Paraná, levando seus trilhos para além de Cambará. Estava iniciado o que viria a ser o maior plano de colonização até então realizado por uma empresa privada no Brasil.

Além da colonização de terras, o investimento inglês se dirigiu para a indústria, voltado para a produção de sacos de juta para despacho do produto. A indústria de aniagem comprava a juta da Índia, beneficiando-se do produto monopolizado pelos ingleses. A política de valorização do café, logo após a Primeira Guerra, demandou aumento de sacaria, propiciando mais investimentos no setor. Em 1921, foi criada a Companhia Anglo Brasileira de Juta (CAB), fruto da associação entre John Laird, engenheiro escocês; F.C.S. Ford (banqueiro inglês); James Scott and Sons Ltda. (sociedade comercial e industrial com sede em Dundee); Francis Schepley Speers (banqueiro inglês); Júlio César Ferreira Mesquita (jornalista brasileiro); José Carlos de Macedo Soares (capitalista brasileiro); e Victor da Silva Freire (engenheiro brasileiro).

Interligadas às companhias de navegação, também de britânicos, estavam as companhias de seguros, registrando-se no auge da produção do café, entre 1860 e 1902, o número de 28 seguradoras britânicas de um total de 49 autorizadas a funcionar no Brasil. A Imperial Fire Insurance, de 1863, teria sido a primeira delas. O modelo tornou-se paradigma para as subsequentes iniciativas estrangeiras no Brasil. A "palavra de inglês" conferia credibilidade aos empreendimentos.

Modernidade inaugurada pelos britânicos

Desde a criação da máquina a vapor por Watson e a locomotiva de Stephensons, tornou-se impossível dissociar a modernidade no Brasil de sua procedência britânica. O pioneirismo da Grã-Bretanha na Revolução Industrial levou-a a transportar seus maravilhosos engenhos para vários cantos do mundo. No Brasil, o transplante foi quase imediato quando a atuação britânica, por índole discreta, desabrochou em inúmeras evidências. Economia, engenharia, comunicações, arquitetura, urbanismo e práticas sociais passaram a ter outra visibilidade apoiadas no *know-how* britânico.

Em 1869, fundava-se em Londres a San Paulo Gas Company Ltda., e, em 1872, era feito o primeiro teste com lampiões de gás para iluminação pública; em 1873, o Brasil entrou na era das comunicações submarinas, com o cabo de telégrafo da costa estabelecendo extenso sistema, que serviu o país até a metade do século xx. A Brazilian Submarine Telegraph Company ligou o Brasil e Portugal à Western & Brazilian Company para operar cabos de estabelecimentos da costa, desde Belém, via Rio de Janeiro até o Chuí; em 1899, criava-se a The São Paulo Tramway, Light and Power Co. Ltd., com carta-patente concedida pela rainha Vitória. Em 1936 apagava-se o último lampião de gás da cidade. O carvão, para tantas operações, também provinha da Inglaterra.

Concomitantemente, estabelecimentos comerciais modernos da Grã-Bretanha, os grandes magazines, instalaram-se no Brasil, em particular no

Rio de Janeiro e São Paulo. A Casa Crischer, no Rio de Janeiro, e a Mappin Web, em São Paulo, marcaram época.

O urbanismo à inglesa foi outra contribuição, que até hoje marca algumas de nossas cidades. A arquitetura do ferro, por exemplo, chegou exatamente através dos trilhos ferroviários, e o Brasil foi um bom mercado para absorver o modismo. Inclusive o ferro que a Bélgica exportava, proveniente de sua colônia no Congo. Nesse tratamento decorativo, predominou, porém, a conceituada firma inglesa MacFarlane, que enfeitou a Estação da Luz de São Paulo e outras tantas edificações nas capitais brasileiras. Da ornamentação, os britânicos passariam ao traçado urbano. Em 1917, os arquitetos Barry Parker e Raymond Unwin projetaram o primeiro bairro-jardim para São Paulo, o Jardim América, introduzindo nova concepção de moradia, em área incorporada pela City of São Paulo Improvements & Freehold Land Co., até o presente desenhando novos bairros na planta da cidade de São Paulo.

A despeito da festejada influência francesa na cultura do país, eram os ingleses que marcavam nosso cotidiano, fosse na iluminação das casas, no trajeto do bonde, na infraestrutura que aparelhava as cidades e, sobretudo, na colocação do café no mercado, que rendia aos cafeicultores e demais negociantes do produto a abastança que lhes permitiu vida faustosa e elegante. Curiosamente, porém, o desfrute das safras generosas se dava em Paris.

No país agrícola, revistas "agronômicas"

Em 1890, a balança comercial do Brasil era representada pelos produtos agrícolas, com predomínio do café. Nossas "indústrias" eram reveladas ao mundo através das exposições industriais internacionais, divulgando a produção de um país, até então, tocado a escravos. Mesmo por volta de 1917, a despeito dos movimentos grevistas, ainda éramos um país agrícola. Embora a base da riqueza paulista proviesse do campo e alguns fazendeiros até qualificassem a produção, o lavrador brasileiro lidava com técnicas primitivas no amanho do solo e cultivo dos produtos da terra. Mesmo o cafeicultor paulista do novo oeste do estado, tido como inovador na mecanização agrícola, mostrava-se refratário a aplicações econômicas que qualificassem e potencializassem o produto. O país rural não dispunha de escolas agrícolas e o encaminhamento de políticas para o setor, embora tentado, sempre permaneceu letra morta.

Um primeiro corte nesse panorama de acomodação se deu a partir de 1895, em decorrência da crise no setor cafeeiro. À euforia da repentina subida de preços do café, entre 1886 e 1895, sobreveio a baixa cotação internacional do produto, desarticulando fortunas, propriedades e trabalhadores do campo. Abalava-se a comodista tradição do lavrador brasileiro, apoiado na grande propriedade monocultora, na figura do comissário e no estilo perdulário de vida. Lidar com a nova situação exigiu um proprietário mais informado e atento, capaz de gerenciar mão de obra competitiva, vendas diretas de café aos escritórios estrangeiros, mecanismos para obtenção de crédito e, sobretudo, a necessidade de enfrentar o retalhamento da propriedade.

Para esse novo fazendeiro, que, a despeito de perdas, ainda era um consumidor com bom poder aquisitivo, a necessidade de informação justificava o investimento no periodismo agrícola. Ou, conforme denominação da época, *publicações agronômicas*. O gênero começou modesto, mas, entre 1912 e 1930 houve um aumento de títulos da ordem de 47,8%. Nesse sentido, as revistas agrícolas prestaram grande serviço ao agricultor e indiretamente acabaram por ampliar o público leitor. Atingiram o reticente leitor masculino e alcançaram, inclusive, a leitora feminina.

Nos bastidores da oligarquia

É no mínimo estranho que dois médicos, dr. Carlos José Botelho e dr. Luís Pereira Barreto, se colocassem à frente de uma das primeiras publicações voltadas para a lavoura da República. Mas foi o que aconteceu com a *Revista Agrícola,* orgão da Sociedade Pastoril e Agrícola, cujo primeiro número circulou em 1º de junho de 1895. Ocorre que ambos possuíam trajetória comum, com raízes no campo e passagem pelos centros avançados da Europa, descendentes de famílias de agricultores titulados do Império. Com seus patrimônios assentados na grande propriedade, já diversificando seus capitais, colocavam-se na vida pública como cidadãos, envolvendo-se com os destinos do país, empenhados em divulgar conhecimentos de forma sistemática para o crescimento qualificado da lavoura.

Carlos José Botelho, primogênito do conde do Pinhal, graduou-se em Medicina por Paris. Com fazendas na região da Baixa Paulista, voltou-se para investimentos agrícolas e zootécnicos, criou em 1892 o Jardim da Aclimação e o Zoológico de São Paulo, primeiro posto zootécnico do Brasil, foi secretário de Agricultura do Estado no governo de Jorge Tibiriçá, de 1904 a 1907, e presidente honorário da Exposição Nacional do Rio de Janeiro, em 1908. Envolveu-se, também, com a criação da Escola de Agronomia Luiz de Queiroz, em Piracicaba.

Luís Pereira Barreto, descendente de família de fazendeiros do vale do Paraíba, cursou escola superior em Montpellier, passando para a Universidade de Bruxelas, onde frequentou os cursos de Medicina e Ciências Naturais. Doutorado em Medicina, regressou ao Brasil, clinicando em Jacareí. Ali deu início aos experimentos com hibridação do café, que resultou na variedade *bourbon*, mais apta ao nosso solo. Como político, foi presidente da Assembleia Constituinte Republicana e membro do Senado paulista. Em 1895 fundou a Sociedade de Medicina, embrião da Faculdade de Medicina de São Paulo. Com forte envolvimento com o campo, estudou as raças bovinas, especializando-se no caracu, e desenvolveu experiências com sementes rústicas de uva europeia, produzindo espécime apropriada para consumo no Brasil.

A *Revista Agrícola*, publicação mensal, de apresentação esmerada, reunia o que de qualificado havia no conhecimento científico da matéria. Na redação, além de Carlos Botelho e Luís Pereira Barreto, estavam as presenças brilhantes de Domingos Jaguaribe, Orville A. Derby, Theodoro Fernandes Sampaio, Barbosa Rodrigues, Gustavo R. Pereira D'Utra, Luiz V. de Sousa Queiróz, Bento de Paula Souza, Hermann Friedrich Albrecht von Ihering. Eram os melhores nomes da produção científica em São Paulo, naquele momento, em consonância com cientistas nacionais e estrangeiros. A começar pelo geólogo americano Orville A. Derby.

O periódico circulou como *Revista Agrícola* até 1907, pois, em janeiro de 1908, foi adquirido por Augusto Ramos, engenheiro e profundo conhecedor da matéria, mudando o título para *O Fazendeiro*, mais especializada ainda ao anunciar no subtítulo: "Revista mensal de agricultura, indústria e comércio, dedicada especialmente aos interesses da lavoura cafeeira". *O Fazendeiro*, publicação de apresentação superior, em papel couché, fartamente ilustrada, anunciava em artigo inaugural que vinha "suprir uma lacuna", e nesse caso a da "inexistência de uma revista especializada sobre o café em amplo espectro, como existe em outros países sobre o açúcar, o fumo etc. [...] No maior país produtor desse precioso artigo não se conhece uma revista que abranja todo o imenso campo que interessa: o cultural, o comercial e o econômico".

A publicação cumpriu também papel intermediário entre a Secretaria de Agricultura e o público, repassando gratuitamente livros técnicos e semen-tes, cobrindo toda sorte de informações, com muito reclame de produtos e artigos para a lavoura. Mantendo a qualidade do corpo editorial, escreviam em 1908 Augusto Ramos, Germano Vert, Everardo de Souza, Paulo Rangel Pestana, Dias Martins e Lourenço Granato. Esse último, autor da *Coleção de*

Breves Tratados de Agricultura Elementar, em 10 volumes, oferecia desconto de 10% na obra ao assinante que adquirisse a coleção, recurso estratégico de venda de ambos os produtos, da revista e do livro. A sobrecarga de funções de Augusto Ramos e o tino comercial de Granato, que era também diretor da *Revista da Sociedade Científica de São Paulo,* levaram o último à aquisição de *O Fazendeiro,* em 1910, passando de gerente e colaborador a proprietário. Ao encetar a primeira edição do ano III, em janeiro de 1910, Granato anunciava a seção Especial, "relativa ao nosso principal produto, o CAFÉ".

Ali também se colocava o debate sobre imigração, com os dramas que carregava, do mau cumprimento de contratos ao abandono das terras pelo colono. Atendia, igualmente, ao capitalista empreendedor do setor cafeeiro e às companhias exportadoras. Ao transformar-se em *O Fazendeiro,* após treze anos de existência, duração longa em termos de publicação periódica, acabou por conformar um novo mercado leitor, representado pelo homem do campo, mas não só. Comerciantes diversos ali anunciavam, enquanto a publicação atingia especuladores econômicos em geral. Acima de tudo, *O Fazendeiro* era uma revista exclusiva sobre o café. Anos mais tarde, em 1915, na diretoria de Navarro de Andrade, a excelência da publicação era mantida, registrando-se, em 1916, entre outros nomes de valor, a colaboração de Monteiro Lobato, ainda fazendeiro, em vésperas de tornar-se editor. Em 1921, circulou o último número conhecido de *O Fazendeiro.*

A publicação — fosse como *Revista Agrícola,* a partir de 1895, ou como *O Fazendeiro,* após 1908 — testemunhou e registrou as vicissitudes da economia cafeeira, em momento histórico de importância para o setor e para o país. Seu lançamento, em 1895, se dera em momento crucial para a cultura cafeeira no Brasil, que produzia então cerca de 70% do café mundial, o que lhe permitia exercer uma influência poderosa na oferta. Na subsequente baixa de preços, sua trajetória se desenvolveu correlata a essa crise, à seguinte de superprodução, de 1900 a 1905, que culminou com o Convênio de Taubaté — primeiro plano oficial de valorização do produto, de 1906.

Mas a revista sobreviveu aos tempos difíceis da guerra, driblando, inclusive, a crise do papel. Os impasses da imigração, o êxodo dos colonos, a difícil implantação dos núcleos coloniais particulares, os passos da mecanização da lavoura, a necessidade de diversificação de culturas e, sobretudo, a luta para o fracionamento da grande propriedade foram algumas das temáticas documentadas em suas páginas. A *Revista Agrícola* esteve igualmente com a oligarquia, quando esta foi ameaçada pelo Decreto nº 1.090, que impunha taxas para ocupação de terras virgens, dificultando seu avanço para a frente pioneira. A ampla cobertura dada pela revista ao Congresso de 1903, que reuniu na cidade de São Paulo "um milhar de fazendeiros" que se opunham à lei, demonstrava o compromisso exclusivo do periódico para com o cafeicultor. A *falta de braços para a lavoura*, reiterada queixa dos fazendeiros, mereceu ali grande espaço, sobretudo com a nova escassez de mão de obra, após a Primeira Guerra. Em 1919, a revista denunciava que a força de trabalho estava numericamente aquém do desejado e que sessenta mil famílias de colonos eram necessárias para trabalhar na lavoura do café.

Sabe-se hoje que essa reivindicação nada mais foi que meio de pressão para uma permanente obtenção de subsídio disfarçado, quando a formação de fazendas transformou-se num novo e grande negócio.

Fechando o círculo de sucesso, o periódico revelou-se propagandista eficaz, espaço recorrente de anunciantes de produtos agrícolas e afins. Nascida à sombra do poder e presidida por orientação oligárquica, a *Revista Agrícola* e sua continuadora, *O Fazendeiro,* serviram àquela facção, tornando-se capciosamente sua porta-voz, atuando em favor dos interesses do grupo que as sustentavam, sobretudo quando ameaçados. Inegável, porém, sua competência ao tratar de temas técnicos pertinentes às lides agrícolas.

Os pequenos jornais também foram de muita utilidade para os agricultores. Alguns eram patrocinados pelas casas comissárias, como *O Café,* de 1902, semanário, iniciativa da Casa Comissária Raul Rezende de Carvalho & Irmão. Extremamente técnico, seu conteúdo voltava-se para cotação de preços do produto e respectivo câmbio, quadro demonstrativo de suas oscilações, movimento nos mercados estrangeiros, fretes marítimos, cotações por "tipos americanos", anúncios de firmas de corretagem, propaganda de produtos agrícolas.

Até mesmo iniciativas estrangeiras tentaram o segmento promissor. Em 1906, circulou *O Mercúrio*, revista de propaganda comercial de café, pertencente a um grupo exportador.

Chácaras e Quintais foi outra publicação brasileira de sucesso, fundada pelo italiano conde Amadeu A. Barbiellini em 1º de janeiro de 1910, estendendo-se até a década de 1960. A "revistinha", assim vista pelo seu pequeno formato, fez parte do cotidiano do médio e pequeno agricultor. Mais elucidativo, porém, do panorama daquelas "revistas agronômicas" será deixar o leitor com a apreciação de Paulo Duarte (1899-1984), intelectual sensível de seu tempo, jornalista, contemporâneo de todas aquelas publicações marcantes no universo cafeicultor:

Em 1910, [...] aparecia em São Paulo uma excelente revista agrícola que ainda existe, *Chácaras e Quintais*, editada por Amadeu Barbiellini. Até então o órgão por assim dizer oficial dos agricultores era uma publicação norte-americana, que dava uma edição também em espanhol: *La Hacienda*. É preciso não esquecer que existia já uma excelente revista agrícola, *O Fazendeiro* (1908), de Augusto Ramos e Lourenço Granato, que teve vida relativamente longa; que a Secretaria da Agricultura de São Paulo iniciara já a publicação de folhetos e monografias dedicados exclusivamente à Lavoura, mas é preciso não esquecer também que *Chácaras e Quintais*, pela sua constância e pontualidade, foi quem iniciou a libertação agrícola da imprensa estrangeira, pois só mais tarde as publicações oficiais e outras teriam o prestígio necessário a influenciar realmente o interior do Estado, como aconteceu com aquela Revista, cuja penetração, mercê de sua organização e dos ensinamentos dados de maneira singela e compreensível, foi enorme em todo o Brasil. Pode-se alinhar ao lado dessa influência apenas a de Manuel Lopes de Oliveira Filho, o conhecidíssimo Manequinho Lopes, cujos artigos originalíssimos em *O Estado de S. Paulo*, muitos anos mais tarde e enquanto vivesse o seu autor, seriam um verdadeiro oráculo para todo o interior do Brasil. [Sic]

Não seria excessivo – aliás, pelo contrário – encerrar esse circuito pelas revistas agrícolas nomeando um quinzenário literário, lançado em 1926, por modernistas de São Paulo. Era *Terra Roxa e Outras Terras*, publicação voltada para a "afirmação nacional" e a divulgação do "espírito moderno". Vinha com direção de A. C. Couto de Barros e Antônio de Alcântara Machado e trazia colaborações de Mário de Andrade e Oswald de Andrade. Durou pouco, quase um ano, mas deve-se a ela um feito extraordinário para a época: a compra em leilão da livraria Maggs Bors., de Londres, da carta-autógrafa de José de Anchieta, datada de 15 de novembro de 1579, um domingo. Para isso, contou com a intermediação de um dos raros "mecenas do café", o fazendeiro Paulo Prado, que na época afirmou: "Governo ou particular, dinheiro do Tesouro ou subscrição pública, seja como for, é preciso que o autógrafo de Anchieta volte para donde partiu séculos atrás. Custa duzentas libras: o valor de trinta sacas de café".

A subscrição foi imediatamente angariada entre fazendeiros pela revista *Terra Roxa e Outras Terras*. Em cinco dias, a carta estava comprada pelo telégrafo, por trinta sacas de café. Em cerimônia especial, foi entregue ao Museu Paulista, dirigido então por Afonso d'E. Taunay, nosso mais completo historiador do café. Relatando o fato a um amigo, por carta de 25 de janeiro de 1926, Paulo Prado concluía:

Em São Paulo faltam pretextos para a generosidade dos ricos nessas questões de inteligência. Este que descobri é ótimo para emulações miliardárias. Trinta sacas de café. A *Terra Roxa e outras Terras* já preparou a tulha. Não perturbem o serviço.

Cafeicultores se organizam

Até os primeiros anos da República, a Associação Comercial de Santos (ACS) foi a única instituição voltada para os interesses do ramo mais importante da economia nacional. Criada pelo Decreto Imperial de 7 de junho de 1871, cuidou de estabelecer oficialmente os preços, de acordo com os índices do mercado internacional, controlar estoques e padronizar tipos de café para atuar no setor. Presidida por homens de expressão, atuou na defesa do produto, ciente da necessidade de aparelhar a cidade portuária que se transformara no maior porto do mundo em exportação de café. Ali, implantou uma rede de serviços – com ênfase no serviço sanitário – e chegou a funcionar como instituição responsável pelo poder público local. Até o presente em destacada atuação nos negócios do café e na vida da cidade, figura como patrimônio-referência para o país.

Todavia, o volume e porte da economia cafeeira exigiam uma agência reguladora específica para o comércio das safras. Razão pela qual se deu a criação da Bolsa do Café, em 1914, na cidade de Santos, que, entre outras funções, cuidava da pauta do produto e controle dos estoques.

Em 1919, a fundação da Sociedade Rural Brasileira (SRB) vinha como nova instituição a atestar a importância dos negócios agrícolas (leia-se "negócios do café"), uma iniciativa dos empresários do setor. A princípio cuidou também dos interesses dos criadores de gado, administrando sua comercialização, mas, a partir de 1921, restringiu-se ao setor agrícola, em particular aquele do café, procurando a modernização dos negócios, a diversificação da agricultura, atendendo aos vários interesses agrários.

A presença dessas instituições reguladoras e fomentadoras, assim como a rede de novos profissionais que se envolveram com a comercialização do produto, fizeram de Santos a cidade que mobilizava homens, máquinas, políticas e mercados. Ali se media o pulso febril do mercado do café.

Com tantas referências a Santos, é conveniente nos determos na cidade que, ainda hoje, é o maior porto de café do mundo. Naquele centro urbano que se aparelhou para receber e despachar o grão, de cotidiano nervoso e

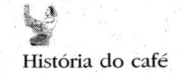

Associação Comercial de Santos, patrimônio de referência dos negócios de café, foi fundada em 1871. Estabeleceu oficialmente os preços de acordo com os índices do mercado internacional de café.

Santos, do porto de trapiche ao porto moderno

Pelas ruas [...] esbarra-se um enxame de gente de todas as classes e de todas as cores, conduzindo contas comerciais, cheques bancários, maços de cédulas do tesouro, latinha chatas com amostras de mercadorias. Enormes carroções [...] transportam da estação para os armazéns, [...] para o embarcadouro, os sacos empanturrados, regurgitando de café.
Júlio Ribeiro, 1888

ares cosmopolitas, ainda há evocações de pregões pelo ar. Mais que isso, na força de seu patrimônio edificado, expressam-se a história e a memória de um momento de esplendor da cultura cafeeira no Brasil.

"Café Santos, o melhor do Brasil!" ou café "Santôs", como preferem alguns, para os quais esta denominação de parte do café brasileiro derive do nome do inventor do aeroplano, Alberto Santos Dumont. A suposição não seria infundada, se lembramos que nosso herói dos ares era filho de uma das mais expressivas famílias de fazendeiros, identificada como produtora do café superior da terra roxa da Mogiana. E mais: naquela alegre *Belle Époque*, o *Petit Santôs* – conforme era conhecido –, em figurino de dândi, criou com seus feitos uma imagem qualificada, *marketing* certeiro para o país. *Santôs, Brasil* e *café* eram associações que ocorriam de imediato e passíveis de batizar um produto superior. Apesar de tantas coincidências, a denominação "café Santos" decorre, isto sim, do porto de Santos. Era prática corrente atribuir o nome do porto exportador aos grãos despachados. Tanto é que se conhece o "café Rio", proveniente daquele porto, considerado inferior, conhecido como riado. Não por acaso, a denominação "café carioca" diz respeito ao café mais fraco, fosse pelo tipo de café produzido nas lavouras do Rio de Janeiro como também pela menor quantidade de pó utilizada no preparo da bebida.

A força do nome do porto de Santos dá a dimensão da importância desta cidade, que, antigo "porto de sal", se transformou em "porto de açúcar" e tornou-se, a partir de 1854, em "porto do café", com quase 80% da movimentação exportadora total brasileira. Com a inauguração dos trilhos da São Paulo Railway, a Ingleza, em 16 de fevereiro de 1867, vencendo

Peças publicitárias selecionadas no 1º Concurso de cartazes de propaganda de café, realizado pelo Instituto do Café, em 4 de fevereiro de 1935. Na Exposição do Cine Alhambra, em São Paulo, foram expostos os trabalhos de 60 concorrentes, perante um júri especializado, do qual fazia parte o artista Washt Rodrigues.

os contrafortes da serra do Mar e facilitando o escoamento do produto, Santos assenhoreou-se do mercado paulista, ultrapassando definitivamente os outros portos litorâneos, formalizando o binômio São Paulo-Santos, estabelecendo uma infraestrutura decisiva para o comércio cafeeiro, iniciativa de importância para a então província. Entrando no século xx, a cidade era o maior escoadouro de café do mundo, superior ao porto do Rio de Janeiro.

Mas, até 1866, Santos ainda guardava feição colonial, simples porto de trapiches, cidade assombrada periodicamente pelo flagelo das epidemias, registrando-se em 1844 o primeiro surto de febre amarela, vinda do Rio de Janeiro, que reapareceu quatro vezes na década de 1850. Centro receptador de escravos que se refugiavam na cidade portuária, abrigando-se no quilombo do Jabaquara, recebeu também as levas de imigrantes encaminhados para as fazendas do interior paulista. Sua diversificada população trabalhadora era constituída, sobretudo, por portugueses, espanhóis e brasileiros de procedência variada.

O aprimoramento das comunicações gerado pela ferrovia e a intensificação do comércio exportador determinaram sua inserção no processo de modernização

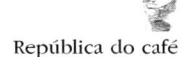

O porto de Santos, com seus velhos trapiches e pontes de madeira, transformou-se no maior polo exportador do país. No início do século xx o porto paulista superou o porto da cidade do Rio de Janeiro em número de exportações. Acima, foto de 1870, de Marc Ferrez, e, abaixo, imagem do porto no século xxi. O porto de Santos ocupa, hoje, a 39ª posição no *ranking* mundial de movimentação de cargas conteinerizadas.

material. Em 1888, os empresários Cândido Gaffrée e Eduardo Guinle, do Rio de Janeiro, ganharam a concorrência para reforma do porto, obra cujos primeiros 260 metros foram entregues em 1892. A subsequente construção de armazéns, o proliferar de firmas comerciais, a instalação de bancos desde 1870, com o Banco Mauá & Cia., a construção de abrigos para a população imigrante e também a multiplicação dos "cortiços" conformaram uma nova cidade. A função de porto exportador transformou-a em centro cosmopolita, polo comercial de circulação de mercadorias e negócios, espaço de poder.

Com sua remodelação física, a antiga rua Direita, localizada no coração da área central, transformou-se na movimentada rua xv. Estrategicamente, estendia-se da estação ferroviária, no antigo bairro do Valongo, até a atual praça da República, onde ficava o prédio da alfândega. Nela estavam sediados os escritórios que realizavam os vultosos negócios do café, abrigando também a sede da poderosa associação comercial, espaço onde ocorriam as solenidades mais significativas, festas de teor cívico e manifestações públicas.

O aumento prodigioso da população ilustra o crescimento da cidade, que se consolidou como a grande "praça do café". No ano de 1872 sua população era de cerca de 9 mil habitantes. Em 1900, este número se elevou para 50 mil habitantes. E em 1935, a despeito dos tantos problemas do setor cafeeiro, a população de Santos atingira a casa de 142 mil habitantes.

Na cidade que se enfeitara com palacetes, vida social intensa, que tinha no Clube xv um dos espaços sofisticados, com hotéis de grande porte, estabelecimentos culturais de expressão, associações comerciais de vulto, destacava-se o edifício da Bolsa do Café. Até 1929, figurou como símbolo de poderio nacional, expressando na construção grandiosa a força econômica do país.

Bolsa Oficial do Café – Palácio do Café

A Bolsa do Café de Santos foi criada em 14 de junho de 1914 e instalada em 2 de maio de 1917, em salão alugado na rua xv. Vinha ao encontro das complexas demandas do comércio cafeeiro, com os objetivos de centralizar e normatizar as operações, definindo regras disciplinadoras, apurando, registrando e divulgando, diariamente, a cotação do grão nos mercados interno e externo. A avaliação e classificação seriam feitas por uma comissão de peritos oficiais, aprovados em concurso. Acima de tudo, tratava-se de instituição para garantir os negócios de futuro. Seu presidente – sempre uma figura de alta posição e prestígio – deveria ter respaldo do governo federal e estadual.

O crescimento de suas atividades determinou a construção da sede própria, em terreno de esquina da rua xv, com lançamento da pedra

A bolsa do Café era um reflexo do esplendor econômico do apogeu cafeeiro. Palacete inaugurado em 7 de setembro de 1922, simbolizava o esplendor de uma época que já entrava nos seus estertores.

fundamental em 27 de abril de 1920. A obra, feita pela Companhia Docas de Santos, então presidida por Roberto Cochrane Simonsen, foi concluída em dois anos. Sua inauguração se deu quando das comemorações do Centenário da Independência, em 1922, resultando em mais um monumento simbólico daquela celebração. Do brasão da Independência à construção da bolsa, a história do país continuava a ser contada pelos ramos de café.

No então denominado Palácio do Café, a economia do país tinha seu principal termômetro, ao som dos pregões que pautavam os preços e as vendas dos grãos. Dali o produto era comercializado para o mundo, consolidando a imagem do país de maior produtor mundial. Visto como "sede do Partido Republicano Paulista", sofreu rude golpe na crise de 1929, quando as exportações despencaram de 95 milhões de libras esterlinas para uma média anual de 38 milhões, entre 1931 e 1935. Suas atividades diminuíram e o edifício teve que ser fechado em 1937.

Em sua materialidade e pujança, porém, permaneceu como um dos mais expressivos marcos da economia cafeeira, testemunha de um momento de apogeu. Seu partido arquitetônico e ornamentação contam parte significativa desta história. A fachada principal volta-se para a rua xv, onde oito colunas dóricas sustentam o frontão, ladeado por Mercúrio, deus do comércio, e Ceres, deusa da agricultura. Um relógio baliza a racionalidade da nova medida de tempo, enquanto, ao alto, uma cúpula renascentista é coroamento para as mensagens das esculturas que sinalizam a riqueza do campo e da cidade. Em seu interior, após o saguão de mármore, chega-se ao salão dos pregões, ricamente decorado. Trabalhos em relevo, bronzes franceses, cristais belgas, vitrais multicoloridos, móveis de jacarandá, compõem o ambiente majestoso. Agregando-lhe história e tradição, uma tela de Benedito Calixto reproduz a Fundação de Santos. Coube também ao artista desenhar os vitrais da abóbada, executados pela Casa Conrado, de São Paulo.

Hoje, o edifício abriga o Museu do Café, tombado pelo Patrimônio Federal e Estadual como monumento celebrativo de um momento de esplendor do café.

Riscos da plantação: geadas, doenças e pragas

O clima era favorável, mas os riscos climáticos, constantes. A começar pelas geadas, fatais para a colheita. Ficou famosa a de 1822, que demonstrou a temeridade daquela lavoura aos iniciais cafeicultores. Consta, inclusive, que por esse motivo vários agricultores voltaram-se para o plantio do chá, a exemplo do marechal Arouche, que se dedicou a seu cultivo onde hoje, na cidade do café, se ergue o Viaduto do Chá, referência histórica e urbanística da capital. A província de São Paulo, só na primeira metade do século XIX, foi assolada três anos seguidos por severas geadas, em 1841, 1842 e 1843.

Temidas pelos cafeicultores, favoreceram algumas vezes o equilíbrio dos estoques, permitindo a elevação do preço do produto no mercado internacional, a exemplo das geadas de 1870 e 1871, em São Paulo, ou mesmo a manutenção dos preços, por ocasião das geadas de 1912 e 1918. A geada de 1918 ficou famosa não apenas pela intensidade com que atacou as plantações, mas também por equilibrar os estoques e favorecer a manutenção dos preços no quadro de uma longa crise de superprodução que se manifestara desde 1895. No estado paulista, o ano de 1918, marcado por inúmeras dificuldades, é lembrado como "o ano dos 4 gês", em decorrência da Geada, de uma nuvem de Gafanhotos que invadiu os cafezais, do término da Primeira Guerra (1914-1918) e da Greve operária registrada na Capital (1917). Uma especial descrição de suas consequências se encontra na obra *Terra roxa*, de Rubens do Amaral, escrita em 1922, na cidade de Jaú. Como fenômeno climático, foi apreendida por Antônio Lourenço Corrêa, agricultor, residente em Araraquara, que deixou consignado no "livro de assentos", iniciado por seu pai, uma preciosa informação daquela calamidade:

> 1918. No dia 25 e 26 de junho do corrente ano, houveram [sic] geadas em todo o Estado de S. Paulo, que quase em absoluto pode dizer-se que ficou liquidada a lavoura cafeeira de S. Paulo, cousa nunca vista que causou pavor ao ponto de matar gente, cavalo, porco, passarinhos, galinha e até peixes. Precedeu a geada, no dia 24, uma chuva fina acompanhada de um vento cortante de atravessar o sobretudo e sobre a tarde limpou o tempo. Cousa notável, a geada caiu com o vento Norte e Noroeste.

Em 1975, outra geada marcante destruiria as plantações do Paraná, estado que se colocara a partir de 1960 como responsável por 40% do total nacional da produção cafeeira. No ano de 2000, as lavouras do serrado mineiro também sofreriam com a intempérie, mas sem perda significativa de produção.

As doenças e pragas representavam riscos ainda maiores de destruição quase que completa dos cafezais. Não há registro de muitas delas ao longo do século XIX, dado que eram plantações recentes, lavouras novas, em áreas até então virgens. Ao longo do século XX, porém, foi permanente o temor do fazendeiro. Entre as doenças, a *ferrugem* era e ainda é a mais comum a afetar

221

os cafeeiros, temida, combatida, mas reincidente. Havia ainda a *Ascochyta*, propiciada pela umidade; a *cercosporiose*, que atingia, sobretudo, os pés debilitados; a *Phoma*, que atacava folhas, galhos e frutos; a *Pseudomonas*, com ação devastadora, ainda na fase dos viveiros; a *Rizoctoniose*, que atingia mudas e plantas novas; a *xilela do café*, provocada por uma cigarrinha.

Quanto às pragas perniciosas ao cafezal, entre as mais conhecidas e temidas até o presente permanecem o *ácaro vermelho*, cujos ataques determinam a perda de brilho natural das folhas; o *bicho mineiro*, uma das maiores preocupações das regiões produtoras; a *broca*, que ataca o grão verde, maduro ou seco; as *cigarras*, percebidas quando o solo aparece perfurado; a *cochonilha*, que tem a maior incidência favorecida pelas temperaturas altas; as *lagartas*, cujos ataques decorrem do desequilíbrio ecológico; a *mosca do café*, cuja larva perfura os tecidos das raízes; as *nematoides*, fêmeas que podem produzir de 500 a 2 mil ovos.

Dois outros inimigos do cafeeiro são responsáveis por grandes estragos no cafezal: as *formigas*, especialmente as saúvas, e a *erva de passarinho*. Aquelas são capazes de destruir um cafezal inteiro; estas, trepadeiras que se enredam no pé de café, retardam-lhe o crescimento.

Instituições de pesquisa

A monocultura cafeeira representava a economia do país, mas poucas iniciativas haviam sido implementadas pelo governo até o final do século XIX para o encaminhamento técnico e científico de seus problemas. Em 1886, a criação da Comissão Geográfica e Geológica de São Paulo (CGG) foi um primeiro passo. Sua origem estava fortemente amparada pelos cafeicultores, conjugando a concepção da ciência institucionalizada com as necessidades imediatas da expansão econômica. Entre os objetivos do órgão estavam elaboração de mapas, levantamento de informações de caráter científico sobre geografia e geologia e ampla exploração dos recursos naturais e reconhecimento da terra, com vistas a subsidiar investimentos econômicos.

O propositor do projeto, o deputado Antônio Carlos de Arruda Botelho, então visconde do Pinhal, em discurso veemente, discorreu sobre a precariedade com que se atuava nas terras da província. Observe, leitor, que já se estava na década de 1880, o Brasil era o primeiro produtor mundial e nossas terras, ainda desconhecidas! A indignação que subjaz ao texto tem toda a procedência:

> sabem todos a extensão da província de São Paulo, e quanto ainda há coberto e por assim dizer, desconhecido. Devem também saber

que é justamente nessa parte mais desconhecida da província, onde a qualidade das terras se ostenta na sua maior uberdade, é justamente nessa parte onde se acham conciliados a uberdade da terra com o clima temperado, primeira condição de nossa principal lavoura, que é a do café. Entretanto, vêm-se os administradores da província embaraçados e embaraçadíssimos, porque seus próprios engenheiros fiscais também embaraçam-se pelo mesmo motivo, sem a falta de conhecimento topográfico da província. Há um pedido de privilégio, não se apresenta um mapa, porque não há e assim vai se contratando às vezes serviços com prejuízo até de direitos adquiridos, vai-se vetando a esmo os privilégios. Os engenheiros da província não podem levantar uma carta topográfica sem que façam para isso os necessários estudos, que demandam de um reconhecimento geral, que só se pode obter por uma comissão composta de homens profissionais, devidamente habilitados com os indispensáveis instrumentos, com os quais possam se habilitar devidamente para um trabalho seguro e positivo.

A CGG foi dirigida de 1886 a 1904 pelo geólogo norte-americano Orville Derby, quando foram realizados estudos aprofundados nas áreas de Geologia, Botânica, Geografia, Paleontologia, Zoologia e Topografia. Sua atuação científica, porém, de pesquisas minuciosas e morosas, desagradou fazendeiros e governos, preocupados com interesses mercantis imediatos, visando a rápida sinalização de zonas rendáveis para o café. Todavia, a vergonhosa mancha a oeste nos mapas paulistas com a inscrição "território de índios selvagens" – vergonhosa pelo tardio conhecimento de importante área do país – começava a ser removida.

Ainda ao final do Império, em 27 de junho de 1887, D. Pedro II criou, por solicitação de cafeicultores da província paulista, a Estação Imperial de Campinas, que seria mais tarde o Instituto Agronômico de Campinas. A entidade se tornou modelar, contando na primeira fase com a direção do químico austríaco Franz Josef Wilhelm Dafert, em gestão competente, de 1887 a 1897, contando com a colaboração de Frederico Maurício Draenert (Imperial Escola Agrícola da Bahia), Hermann Friedrich Albrecht von Ihering (Museu Paulista) e Orville Adelbert Derby (Comissão Geográfica e Geológica de São Paulo). Por muitos anos, a instituição responderia de forma solitária pelas pesquisas e estudos dos problemas da lavoura cafeeira.

Com a República, o reconhecimento da necessidade de mais conhecimento na área fez com que o governo paulista se interessasse pelo aparelhamento científico do Estado. Em 1897, instituiu o curso de Engenharia Agronômica como integrante dos cursos da Escola Politécnica de São Paulo.

Mais complexa, no entanto, foi a criação da atual Escola Superior de Agricultura Luiz de Queiroz, hoje da USP (Universidade de São Paulo), decisiva para o desenvolvimento dos estudos da área. Mais uma vez, a iniciativa fora de caráter particular. Em 1892, o cafeicultor e agrônomo Luiz de Queiroz (1849-1898), ciente da carência de escolas especializadas, acabou por doar ao governo sua fazenda São João da Montanha, em Piracicaba, para a instalação de uma escola agrícola. Doava com todas as benfeitorias existentes, sob a condição de que, dentro do longo prazo de dez anos, a nova instituição fosse concluída e inaugurada. Pelo Decreto nº 130, de 17 de novembro de 1892, o então presidente do Estado, Bernardino de Campos, aceitou a doação "para nela ser levada a efeito a ideia do estabelecimento de uma escola agrícola ou instituto para educação profissional dos que se dedicam à lavoura". Todavia, após muita luta, seu real funcionamento só se deu em 3 de junho de 1901, abrindo as matrículas para a então denominada Escola Agrícola Prática de Piracicaba. Em 1931, passou a chamar-se Escola Superior de Agricultura "Luiz de Queiroz" (ESALQ), e, em 1934, integrou a USP, recém-criada.

Com a Escola Agrícola Prática de Piracicaba, o estado de São Paulo pôde contar com três áreas de conhecimento científico na agricultura: a pesquisa sediada na Estação Agronômica, depois Instituto Agronômico de Campinas; o ensino superior no curso de Engenharia Agronômica da Escola Politécnica; o ensino médio profissionalizante, na Escola Agrícola Prática de Piracicaba, sob a supervisão da Secretaria da Agricultura, Comércio e Obras Públicas.

Num segundo momento, o imenso risco para a economia nacional das doenças e pragas do café determinou iniciativas de caráter institucional para seu combate. O surgimento da *broca*, em 1913, é apontado como determinante para a criação do Instituto Biológico de São Paulo, que, entretanto, só se efetivaria em 1927, voltado para pesquisas fitossanitárias.

Café amargo: crises a partir de 1890

[...] devemos perturbar o sonho enganoso dos fazendeiros paulistas?
Câmbio a cinco, café a trinta mil réis a arroba. [...] Os cafezais curvam
os galhos pesados da safra abundante. A esse preço...
A vida é um encanto!
Paulo Prado, 1923

Na década de 1890, o Brasil produzia cerca de 70% do café mundial, o que lhe permitia exercer poderosa influência na oferta. O produto sustentava a economia brasileira, representando mais de três quintos de suas fontes de divisas. Entre 1890 e 1910, o número de pés de café no estado de São Paulo mais que triplicou, configurando nas terras paulistas o maior foco da produção cafeeira do país. Era a produção da terra roxa do nordeste paulista, que ao iniciar o século xx conquistou para o café de São Paulo a reputação de ótima qualidade. Diga-se, porém, que apenas de 2% a 2,5% da superfície paulista, isto é, de 5 mil a 6 mil km² constituem-se na verdadeira terra roxa, onde a presença das árvores pau-d'alho e figueira-branca indicava essa excelência, sinalizando aos fazendeiros os locais dos futuros cafezais.

Naquela altura, último quartel do século xix, não havia muito o que temer dos concorrentes. Os mais fortes, a exemplo de Java e do Ceilão, haviam baixado suas produções; aquele vitimado pela propagação de pragas e fungos nos cafezais; este, pela opção de cultivo do chá, decisiva para o declínio do café na região. Quanto aos novos produtores internacionais, como a Colômbia e a África, ainda não haviam alcançado a necessária competitividade para concorrer com a produção brasileira.

Mais do que nunca, o Brasil era o café.

O cenário era próspero. A implantação de ferrovias nas áreas tradicionais de cultivo otimizara o transporte do produto e as terras roxas recém-ocupadas qualificavam a mercadoria, escoada inicialmente pelo rio Mogi. Concomitantemente, o novo regime político republicano afinava-se com os interesses dos cafeicultores, incentivando a expansão da cultura. O consumo mundial de café, tanto na Europa como nos Estados Unidos, ampliara-se significativamente, absorvendo toda a produção brasileira. E mais: de 1886 a 1895 assistiu-se à maior alta nos preços ouro do café do Brasil, quando a média geral do valor ouro de saca exportada atingiu 3,40 libras, sinal do forte interesse dos mercados consumidores.

A fantástica subida de preços, em ascensão desde 1886, estimulou o investimento no produto, e mais terras foram sendo adquiridas para seu cultivo. Nesse quadro altamente favorável, a safra brasileira, em 1896, aumentou de 100% sobre a média do quinquênio anterior, sobrevindo o inevitável: a superprodução do produto, com o estado de São Paulo respondendo por dois terços dessas safras. Nos anos de 1895-96, a produção de café foi de 5 milhões e 970 mil sacas e nos anos de 1897-98 atingiu a elevada cifra de 11 milhões e 385 mil sacas.

225

Veio a primeira crise do café, a de 1897. A imagem do fazendeiro seguro e poderoso, que lia tranquilamente seu jornal saboreando uma xícara de café, se alterava. A insegurança rondava toda a classe, despreparada para as oscilações do mercado, refém de interferências aleatórias da economia mundial.

O conhecido poeta Vicente de Carvalho, também cafeicultor, publicou no jornal *O Estado de S. Paulo* uma série de artigos sobre o tema, que reuniu mais tarde no livro *Soluções para a crise do café*, publicado em 1901. Ali, divulgou um abaixo-assinado dos cafeicultores mais expressivos do estado, que acorreram à Assembleia Nacional com suas propostas. Nessa obra, já discorria sobre a premência da redução de estoques, aventando a hipótese da queima das safras, o que não foi feito naquela altura.

Entrando no século xx, o problema de superprodução persistia e se agravava. Convém a recapitulação da produção paulista na virada da década: a média do último quadriênio, terminado em 1900, foi de 5.635.250 sacas; a safra 1900/1, de 7 milhões e 988 mil sacas; a de 1901/2, de 10 milhões e 148 mil sacas. Ao longo dos últimos 11 anos, a produção brasileira havia triplicado. Essa superprodução, embora predominantemente paulista, também se ampliava com a produção de Minas Gerais, que, desde 1896, ultrapassara o estado do Rio de Janeiro. Em 1901/1902, a safra fluminense foi de 1 milhão e 954 mil sacas, enquanto a safra mineira atingiu a quantia de 2 milhões e 929 mil sacas.

Com a queda do preço em ouro e em mil réis, algumas iniciativas mediadoras foram tomadas, no sentido de impedir novas plantações. Em 1902, o estado de São Paulo decretou um imposto de 2:000$000 sobre cada alqueire de cafezal novo. Esse dispositivo vigorou por dez anos, mas não impediu o aumento da produção, uma vez que as condições meteorológicas favoráveis fizeram com que os cafezais produzissem a extraordinária safra paulista de 1906/7, com 15 milhões e 408 mil sacas, quando o consumo mundial era de 16 milhões. Os preços, em Santos, caíram para pouco mais de 3 mil réis por dez quilos. Urgia uma solução mais drástica, a intervenção do governo.

Salvação da lavoura: convênios e intervenções

No novo quadro republicano, a "política dos governadores", inaugurada por Campos Salles (1898-1902), primou pelos interesses da economia cafeeira, o que foi mais acentuado na gestão do sucessor, Rodrigues Alves (1902-1906). No último ano de seu governo, foi assinado o Convênio de Taubaté, primeiro plano oficial de valorização do produto. A iniciativa, porém, veio tarde, considerando-se que a crise do grão monocultor do país se desenhara muitos anos antes.

Entre 1900 e 1904, São Paulo representou mais de 75% da produção mundial de café. Em 1906, porém, a desproporção do mercado foi assustadora. Enquanto os produtores mundiais vertiam no mercado, em conjunto, cerca de 3,5 milhões de sacas, o Brasil apresentou uma safra de 20 milhões de sacas, superando as possibilidades de seu consumo pelos mercados externos e internos, que era, como já vimos, de apenas 16 milhões.

O presidente Rodrigues Alves, a despeito de cafeicultor e paulista, temia a política de valorização do café, visando manter a política deflacionária de seu antecessor Campos Salles. Mas, sob forte pressão dos cafeicultores, rendeu-se aos interesses da classe. No estado paulista, a questão se colocava, também, em meio à querela da agricultura e da indústria em desenvolvimento. Sabe-se que o industrial sr. conde Siciliano exerceu forte pressão sobre os cafeicultores para a convocação do encontro, encaminhamento que indiretamente cobrava do governo um envolvimento efetivo com os interesses econômicos dos dois grupos, cafeicultor e industrial.

Primeira intervenção: Convênio de Taubaté

Com a crise iminente, políticos e fazendeiros paulistas, mineiros e fluminenses reuniram-se em fevereiro de 1906, na cidade de Taubaté, no vale do Paraíba paulista, em busca de soluções para o impasse da crescente superprodução cafeeira superando a demanda externa do produto. Estavam presentes os então presidentes de estado, cargo hoje denominado governador de estado, Jorge Tibiriçá (São Paulo), Nilo Peçanha (Rio de Janeiro) e Francisco Salles (Minas Gerais). A reunião, conhecida como Convênio de Taubaté, fixou, não sem grandes resistências, acordo baseado nos seguintes pontos:

- preço mínimo para a saca de café;
- intervenção estatal no mercado, comprando os excedentes com a finalidade de retirar do mercado uma parte do produto para restabelecer o equilíbrio entre oferta e procura;
- financiamento dessas compras a partir de empréstimos de capitais estrangeiros;

- negociação de um empréstimo externo de 15 milhões de libras esterlinas para as compras de café, a ser feito pelos governos estaduais;
- amortização e juros desses empréstimos a serem cobertos com um novo imposto cobrado em ouro sobre cada saca de café exportada;
- estabelecimento de um fundo para a estabilização do câmbio, impedindo assim que o *mil-réis* fosse revalorizado, fundo que seria chamado de caixa de conversão;
- imposição de uma taxa proibitiva para impedir o surgimento de novas plantações.

Apesar da urgência, essas medidas não foram implementadas de pronto. Só no governo seguinte, de Afonso Pena (1906-1909), algumas providências seriam tomadas, e com certa morosidade. Pena, afinado com a valorização do café, procurou retomar as propostas do convênio, que, por conta das muitas resistências, ainda levaram três anos para serem implementadas. Um dos pontos delicados da questão era que o governo federal se opunha aos empréstimos estrangeiros. Contudo, São Paulo foi avante nessa decisão. O princípio federativo da Constituição de 1891 possibilitava esse tipo de iniciativa ao determinar que os governos dos estados poderiam agir livremente em defesa de seus próprios interesses, inclusive entrar em contato com nações estrangeiras. Assim, três anos depois, só restava ao governo federal endossar um empréstimo de 15 milhões de libras com banqueiros europeus, destinado a efetuar compras maciças de café excedente, criando finalmente a caixa de conversão, mecanismo que impediria a alta do câmbio. Como registro político desse encaminhamento, ficava ainda mais reforçado o envolvimento do governo federal com o Partido Republicano Paulista, o PRP.

A curto prazo, os resultados foram satisfatórios, evitando a queda do preço internacional do produto. Todavia, a médio e longo prazo, as providências resultaram em alto endividamento do país com os banqueiros europeus, que passaram a gerir boa parte dos negócios do café. Data dessa época o maior controle pelos grupos estrangeiros, em particular ingleses, das casas comissárias de Santos e da aquisição das melhores propriedades cafeeiras. Logo, os principais beneficiários da nova política econômica foram basicamente os banqueiros internacionais e as casas Comissárias. Estas, comprando o café na baixa e vendendo-o na alta, auferiram lucros fabulosos.

Paulo Prado, empresário atilado do setor, contemporâneo daquela intervenção, lamentava: "Os gastos da operação foram colossais [...]. A valorização de 1906 extinguiu-se; o café pagou todas as despesas. O imposto, porém, ficou".

Crise persistente

O Convênio de Taubaté foi marco do início da política oficial do café, com forte ingerência do governo. A partir daí, apesar da percepção de que o principal produto do país precisava de políticas específicas, o que se assistiu foram encaminhamentos casuísticos, práticas voltadas para o interesse de poucos, longe de se orquestrar ação que a médio e longo prazo equilibrasse o importante ramo da lavoura nacional. Certo de que a sensibilidade do produto, sujeito às intempéries climáticas, aos ataques de pragas e doenças, à oscilação dos mercados internacionais, padecia de vulnerabilidade crônica, dificultando a adoção de políticas seguras. No país identificado com o café, a economia cafeeira passou a ser incerta, oscilante, submetida a crises subsequentes, agravadas pela difícil situação do Brasil no quadro de constante dependência do capitalismo internacional.

Por vezes, mais que a bibliografia econômica sobre o tema são as obras literárias que permitem captar o panorama de incertezas, a ronda permanente de insegurança que envolvia o cafeicultor no trato de suas terras, no aguardo das novas safras, dos preços do mercado internacional, da oscilação das bolsas. Os movimentos de apogeu e decadência, enriquecimento e empobrecimento, opulência e ruína, são então vivenciados em breve espaço de tempo por gerações de famílias fazendeiras. A espera pelas posições do governo, porém, foi longa. Confiantes na recuperação econômica através das novas safras, os "homens do café" permaneceram envolvidos com suas lides, sonhando com a retomada espetacular do produto, que os faria novamente ricos, da noite para o dia. A imagem de riqueza da família cafeicultora ainda se perpetuaria por muitos anos, a despeito do encalhe frequente das safras, dos pesados aluguéis dos armazéns, da cada vez mais difícil manutenção da propriedade.

Na fala de Saulo Ramos, descendente de tradicional família de fazendeiros, da geração das crises das primeiras décadas do século xx, o registro é preciso, referindo-se ao confinamento obrigatório nas terras da fazenda, à espera de uma solução salvadora:

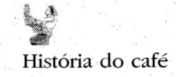
Quinze anos com minha família dentro do cafezal: nenhum contato com a sociedade, com divertimentos... Acostumei-me a isso: achei até bom... Pelo menos, esse sacrifício representava a manutenção da terra e – quem sabe? – uma esperança...

Para que ir à cidade? A gente, aí, era chamado "filho de fazendeiro", isto é, "rico"; sentia o amargor da ironia, mas não protestava: era preciso manter a ilusão de que "a fazenda dava", para achar, um dia, comprador... Era essa a situação de todos os lavradores de minha zona, eu sei... Faz um ano e tanto, meu pai me fez ver que não seria mais possível continuar. "Meus filhos não serão mais fazendeiros" – disse. E vendeu a fazenda. Estava partida a linha de seis gerações de cafeicultores.

A crise prolongada não foi diferente para a família fazendeira que ficou na cidade, por vezes em casa de parentes ou morando de aluguel. Orôncio Vaz de Arruda, em seu belo livro *Andanças,* rememora a fala do pai, por conta da lembrança trazida por um persistente pingo d'água no telhado da casa de aluguel, na capital. O diálogo era sempre o mesmo:

– Corra pegar a bacia e ponha debaixo da goteira. Amanhã precisa mandar ver o telhado, se a chuva passar.

– Gotejou a noite toda. Enervou. Que desconforto!

– Quando acabar a crise vou mandar pôr folha de zinco junto à janela do quarto para dormir com o tamborilar da chuva nele – informava alguém.

– É. Há gosto pra tudo...

E o autor concluía: crescemos e adolescemos fazendo planos para "quando acabar a crise". Crise do café.

Esta crônica de insegurança pode ser percebida no elenco de políticas e intervenções do governo, no socorro sempre imediatista do café.

Segunda intervenção

Uma segunda intervenção política no mercado cafeicultor se deu na conjuntura da Primeira Guerra Mundial (1914-1918). O declínio das exportações e a florada generosa de 1917 determinaram a depressão dos preços, exigindo novas medidas. Nessa ocasião, os cafeicultores paulistas pressionaram o governo federal a socorrê-los com um empréstimo de cem mil contos de réis, por emissão especial do Tesouro, adquirindo cerca de três milhões de sacas, no momento em que a cotação em Nova York estava em alta.

A geada subsequente, gravíssima, de junho de 1918, diminuiu as colheitas e valorizou o grão estocado. Logo, na safra de 1919 o preço subiu acima de 22 centavos de dólar por libra-peso, chegando a média acima de 27 centavos no segundo semestre. Nesse quadro, o governo paulista auferiu grande lucro, dividido com o governo federal. Observa-se, no entanto, que o plano de valorização fora bem-sucedido por mera casualidade, isto é, em razão da geada e consequente redução de estoques que, por alguns anos, afetaria em muito a produção cafeicultora paulista.

No pós-guerra, uma situação internacional dúbia permitiu o equilíbrio da exportação, uma vez que a queda do poder aquisitivo da Alemanha e demais consumidores europeus foi compensada pela Lei Seca norte-americana, de 1919 e 1933, que, dificultando o consumo do álcool, aumentou em 20% o consumo do café *per capita*.

O produto vivia, pois, à mercê do xadrez da economia internacional, oscilando em meio às tantas numeráveis de variação, fosse das intempéries e pragas, do volume das safras, da cotação das bolsas, da demanda dos mercados, sem contrapartida interna realmente eficaz para o equilíbrio do setor. O café pagava, pagava, só pagava.

Criação dos armazéns reguladores

Em 1920, a classe dirigente nacional conscientizava-se – tardiamente – da necessidade de amparo permanente à política do café. Afinal, este era o produto relevante na pauta de exportação brasileira, com influência direta na cotação do câmbio. Esgotado o recurso do câmbio, cogitou-se da criação de um instituto permanente para defesa cafeeira, em projeto apresentado ao Congresso Nacional. Seu objetivo visava, sobretudo, contrabalançar as variações entre o volume das safras e sua rápida descida aos portos de embarque, contornando assim o escoamento desequilibrado ao longo do ano até o porto de Santos. Era uma forma de controlar os preços de mercado pela diminuição de ofertas superiores ao consumo. Para isso, foram criados *armazéns reguladores* para estocar café, tomando-se cuidado com o parcelamento do embarque.

Data, sobretudo, da década de 1920 o início da construção de grandes galpões nas cidades cafeeiras, próximos às estações de trem, de forma a armazenar o produto, controlar e facilitar seu escoamento. Fazendeiros mais abonados montavam na cidade armazéns particulares para guarda de seus grãos ou para alugar espaço aos demais agricultores da área. Esperava-se que o controle dos estoques levasse ao controle dos preços, valorizando o produto. Na fala de personagem de romance da época, *Recuo do meridiano*, de João Pacheco, esse entendimento aparece claro:

> Pois fique sabendo que o que fazia a baixa do café era o americano que só provocava a alta depois que o produto estava nas mãos dele. Mas agora, com o plano de retenção nos armazéns, de modo a nunca haver estoque demais em Santos, agora não tem perigo de acúmulo de café nos portos de embarque. E o americano tem que pagar ali, o que nós quisermos.

Contudo, a construção dos armazéns e os resultados do parcelamento dos embarques não atingiram a excelência propalada. Um fazendeiro entristecido da época admitia: "O custo dessa encenação é pago de direito pelo fazendeiro. Paga os armazéns, paga as despesas do instituto, paga os elogios encomendados, paga os prejuízos das manipulações do mercado, paga os juros e amortizações do empréstimo de dez milhões, para que lhe deem dinheiro levantado em Londres com garantia que ele próprio fornece".

O preço do café continuou caindo e a grita dos fazendeiros pela queda contínua da cotação no exterior exigiu uma terceira intervenção.

Terceira intervenção

A gravidade do assunto – quando o preço caiu em 50% – levou o governo de Epitácio Pessoa (1919-1922), pressionado por cafeicultores paulistas e mineiros, a intervir novamente no mercado, comprando café com recursos obtidos junto à carteira de redescontos do Banco do Brasil. Emitiu papel-moeda e, em 1922, com o crescente volume da operação, o governo federal acabou tendo que solicitar um empréstimo de nove milhões de libras esterlinas. Esse montante saldou os adiantamentos do Banco do Brasil e permitiu novas aquisições do produto, até um total de quatro e meio milhões de sacas. A liquidação da dívida estava prevista para trinta anos. Todavia, a conjuntura favorável dos mercados possibilitou a venda total dos estoques adquiridos já em 1924, investindo-se o produto das vendas em fundo de dinheiro que resgataria o empréstimo no prazo de dez anos. A diminuição das safras dos anos de 1922 e 1923 e a demanda norte-americana contribuíram para aquele desfecho.

Esta intervenção, entre 1921 e 1924, conjugou uma operação valorizadora e o ensaio de uma política de defesa permanente do café. Nesse mesmo ano de 1924, o governo federal delegou ao governo paulista as providências para a defesa do produto, quando finalmente seriam dados os primeiros passos para a criação do Instituto de Café do Estado de São Paulo.

Defesa permanente

A criação do Instituto Paulista de Defesa Permanente do Café, em 1924, tinha como objetivos a regularização do embarque para os portos, o financiamento aos lavradores e a intervenção no mercado para flutuações bruscas. Em 1925, a instituição mudou seu nome para Instituto de Café do Estado de São Paulo (Icesp), e, já no ano seguinte, contraiu empréstimo em Londres de dez milhões de libras esterlinas para constituir o fundo de defesa permanente, com apoio do governo estadual. Na sequência, passou a controlar o Banco do Estado de São Paulo, com vistas a manejar as operações financeiras do instituto, emprestando os recursos do empréstimo estrangeiro e apresentando como garantia os documentos de depósito emitidos pelos armazéns oficiais (que foram também comprados pelo instituto) contra a entrega, pelos produtores, de seu café.

A suspeita de uma safra excepcional, em 1927, levou o instituto a novo empréstimo, de dez milhões de libras. Todas essas providências – a despeito do crescente endividamento com banqueiros ingleses – permitiram ao Icesp administrar para os cafeicultores tanto a grande colheita de 1927 como a pequena colheita de 1928.

Registre-se que por muitos anos, a partir de 1926 – salvo em 1934 e 1935 –, as safras não foram inferiores a 18 milhões de sacas. Tudo indicava que, com a implantação da política de defesa permanente, contemplando os armazéns reguladores, o Instituto do Café do Estado de São Paulo (Icesp) e o Banco do Estado de São Paulo, a estabilidade da cultura cafeeira estaria sob controle, sobrevindo muito otimismo por parte dos grandes produtores. Ledo engano. A derrota da defesa paulista delineou-se com a impossibilidade de o Icesp obter mais financiamentos, fosse pela indisposição dos ingleses como pela política de Washington Luís, contrário à ampliação de créditos para o café, em favor de manter intocado o padrão ouro. Concomitantemente, cindira a aliança política regional entre São Paulo e Minas Gerais, que garantia o rodízio de paulistas e mineiros na presidência da República. Com essa divisão política, a situação se agravava.

Mais uma vez, em artigo de 1927, Paulo Prado vinha com admoestação severa contra as políticas em curso, preciosa radiografia dos entraves do setor, difundida por quem lidava com o produto em várias de suas frentes:

> que tem feito o poder público para beneficiar nosso produto? Não resolveu nenhum dos problemas atinentes à questão do café. Estancou a corrente imigratória que fornecia braços às lavouras; pouco cuidou dos estudos agrícolas indispensáveis a uma cultura inteligente; não conseguiu baratear os fretes, sendo as empresas oficiais as de transporte mais caro; nunca se ocupou a sério do crédito agrícola; desprezou, salvo um ou outro esforço intermitente, com recursos insuficientes, qualquer plano de propaganda; combateu por temor de perigos políticos a organização de associações de lavradores, base da prosperidade dos grandes países agrícolas; nunca cogitou de promover a melhoria dos nossos tipos [...].

Em setembro de 1929, foram suspensas as operações de redesconto do Banco e em outubro do mesmo ano renunciava o secretário da Fazenda de São Paulo, ao qual o Icesp se reportava. Estava sinalizado o fim da resistência paulista à orientação do presidente da República. No final do mês, uma crise de proporções mundiais deflagraria não só a queda do valor do produto nos mercados, mas também mudanças profundas na política e no destino do país.

"O que o café deu, o café tomou": crise de 1929

Pânico da Bolsa de Nova York.
A Bolsa de Nova York registrou ontem
um formidável desastre financeiro.
Em poucas horas foram vendidos cerca de 14
milhões de títulos, num prejuízo total de 4
bilhões de dólares.
Jornal O *Estado de S. Paulo*

Na véspera do dia 29 de outubro de 1929, intensificaram-se os boatos sobre a possível queda das ações na Bolsa de Nova York, o termômetro do mundo capitalista. Na rua XV, o centro nervoso de Santos, havia tensão. Horas mais tarde, se confirmava o *crash* da Bolsa americana. Por telegramas, pelos jornais, nos trens, nos bares, nas ruas, nos lares, a notícia chegava avassaladora. Na Bolsa do Café de Santos, onde se reuniram os "homens do café", mudez, olhares atônitos, passos sem rumo. Tanto a Bolsa de Café do Rio de Janeiro como a de Santos foram fechadas. Ao final do ano, os preços estavam um terço abaixo de seus níveis anteriores.

Os resultados efetivos se fizeram sentir nos anos imediatamente seguintes. Despencara o esteio da economia do país, com falência de parte expressiva da classe cafeicultora. Famílias empobrecidas do dia para a noite, fazendas e mansões vendidas de porteiras e portões fechados e mudança drástica no estilo de vida foram movimentos registrados entre aqueles que tão só viviam de suas rendas de café.

Com a crise econômica generalizada, o governo federal vetou qualquer financiamento para o setor, decidindo, porém, que o Banco do Brasil redescontaria os certificados de depósito do produto nos armazéns a uma taxa um terço inferior ao preço mínimo garantido pelo Instituto Paulista. Ao final de 1930, concluiu-se mais um empréstimo de 17 milhões de libras esterlinas, em longo prazo, conhecido como Empréstimo para a Realização do Café. Seu objetivo era garantir a venda gradual e ordenada dos estoques existentes. Com esse controle, subtraía-se das mãos do Icesp não só a defesa dos preços do café, mas também sua possibilidade de influir no mercado.

Hora de fazer dinheiro

Não vivo em luxo hipotecado!
Sebastiana Pimentel Cunha Bueno, 1930

A Crise de 1929, de fato, deixou marcas. Do dia para noite, foram-se os dias despreocupados de Paris, as alfaias elegantes dos palacetes urbanos, enquanto as sedes de fazendas, outrora opulentas, figuravam como símbolos esvaziados de poder e de prosperidade perdida. Era preciso logo fazer dinheiro, saldar as dívidas, cobrir as despesas. Do episódio, restou a lição de que era necessário diversificar os investimentos. A frase da epígrafe acima, proferida pela fazendeira que se recusava a viver da hipoteca do palacete da família em favor de sua venda para aplicação em novos empreendimentos, ilustra a postura de uma fração de classe espoliada pela queda repentina de preços e que buscou saídas para a crise.

Embrenhar-se mais uma vez pelos sertões foi uma das alternativas. Lá, nas terras da Alta Paulista ou nas barrancas do rio Paranapanema, muitas com fazendas já formadas, foi possível, para alguns, recomeçar. Eram propriedades que não chegaram a estagnar e nem conheceram o declínio absoluto, no entanto, passaram a exigir outro tipo de cuidado. Alguns fazendeiros envolveram-se com a criação de gado para áreas de invernada; outros fracionaram suas terras; para vários agricultores, o algodão, cujas sementes foram distribuídas pelo governo, substituiu momentaneamente o café no quadro das demandas agrícolas. Mas os colonos não gostavam da lavoura do algodão. Em geral, alegavam que "no algodão", o trabalho era feito curvado, provocando dores terríveis nas costas ao fim do dia. Já na derriça, comparativamente, a colheita chegava a ser até prazerosa.

Enquanto isso, no campo...

No dia a dia do campo, novos comportamentos perpassavam as áreas monocultoras. Vender a propriedade, quase de porteiras fechadas, foi uma das soluções. O imigrante, ex-colono, apresentou-se como comprador em potencial. Acumulara familiarmente as economias que lhe permitiram dispor de capital para aquisição das terras desvalorizadas. Ademais, já habituado com o trato de outros produtos, adotara a policultura, não dependendo exclusivamente do café.

Por outro lado, pequenos sitiantes também foram afetados pela crise da repentina desvalorização do café. Um descendente de médio proprietário do norte do Paraná, esmagado pela bola de neve da crise, relatou:

> Em 1929, meu pai tinha bastante propriedade. Tinha máquina de café. Beneficiava café. [...] Ele beneficiava e despachava para Santos no nome dele. Estava com mil arrobas... Ele não tinha colhido todo este café. Era café dos outros, que tinham comprado e ele era responsável pelo valor... Veio a Crise... não tinha mais valor o café. Os que tinham café não colheram, perderam tudo. O meu pai tinha café (em Santos) e não tinha tirado dinheiro da Casa Comissária [...]. Ele chegou lá [...] e falou:
> — Quero meu café.
> — Seu café taí. (a exportação tinha parado)
> — Mas eu quero vê.
>
> Ele foi lá e furou os cafés... era palha (na sacaria com as iniciais do nome dele e nome da cidade)
> — Vou dar parte de Vcs. Vou pôr advogado. Quero justiça... Se não valer nada é meu, é café, quero o café!

Onde teria ido parar esse café, é duvidoso. A situação no porto de Santos, sob controle de poderosas firmas estrangeiras, atilados comissários e interesses de toda ordem, dava margem para diversas negociatas, que fugiam do controle do pequeno agricultor. Logo, seu protesto praticamente não tinha eco. Morriam ali mesmo as reivindicações, a recuperação do capital perdido. Desamparados da noite para o dia, lavradores de todo o estado viram rodar para sempre o trabalho e a economia de anos.

A crise de 1929, que marcou gerações, pairou sobre as famílias que dependiam do café, arrastando-se por décadas na busca de saída. Aos que dispunham de grandes propriedades, o retalhamento da fazenda para venda em pequenos lotes foi a solução. Até mesmo a poderosa fazenda São Martinho, na Mogiana, loteou 19.360 hectares de suas terras, ficando apenas com 4.840 hectares. Em 4 de junho de 1933, o loteamento de parte dela era anunciado no jornal:

LOTE DE 5 ALQUEIRES, COM 10.000 PÉS DE CAFÉ.
4 alqueires de matas e uma casa na colônia.
Pagar com 60% da produção do café.
O proprietário pode ficar com 40% de tudo o que plantar.
Prazo: 12 anos. Preço 3.600 arrobas de café.
Não entra dinheiro.

O anúncio confirmava a venda de parte das terras como solução corrente contra os prejuízos, isentando a negociação de capital, dada sua escassez no mercado. Outros agricultores recorreram ao governo solicitando mudas para a diversificação da lavoura, o que permitiu o cultivo de novos produtos, a exemplo do algodão, milho, mamona e amendoim.

O dinheiro do cafezal muda de mãos

A crise da bolsa não viera sozinha, especialmente para os paulistas e mineiros. Na sequência da chamada Revolução de 1930, com a subida de Getúlio ao poder, foi sinalizado o declínio do PRP, vale dizer, o controle do país pelos cafeicultores. Concomitantemente, abriam-se algumas poucas brechas para o povo exercitar direitos, enquanto novas oportunidades no comércio e na indústria conferiam outra dinâmica econômica ao país.

No campo, as relações de trabalho e poder também experimentaram mudanças, quando imigrantes puderam conhecer uma primeira ascensão, fosse galgando o degrau de pequeno proprietário como enriquecendo com a diversificação e especulação do capital agrícola. Naquele universo da produção, as figuras que interagiam entre a cidade e a fazenda, a serviço do café, tiveram suas posições hierárquicas alteradas, em detrimento do proprietário tradicional das terras. Ampliava-se o circuito de negócios para outros agentes sociais. O comissário ainda era o elemento importante do qual o fazendeiro dependia, mas, no contexto pós-crise, com a fazenda hipotecada, na esperança da nova safra salvadora ou com dívidas a saldar, esse produtor acabou por enredar-se com vendeiros, administradores e mesmo colonos, que atuavam na órbita de sua propriedade. Mais ainda com os chamados "capitalistas", geralmente credores da geração desencantada com o cultivo do cafezal. Fortunas foram ganhas por intermediários, muitas vezes donos de vendas e armazéns locais. O vendeiro astuto, geralmente ex-colono, acabou por se tornar credor do fazendeiro a quem anteriormente servia. O enredamento se processava, em linhas gerais, assim: de acordo com os contratos iniciais cabia ao fazendeiro cobrir as contas excedentes dos colonos nos armazéns. A partir da crise, as contas acumuladas nos armazéns elevavam-se, tornando-se impossível saldá-las. Negociar com o vendeiro – sempre em condições favoráveis a este – foi expediente corriqueiro. Inclusive negociar o pagamento das dívidas com as safras, então cotadas a preço vil. O que por fim levava à perda da fazenda, em favor desse mesmo vendeiro, ex-colono. Não raro, capitalizados através de expedientes vários, esses novos fazendeiros do café acabavam por ligar-se por casamento a membro de famílias proprietárias falidas, passo decisivo para a ascensão social ambicionada. A cidade virava um balcão de negócios.

Havia ainda os advogados, que se beneficiavam com as causas do café. No romance *A fazenda*, de Luís Martins, a fala de um jovem causídico confirma as oportunidades daquele momento:

> – O Senhor sabe, em São Paulo, um advogado esperto tem grandes possibilidades nesta época em que vivemos. Há muito fazendeiro arrebentado, muita fortuna comprometida. É uma época de confusão. As causas não faltam. E a gente dá sempre um jeito de ganhar o mais que pode...
> – A parte do leão.

Luís Martins vivenciou a luta de Tarsila do Amaral para salvar sua fazenda Santa Teresa do Alto, em Itupeva, e recuperou na ficção os desdobramentos pós-crise de 1929, com a emergência de novos agentes sociais do universo cafeicultor, quando se deu o declínio do fazendeiro em favor do imigrante bem-sucedido. Descrevendo a falta de opções do fazendeiro, registrava:

> Faltava dinheiro para consertar as coisas, faltava dinheiro para fazer a máquina trabalhar, faltava dinheiro para tudo. O café andava numa baixa desanimadora. Depois tinha a broca, tinha as chuvas de pedra, tinha o maltrato. O algodão tinha o curuquerê, tinha a saúva, tinha a broca também. Para combater todas estas pragas, precisava dinheiro. E dinheiro não tinha. [...]
>
> E além de tudo havia outras pragas maiores. Havia o seu Jesuíno (vendeiro), havia os fazendeiros vorazes. Havia o Pedro embriagado, o José Grosso Banana.
>
> Não podia mais esperar para fazer a colheita, senão secava tudo nos pés e dava uma quebra grande demais. Depois, tinha a broca. Quando foram principiar a colheita, caiu uma chuva triste que durou cinco dias. Tempo desgraçado aquele! Quanto mais demorassem para acabar o serviço, mais tempo ele tinha que pagar os colonos, mais cresciam as suas promissórias [...] O pessoal com as peneiras prontas esperava dentro de casa que o tempo melhorasse.

O mundo do cafezal tomava conformações sombrias. No poema "Casarão morto", o poeta Carlos Drummond de Andrade, ele também descendente de família fazendeira de Minas Gerais, retratou a desolação:

> Café em grão enche a sala de visitas,
> Os quartos – que são casas – de dormir.
> Esqueletos de cadeiras sem palhinha,
> O espectro de jacarandá do marquesão
> Entre sela, silões, de couro roto.
> Cabrestos, loros, barbicachos
> Pendem de pregos, substituindo
> retratos a óleo de feios latifundiários.
> O casão senhorial vira paiol
> depósito de trastes aleijados
> fim de romance, p.s.
> de glória fazendeira.

Datam dessa época os casamentos de conveniência, que tiveram na peça de Jorge de Andrade *Os ossos do barão* a representação do acerto de duas classes sociais que se beneficiavam reciprocamente: aquela da chamada "aristocracia do café", agora falida, e a dos imigrantes enriquecidos, que precisavam abrir novos espaços no restrito e seleto grupo da elite local. Uma classe fundia-se com a outra, gerando os capitais que passavam a atuar na indústria, sem, contudo, deixar de apostar no café. Mantinham boa parte das propriedades agrícolas, fosse para quando o mercado voltasse a responder favoravelmente, fosse como representação do poder conquistado. Afinal, ser proprietário de terras ainda era um valor a ser preservado.

Quem pode, pode

Para as grandes casas comissárias e/ou seus representantes, que bem sabiam lidar com a especulação do capital, a crise foi mais branda. Um sintoma disso é que, na cosmopolita e sofisticada cidade de Santos, o silêncio da rua XV, o abatimento e a fraca circulação dos homens do café não duraram muito. Ali, nos anos subsequentes, o bulício prosseguiu nos centros de convívio elegante do balneário e do Clube XV, que voltaram a receber seus hóspedes e sócios pródigos, retomando o cotidiano festivo e elegante que marcara o apogeu do café na cidade. No trem dos comissários, que deixava São Paulo às nove da manhã e retornava de Santos às cinco da tarde, retomaram-se os jogos de cartas, uma tradição dos viajantes daquela ferrovia. Comerciantes de café e cafeicultores ainda capitalizados circulavam com seus ternos de linho 120 branco, calçando o sapato bicolor, branco e marrom ou branco e preto, complemento da elegância. Era o figurino da geração de Paulo Prado, Oswald de Andrade e daqueles cujas fortunas ainda não haviam rodado de todo.

Daquele chão de infância e juventude, Anna Maria Martins guarda memória de um tempo feliz. Neta de Estanislau do Amaral, rico fazendeiro, e filha de corretor de café, relembra que, na família, o baque maior foi para aqueles que viviam diretamente das rendas da fazenda. Para os parentes ligados às casas comissárias, as perdas foram menos sentidas no cotidiano. Ela mesma pôde prosseguir os estudos no Colégio Stella Maris, levada pelo bonde especial que transportava ao longo da orla marítima as meninas Montenegro, Suplicy, Andrada Coelho, Almeida Prado, Kanebey. Mais tarde, frequentou os animados jantares dançantes do Clube XV, o *grill* do Parque Balneário Hotel e o Tênis Clube, que trazia jogadores famosos para o campeonato aberto. Do Cine Cassino guardou uma lembrança de encantamento: o teto se abria e as noites de verão mostravam o céu estrelado.

A despeito da crise, assim era Santos, o porto do café.

Nem tudo estava perdido

A retomada dos negócios do café, porém, conheceria novos processos. Paulatinamente, algumas famílias cafeicultoras procuraram reconstituir suas vidas. Desfazer-se da casa da cidade e interiorizar-se na fazenda, como vimos, foi o destino de muitos. Sobretudo em direção às terras novas recém-abertas na região da Alta Paulista e Média Sorocabana, onde se delineava surto promissor de negócios, que tinham agora, na venda de terras virgens e lotes urbanos, mercantilização favorável. Entrava em cena a figura do corretor de terras, agente que punha em circulação novos investimentos, também derivados do café.

A despeito da crise, as áreas recém-formadas beneficiaram-se de conjuntura favorável que lhes permitiu até certa euforia. Para iniciar, os cafezais eram novos, possibilitando melhor rendimento e qualidade da colheita. Concomitantemente, a partir de 1929, o norte do Paraná começou a oferecer ao mundo uma das mais interessantes zonas pioneiras que se conhece. A estrada de ferro, partindo de Ourinhos, penetrou em território paranaense, colaborando em muito para o desenvolvimento daquela zona que, a despeito de pertencer administrativamente ao Paraná, podia ser considerada economicamente paulista, uma vez que, durante décadas, suas únicas vinculações ferroviárias ou rodoviárias foram com o estado de São Paulo.

O dinheiro na região passou a correr solto e a produção das fazendas voltou mais rapidamente a se colocar no mercado. Não obstante às críticas à monocultura cafeeira e aos apelos para a diversificação agrícola, o cultivo do café prosseguiu, resultando em fazendas modelares que auferiram bons lucros. A maior parte delas pertencia a tradicionais proprietários, companhias estrangeiras ou empresas nacionais. Entre as primeiras destacavam-se, entre outras, as do coronel Henrique da Cunha Bueno, em Ipaussu, de Eliseu Teixeira de Camargo, em Luiz Pinto, do dr. Raul Cunha Bueno, em Óleo. Em seguida, as fazendas da São Paulo Coffee States, tanto a fazenda Mandaguari, município de Bernardino de Campos, como a fazenda Cocais, em Santa Cruz do Rio Pardo. E ainda a fazenda São João, da Companhia Agrícola Rio Tibiriçá, em Gália, com duas excelentes sedes, a São João e a Ipiranga; as propriedades da Companhia Agrícola Fazendas Paulistas, em Taquaritinga; as Fazendas Reunidas Irmãos Camargo, em São Carlos; a Cambuí e Itaquerê, em Matão.

O produto vinha sendo tema de estudos crescentes. Em 1927, o Congresso do Bicentenário do Café já veiculara algumas teses sobre seu cultivo. Da marcha para a salvação da lavoura, sobreveio a contribuição da Escola Superior de Agricultura (ESA) do estado de Minas Gerais, instituição criada em 1926 por Arthur Bernardes, em Viçosa (MG), que até 1948 discutiu sobre a produção da Zona da Mata mineira, postulando horizontes modernos para o trato cafeeiro. A despeito de inspirada no qualificado modelo norte-americano dos *land grand colleges*, a ESA limitou-se a uma "modernização conservadora", que apenas atualizou algumas práticas, longe de imprimir o trato de excelência almejado.

O país, contudo, veio a conhecer nova dinâmica política e financeira. Desde 1926, a criação do Partido Democrático confrontava-se com o Partido Republicano Paulista. A crise econômica traduzia-se em crise política, introduzindo novos atores, não exatamente ligados ao café. A deposição de Washington Luís e a ascensão de Getúlio Vargas, na chamada Revolução de 1930, imprimiram outro rumo para a economia cafeicultora. Mais que isso, estava rompido o quadro sociopolítico oligárquico secular, até então sob hegemonia do PRP.

Era Vargas: uma fogueira de café

Palestra com os ministros da Fazenda e da Justiça sobre [...]
limitação e reorganização do Departamento Nacional do Café, continuação da política
de proteção ao café.
Getúlio Vargas em seu diário, em 16 de maio de 1935, p. 391

Getúlio Vargas assumiu o poder em meio a um quadro econômico delicado. A Grande Depressão deflagrada com a quebra da bolsa levou as exportações brasileiras a uma curva descendente, na qual se acentuou a desvalorização do grão, que atingiu um terço dos valores de 1929. Porém, ao contrário de Washington Luís, a política de Vargas já no Governo Provisório foi de amparo total à cafeicultura. Nomeou como ministro da Fazenda José Maria Whitaker, banqueiro paulista do café, mas ligado ao Partido Democrata. A defesa do produto passou a ser feita sem empréstimos externos, financiada, em parte, com recursos extraídos do próprio setor cafeeiro, através da criação de novos impostos.

Em dezembro de 1930, o governo comprou os excedentes do mercado e, pelo Decreto de 11 de fevereiro de 1931, autorizou a aquisição de todos os estoques que ainda não haviam sido adquiridos pelo estado de São Paulo. E mais: todo o café exportado teria de pagar um imposto em espécie de 20%. Criou ainda um imposto de um mil réis por novo cafeeiro plantado nos cinco anos subsequentes. Concomitantemente, o Banco do Brasil abriu um crédito de 150 mil contos para realizar a operação, totalizando 18 milhões de sacas, que equivalia à exportação anual. Em paralelo, foi implementado contrato de consignação junto à Casa Hard Rand – uma das exportadoras mais importantes do país, que antecipou 1,35 milhão de libras esterlinas pela compra de um mesmo número de sacas de café. Quase em paralelo, foi realizada a operação de troca de café por trigo norte-americano.

Contudo, não bastava retirar do mercado parte da produção cafeeira. A estimativa das próximas safras excedia em muito a capacidade de absorção dos mercados. Em face da gravidade da situação, os estados produtores estabeleceram, em abril de 1931, um imposto de dez *shillings* por saca de café exportado, visando o financiamento da compra ou a eventual destruição física do produto. A medida, porém, não resolveu a queda dos preços. Quando da Convenção dos Estados Cafeeiros, ainda em 1931, os fazendeiros exigiam mais providências oficiais.

A fatalidade da superprodução, em tempos de crise, levou então o governo à medida extrema da queima do café. O espetáculo chocou o país e o mundo, inclusive pelo teor simbólico de se queimar o que fora até então fonte de riqueza. Fotos de labaredas destruindo milhares de sacas de café foram veiculadas também na imprensa internacional, dando a dimensão do drama que atravessava o produto de consumo mundial.

Destruição de café

Em maio de 1931, o governo criava o Conselho Nacional do Café (cnc). O novo órgão federal era composto por delegados dos estados produtores que substituíam, em parte, a liderança exclusivamente paulista do antigo Icesp.

Uma das primeiras iniciativas da instituição, em julho de 1931, foi a destruição dos estoques, visando evitar maiores baixas do preço. Essa política coibidora de preços foi ampliada a partir de dezembro do mesmo ano, após a nomeação de Oswaldo Aranha para o Ministério da Fazenda. Decidiu-se, entre outros pontos, o aumento do imposto de exportação, a destruição de 12 milhões de sacas, à razão de um milhão por ano, e a compra do excesso de produção pelo cnc.

Mas a crise da economia cafeeira se agravara, pois, além de reduzir a receita de exportações, causava diminuição de boa parte da receita federal,

Em 1931, o governo autorizou a compra do excedente da safra de 1930 e decidiu iniciar a eliminação física do produto. Dessa forma, impedia-se um verdadeiro colapso na economia pela paralisação da produção cafeeira.

desorganizando as finanças públicas. Em 1932, havia mais de seiscentas fazendas paulistas hipotecadas e, nesse mesmo ano, o plantio do café passou a ser proibido por três anos.

Em 1933, o ineficiente CNC era extinto e se criava o Departamento Nacional do Café (DNC), subordinado ao Ministério da Fazenda. Nesse ano, pela florada da safra de 1933/34, previa-se uma colheita excepcional, determinando nova baixa de preços, dessa vez mais drástica. De acordo com o novo órgão, 30% das safras deveriam ser despachadas para os portos; 30% seriam retidas no interior; 40% seriam destinadas à destruição. Ao longo desse ano, 14 milhões de sacas de café foram incineradas.

A tentativa de contornar a situação, através da retenção e destruição do produto, se manteve até 1937. Em outubro desse ano, o governo decidiu reduzir os preços e aumentar a exportação, abolindo a maior parte das taxas de exportação. As exportações aumentaram em 1938, mas uma nova interferência internacional prejudicou enormemente a possível estabilização da política econômica cafeeira: a Segunda Guerra Mundial.

De todo modo, o país conseguiu equilibrar-se ao longo da difícil década de 1930 não apenas com a manutenção da renda real do setor cafeeiro. Junto a isso, a desvalorização da taxa de câmbio aumentou significativamente a rentabilidade, tanto das exportações não cafeeiras como da substituição das importações, em detrimento do método parcialmente inflacionário de financiar as compras de café, conforme adotado pela administração Vargas. Até meados daquele decênio, contudo, 50 milhões de sacas haviam sido destruídas.

De 1931 a 1944 foram destruídas 78 milhões de sacas, quantia três vezes superior ao consumo mundial anual. Em julho de 1943, a proibição de plantar café foi finalmente suspensa e, em 1944, registrou-se a última queima do produto. Condições climáticas desfavoráveis e abandono das plantações permitiram que a produção brasileira se alinhasse à demanda reprimida do período de guerra.

Importa considerar que todas essas intervenções governamentais geraram uma mentalidade paternalista no cafeicultor, para quem o Estado sempre encontraria uma solução. Essa postura otimista ou pretensiosa, a despeito dos sérios problemas vivenciados, explica em parte o amplo avanço das lavouras, mesmo em períodos de baixa do produto, alastrando-se por todo o oeste do Estado, espraiando-se pelo vale do Paranapanema, de Santo Anastácio ao rio do Peixe, pelo Aguapeí e pelos últimos rincões disponíveis na bacia do Tietê. Ao longo dos anos de 1940, as novas zonas servidas pela Noroeste, a Alta Paulista e a Sorocabana foram responsáveis por 60% do café produzido no estado.

Logo, explica-se em parte que na própria riqueza do produto se encontraria a causa de seu mal. Parafraseando Paulo Prado, uma das melhores fontes do período, as plantações estenderam-se a perder de vista pelas terras roxas do oeste de São Paulo, para onde afluía uma multidão de fazendeiros improvisados, remanescentes do encilhamento ou refugiados das cidades mortas e propriedades exaustas do vale do Paraíba. Ânsia de enriquecimento, coragem e imprevidência marcaram aqueles fluxos, que produziram intempestivamente safras fabulosas, elas próprias responsáveis pela crise permanente.

Não bastava só plantar e vender, como nos tempos passados. O fazendeiro, agora, penava na fazenda, após a colheita, e no despacho do porto.

Na fazenda, eram geadas, sóis abrasadores, ventos frios que crestam as flores, terras cansadas que pedem adubos, pragas daninhas como a grama e a tiririca, formigas devastadoras, salários cada vez mais altos pela falta de braços e carestia da vida, além da broca que a inépcia administrativa deixou implantar.

Colhido o café, sobrevinham os impostos municipais, as taxas de viação, os fretes abusivos, as comissões dos intermediários, os sacos, os juros dos agiotas.

Uma vez no porto, recomeçavam as despesas: carreto, ensaques, descargas, pesagens, empilhações, marcações, estampilhas, corretagem, faturas consulares, novas comissões e inúmeros gastos miúdos.

Vivia-se o martírio do café.

Propaganda de arte

Na esteira da crise de 1929, inferiu-se a necessidade de divulgar o café do Brasil por meio da publicidade. As poucas agências publicitárias que atuavam, em particular na capital paulista, farejavam a importância do negócio cafeeiro como tema de trabalho. Artistas gráficos, ensaiando arte original, eram solicitados para ilustrar a temática, estampada nas revistas de variedades do país.

Constantemente, a seção de publicidade do Instituto Brasileiro do Café recebia propostas para realização de cartazes de propaganda, tanto de procedência nacional como estrangeira. Logo, em 1935, se dispôs a realizar um concurso de cartazes, que atraiu sessenta concorrentes e acabou sendo referência deste mercado gráfico às expensas do negócio cafeeiro.

Floresce nesse momento também uma produção plástica, que tem no fruto vermelho a temática recorrente, remetendo o consumo do café às sociedades urbanas, industriais e modernas, condizente com a percepção do ritmo então vivido nas capitais progressistas do país. A propaganda se valia da associação do produto à efervescência paulistana. A capital paulista, terra do café, despontava com os primeiros arranha-céus do país, projetando seu crescimento sem precedentes. A despeito da crise, e mais do que nunca, São Paulo ainda era o café.

Pequena propriedade

A crise de 1929 pode também ser vista como marco da fragmentação do latifúndio cafeicultor. A partir dela, intensificou-se o retalhamento da terra, quando a pequena propriedade revelou-se alternativa para o cultivo agrícola.

Muitas das pequenas propriedades existentes até então figuravam como remanescentes dos núcleos imperiais do final do século XIX, ou da colonização que se impôs após a crise cafeeira de 1905, quando Carlos Botelho, então secretário da Agricultura, criou no estado paulista os núcleos de Nova Odessa, Tibiriçá, Nova Europa, Nova Pauliceia, Gavião Peixoto, recriando ainda o núcleo de Campos Salles, de 1897. Naquela altura, todas essas unidades direcionavam-se para áreas de povoamento recente, com solos de boa qualidade e servidas pela ferrovia, com o intuito de fixar o imigrante à terra.

A coexistência da pequena propriedade tradicional ao lado da grande lavoura – ambas produzindo café – ocorreu, por exemplo, na cidade de Jundiaí, entre 1890 e 1920. Esta memória, hoje tão apagada na região conhecida como "terra da uva", leva a população a indagar, surpresa: "Jundiaí teve café?" Sim, caro leitor. Foi cultivado com sucesso naqueles núcleos reduzidos, gerando história e identidades próprias. Foram unidades que se adaptaram às exigências da lavoura de exportação e, após a onda cafeeira, dotadas de plasticidade de cultivo de outros bens, souberam recriar a economia local, voltando-se para produtos direcionados ao mercado interno. Tocadas por lavradores brasileiros e italianos, aquelas comunidades foram hábeis em cultivar outros produtos como alternativa econômica das entressafras.

Em período bem anterior, de 1840 a 1895, o município de Socorro, vinculado à Mogiana, também conhecera a produção de pequenas propriedades lavradas em família, situadas nas franjas das grandes fazendas. Ali foram raros os sítios com trinta mil pés de café, ocorrendo com frequência aqueles com 5 mil pés. Por vezes, um só proprietário possuía vários sítios espalhados em torno do núcleo urbano, com dois mil e três mil pés de café. Entre aqueles proprietários, a fragmentação por herança não ocorreu, pois os membros das famílias faziam uso comum das áreas do sítio, onde constavam, além da modesta casa sede, pastos, gramados, monjolo, paiol e, a partir de 1880, terreiros, tulhas e carros de boi.

No complexo cafeeiro de Franca, entre 1890 e 1914, onde as fazendas se instalaram com o regime de colonato, a dificuldade de cumprir os contratos de trabalho em período de escassez monetária levou alguns proprietários a vender pequenos lotes de terras a colonos como forma de pagamento de dívidas. Por parte dos colonos, a possibilidade de acumulação derivava do trabalho familiar e revenda de produtos plantados nos cafezais.

Após 1929, o retalhamento se consumou, permitindo novo ordenamento não só das propriedades, mas também dos costumes, da sociedade, das práticas culturais, da paisagem. A despeito das novas dimensões das terras de cultivo, o café persistiu por bom tempo como lavoura preferencial nessas unidades, agora tocadas em novas bases. Através do cultivo familiar ou da contratação de *camaradas* e *porcenteiros*, os sítios de café floresceram, muitos deles com produção expressiva, em detrimento de grandes fazendas outrora poderosas e agora, irremediavelmente, arruinadas.

Contudo, a grande propriedade cafeeira ainda se propagava, sobretudo no avanço do cafezal para as frentes pioneiras que se abriam no novo oeste, fosse a noroeste ou a sudeste do estado. Nessa arrancada pós-1930, a implementação dos negócios do café vivenciaria outras bases, constituindo-se essa expansão – que culminaria com o avanço pelo norte do Paraná – em nova etapa do cultivo cafeeiro.

O café avança

Em 1920, com um bilhão de pés de café, a cidade de Ribeirão Preto, no norte do estado, era a maior produtora do mundo. Mas também a oeste, na Alta Paulista e em direção à Média Sorocabana, o café vinha sendo plantado com sucesso. As recém-nascidas cidades de Marília, Assis e Presidente Prudente descortinavam novos horizontes tomados por cafezais, em campos havia pouco território de índios selvagens. As propriedades haviam sido adquiridas por cafeicultores que deixavam as terras cansadas do velho oeste, descendentes de antigas famílias fazendeiras, muitas delas ainda do fundo do vale.

Com essa geração de fazendeiros surgiam novos profissionais que definiram parte da conquista do oeste. Um deles foi o *corretor de terras*, que especulava com áreas rurais e terrenos urbanos, chegando a formar sólidos patrimônios. O caso de Marília é exemplar. A cidade, criada em 1926, resultava da junção de dois patrimônios, Marília e Alto Cafezal. Aquele, de propriedade do tradicional fazendeiro Bento de Abreu Sampaio Vidal, e este, do português, corretor de terras, Antônio Pereira da Silva. De imediato, café e ferrovia foram o binômio presente na área, que distava 438 quilômetros da capital. Era o avanço da famosa linha Alta Paulista, que atravessava Bauru, Alba, Brasília, Cabrália, Marília, Nóbrega, até Panorama, nas margens do rio Paraná, limite do estado com o Mato Grosso do Sul. Mas a área foi também beneficiada pela abertura de estradas de rodagem que ligavam Marília à região noroeste (Lins, Cafelândia), à região Sorocabana (Assis, Ourinhos) e ao norte do Paraná.

Na cidade de Lins, o suíço Max Wirth adquiriu terras no então sertão bruto, de mais de mil quilômetros quadrados, o equivalente a um quarto da área de seu país de origem. Ali formou a fazenda Suíça, que possuía em 1926 mais de um milhão de pés de café e quinhentos alqueires de pasto. Implantada em moldes modernos, a propriedade tinha olaria, serraria, oficinas, máquinas para beneficiar café, tendo sido pioneira no noroeste a adubar as terras e construir curvas de nível. Mas o suíço também se embrenhou na mata, abriu picadas, permaneceu dias em barraca com fogueira acesa por conta de onças na região, enquanto se alimentava de carne de macaco, na constante falta de víveres.

Desta ocupação aventureira e hostil, que só recentemente vem sendo recuperada, a cultura infletiu para o norte do Paraná, em território de mata serrada. Teria início um dos últimos e mais promissores avanços do café em sua caminhada sem trégua na região Sudeste.

Nas terras do Paraná

A primeira área paranaense a ser atingida situava-se mais exatamente entre Cambará e o rio Tibagi. Na região de florestas virgens, de excelente terra roxa, a produção deslanchou, com seu séquito de benfeitorias, configurando, em uma década, a nova paisagem cafeeira do estado paranaense. Todavia, esse avanço se deu com um diferencial: no norte do Paraná, coube aos ingleses o gerenciamento de um dos maiores e bem planejados investimentos na apropriação das novas terras.

A grande aventura teve início em 1924. Naquele ano, Simon Joseph Fraser, o carismático lord Lovat, técnico em agricultura e reflorestamento, estivera em São Paulo como observador da Missão Montagu, chefiada por lord Montagu, convidado pelo presidente Arthur Bernardes, para analisar a economia brasileira e reconstituir o Ministério da Fazenda. Lovat se entusiasmou com a fertilidade das vastas terras do Paraná. No regresso a Londres, foi fundada a Brasil Plantations Sindycate Ltd., da qual surgiu a Companhia de Terras Norte do Paraná. Esta tinha a finalidade de adquirir e transmitir terras e fora controlada posteriormente pela Paraná Plantations de Londres, da qual viria toda a estrutura financeira necessária para as atividades no Brasil. Tratava-se do maior plano de colonização até então realizado por uma empresa privada no país, situado na margem esquerda do rio Paranapanema.

O empreendimento, na prática, foi desenvolvido por Arthur Thomas, a quem coube organizar a companhia com estatutos registrados em 1925. Obtida a concessão de 515 mil alqueires, estabeleceu-se como eixo das

O cultivo do café no Paraná permitiu o surgimento de novas cidades com cuidadosos projetos de planejamento urbano. Acima, a inauguração da estação de Londrina, conhecida como a "pequena Londres". À esquerda, cartaz de divulgação da cultura cafeeira no Primeiro Congresso Mundial de Café, do ano de 1954.

operações a cidade recém-criada de Londrina, "pequena Londres". No empreendimento, estavam George Craig Smith, Willie Davids, Gordon Fox Rule, nomes expressivos na comunidade britânica, há muito atuantes na economia brasileira. Em 1944, as dificuldades da Segunda Guerra obrigaram a venda das ações da empresa, permanecendo, porém, as diretrizes fixadas pelos ingleses, com Arthur Thomas como gerente da companhia até fins de 1949.

A destruição das matas da região foi brutal, com o corte, derrubada e queima de árvores raras e seculares em breve espaço de tempo. Ao contrário, a organização do trabalho na área conheceu alguns cuidados. O governo estadual adotou programa de colonização que favorecia os pequenos agricultores, com alguma assistência técnica, linhas de financiamento e serviços de mapeamento do solo. Concomitantemente, beneficiava a mão de obra com transporte gratuito.

O surgimento de novas cidades era inerente ao processo de expansão do café. Inicialmente, esses aglomerados restringiam-se a ruas de terra e casas de madeira, recebendo contingentes de trabalhadores para a lida nos cafezais. Na etapa seguinte, já eram objeto de cuidadoso planejamento urbano, a exemplo da cidade de Londrina (1934), que se pautou pela influência inglesa, e Maringá (1947), projetada pelo arquiteto Jorge Vieira de Macedo. Esses núcleos urbanos guardam, até o presente, referências de cidades planejadas, configurando um novo urbanismo, de marca qualificada, introduzido pelo avanço do café.

O surto de riqueza e cidades no estado do Paraná definiu a área como centro avançado cafeicultor, marcado pela epopeia de desbravamentos heroicos, divulgados e cantados em verso e prosa. É de autoria da poetisa Cora Coralina um dos poemas mais fortes, em que retrata, através de sua "Ode a Londrina", a etapa fulgurante do cultivo do grão em sua franja pioneira a sudeste, no século xx. Com ele, deixamos o leitor a divisar instantâneos da grande aventura, que sustentou, por várias décadas, a posição do estado do Paraná como maior produtor do grão do país.

> Homens pioneiros
> Chegaram de longe
> Cheios de Fé.
> Na terra vermelha,
> no seio da mata
> na cova profunda
> plantaram café.

251

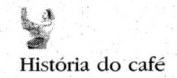
Vanguardeiros.
Braços possantes
ergueram a cidade
na terra distante.

Homens vieram,
Mulheres, meninas.
Casadas, solteiras,
Perdidas e achadas.
Alvas. Morenas. Cafusas.
Mescladas.
Unidos, reunidos
criando a riqueza
nas terras escuras
roxo-vermelha do Paraná.

Reordenando a pequena propriedade

Já se mencionou que a abertura de fazendas nas terras do Paraná conheceu especificidades. Ali também a grande propriedade deu o tom principal da ocupação das terras, onde triunfaram novos empreendedores, possibilitando, por exemplo, o sucesso do imigrante Geremia Lunardelli, que se tornou o "rei do café".

Eram tempos em que, além da propriedade monocultora, os investimentos se diversificavam. Peculiar, porém, no estado paranaense, que conheceu grande corrida para aquisição de terras, a presença do sitiante, proprietário que familiarmente desenvolvia sua lavoura. Por volta da década de 1950 e início da década de 1960, o sítio era propriedade rural com área que variava entre 5 e até aproximadamente 50 alqueires paulistas, considerando-se que o alqueire paulista corresponde a 24.200 m². As áreas com mais de 100 alqueires eram frequentemente classificadas como fazendas, e aquelas próximas a 50 alqueires eram consideradas "grandes sítios", denominadas, também, fazendinhas. Em termos médios, um sítio de 20 alqueires, naqueles anos, era considerado um bom sítio.

A mão de obra das fazendas e sítios paranaenses caracterizou-se por diversas modalidades de trabalhadores, que conformaram categorias identificadas por serviços específicos. O colono foi predominante na fazenda durante toda a década de 1920. A partir de 1930, definiram-se novas relações de trabalho. Tem-se então a figura do *empreiteiro*, responsável pela formação do cafezal, cujo pagamento só se dava na primeira colheita. Na fase seguinte, e mais atuante, veio o *porcenteiro*, que era o chefe de uma família, remunerado com um percentual da produção do café. Contratados pelo fazendeiro, desempenhavam seus serviços em fases distintas, da formação do cafezal e da colheita, respectivamente. Por vezes coexistiam a serviço de várias demandas simultâneas da propriedade. Em geral, o porcenteiro possuía parte dos instrumentos de trabalho, podendo utilizar o sítio para a criação de animais e produção de alimentos. Surge também nesse momento o *camarada*, homem solteiro que trabalhava recebendo pagamento fixo anual, além de acomodação, comida e roupa lavada. Morava na casa do proprietário, em cômodo independente. Mas havia também o *picareta*. Atenção, pois esse picareta não era o mesmo do atual entendimento comum, ou seja, pessoa que usa expedientes ou embustes para alcançar favores. No caso desse picareta do café, sua função era "cavar negócios". Evidentemente, a lábia de que se valiam para comprar ou vender, naqueles tempos sisudos pós-1929, os aproximava do contador de vantagens, que exagerava na qualidade de seu produto para melhor colocá-lo no mercado. Essa tendência de supervalorizar sua mercadoria era mais observada no tocante às propriedades, fosse de terrenos, chácaras, sítios ou fazendas. Em geral, todos se arvoravam em picaretas, na esperança de novos ganhos com a revenda de produtos e terras. Na lembrança de filhos dessa geração, a picaretagem era uma constante: "Desde quando conheci meu pai [...] ele sempre negociava. Comprava um sítio aqui, vendia, comprava lá adiante... Breganhava. O dia que ele não breganhava uma coisa, ele não dormia sossegado. [...] Toda a vida ele negociou."

A despeito da situação incerta do produto, plantar café ainda era o primeiro passo para permanecer ligado à terra, na esperança da melhora do preço, do câmbio, da colocação do mercado. Ainda para a segunda geração de descendentes de imigrantes do Paraná, ter um pedaço de terra para plantar café era o objetivo de vida:

> O primeiro sítio que eu comprei foi lá em Santo Antônio (limite de Rolândia). Comprei 5 alqueires, mandei derrubar o mato e preparei tudo. Peguei o café lá do Bartira, uma lata e meia de semente, preparei ela e fui levar lá. Saí de madrugada... levei o dia todo... meu tio já tinha preparado as covas... Ele plantou. Acho que foi a seca... Aquela primeira planta perdeu [...] Aí eu tornei a arrumar outra semente e meu tio plantou. Semente dentro da cova. Naquele tempo era assim: fazia a cova, punha a semente e depois cobria com madeira. Puxava a madeirinha e cobria... Quando o café estava regularzinho, apareceu negócio para vender. Nesse meio eu tava formando, plantando (mais) no Bartira.

No norte novo, sitiantes se singularizaram dos demais pequenos produtores. Eram proprietários, cuja organização do processo produtivo vinculava-se à mão de obra familiar, mas utilizando também "trabalhadores de fora", camarada ou porcenteiro. Ser sitiante na região significava, em muitos casos, ter mais de um sítio e, a partir dos anos de 1950, viver na cidade. Os proprietários deixavam a propriedade apenas para exploração e trabalho, tornando-se "sitiantes urbanos". Como pequenos produtores capitalizados, que antes de 1960 acumularam economias, puderam migrar para a cidade, tendo no sítio a fonte de renda familiar básica. O chefe da família, que anteriormente trabalhava a terra, passou a ser patrão, apenas controlando, distanciando-se do trabalho braçal. Essa conduta aparece reforçada no depoimento de um sitiante da região, confirmando que nessa etapa o proprietário assumia a conduta do fazendeiro tradicional, que não se envolvia com o trabalho braçal: "Chegava, dava ordem, olhava o serviço, mandava. Às vezes pegava numa enxada, numa ferramenta para ensinar como tinha que fazer... mas ele não continuava trabalhando. Ele mandava só..."

Do pós-guerra aos tempos de JK

1945. Fim da Segunda Guerra, tempo de reconstrução e até euforia. Os preços do café foram liberados nos Estados Unidos, a Europa retomou as compras e registrou-se a alta do valor do grão. No Brasil, as condições impróprias naquele imediato pós-guerra – brocas e geadas – reduziram os estoques do Departamento Nacional do Café (DNC) e, consequentemente, os estoques mundiais. No Paraná, as plantações ainda não haviam atingido sua melhor produção e não comprometiam o equilíbrio das safras. Na Colômbia, as terras cansadas, de extensão limitada para novas plantações, e a política conturbada determinaram naquele momento o declínio do produto. Na Venezuela, o café foi substituído pelo petróleo. Logo, entre 1944 e 1954, sobrevém a escassez de grãos nos mercados mundiais. A conjuntura volta a favorecer o café brasileiro

Desde 1952, o governo estivera atento à situação peculiar, intervindo no mercado. A criação, ao final deste ano, do Instituto Brasileiro do Café (IBC) – mais uma instituição destinada a pensar os problemas do setor – vinha como parte de nova política. Sob o lastro do café brasileiro, o candidato Juscelino sonhou a modernização do país. Observe, leitor, os rumos do produto na gestão que lançava o Brasil a viver seu Plano Quinquenal.

Durante a gestão de JK, o governo estimulou a propaganda da *commodity* no exterior. Na foto, propaganda do Departamento Nacional do Café para países da América Latina.

A industrialização pretendida na presidência de Juscelino Kubitschek de Oliveira (1956-1961) valeu-se, significativamente, das receitas obtidas com a exportação de café. Entre 1956 e 1961, o novo governo adotou uma política intervencionista para o setor cafeeiro, com várias medidas para sua otimização. Por um lado, manteve mecanismos como o confisco cambial, enquanto criava taxas para a exportação; de outro, procurou desenvolver um parque industrial e econômico, indutor da modernização da agricultura.

Durante a gestão JK – em que a propaganda das ações do governo conheceu tratamento privilegiado –, as realizações pertinentes ao setor cafeeiro foram amplamente divulgadas. O Convênio da Organização Central do Café, assinado no Rio de Janeiro, em 1958, resultou, em 1962, no Acordo Internacional do Café, que estabelecia cotas de exportação por país produtor, para maior controle da oscilação da produção e dos preços do mercado mundial. A irregularidade com que o acordo foi praticado, porém, determinaria sua suspensão, em 1989.

Em 1958, foi lançada a "campanha para aumento do consumo interno", que, utilizando cafés estocados, fez crescer o mercado doméstico de dois milhões para sete milhões de sacas, em 1965. Mas também se registrou a safra recorde de 1959, que somada aos estoques de sacas de produção excedente exigiu a destruição de dez milhões de sacas, entre 1959 e 1962, com vistas a enxugar a oferta e valorizar os preços no mercado internacional.

Concomitantemente, desenvolveu-se uma política de erradicação dos cafezais pouco produtivos para limitar o plantio e diversificar economicamente as regiões cafeeiras. Novos entrepostos do IBC foram criados. No quadro do país, a despeito de a agricultura – em particular o café – figurar como importante setor da economia, o entusiasmo brasileiro naquela quadra voltava-se para a criação da indústria automobilística nacional e, com grande expectativa, para a construção de Brasília, a nova capital. O ritmo do governo, as novas metas propostas e mesmo a performance progressista do "presidente bossa nova", conforme apelidaram Juscelino Kubitschek, empenhado a governar o Brasil por cinquenta anos em apenas cinco, conformavam outra imagem do país. Esta associada à urgência de uma modernidade técnica, de ênfase na vida urbana, na mudança de costumes. De certa forma – a despeito da importância do ramo cafeicultor na economia nacional – o imaginário do país se desgarrava da paisagem do campo, e o café passava a ser mais um produto – e não exatamente o principal – nos encaminhamentos a que se assistia na política, no êxodo do homem do campo em busca das cidades, nas práticas vivenciadas pela sociedade brasileira, em especial a do Sudeste.

Em meio ao curso das mudanças de costumes e hábitos, sobreveio uma novidade, favorável ao melhor aproveitamento da produção do café brasileiro: a chegada do café solúvel.

Novidade: café solúvel

A partir dos anos 1960, surgiu inovadora oportunidade de aproveitamento do café, com a disseminação das indústrias de café solúvel. Nesta forma de preparar a bebida, o Brasil teve papel importante. Vamos saber, leitor, o porquê.

Ao iniciar a década de 1930, no contexto pós-Crise de 1929, uma delegação brasileira procurou a empresa suíça Nestlé, tradicional no preparo de alimentos desidratados. Na ocasião, era seu presidente Louis Daffles, que já havia morado em São Paulo, a quem foi proposta a ideia de desenvolver um método de desidratar o café, sem que houvesse perda de aroma e sabor quando reidratado com água quente. A presidência da Nestlé viu com bons olhos a proposta e encomendou estudos a seu laboratório em Vevey. Três anos mais tarde, chegou-se ao Nescafé, o café solúvel de preparo instantâneo, com água quente, lançado comercialmente em 1938. No Brasil, porém, a primeira fábrica brasileira de café solúvel – a Nescafé – foi construída em 1953, na cidade paulista de Araras.

Além de o produto dar destino aos excedentes estocados, incentivou o Brasil a conquistar novos mercados, inclusive a União Soviética e o Japão. Entre nós, era a novidade que começava a ser consumida com apelo de modernidade, em momento em que os rústicos e especializados armazéns de secos e molhados, onde até então se vendia o café em grão, torrado ou moído, eram substituídos pelas prateleiras reluzentes de fórmica e alumínio dos supermercados, com rótulos atraentes, alusivos à simplificação de seu preparo e às comodidades da vida moderna. No início, os tradicionais consumidores do café coado estranharam a bebida. O aroma e sabor eram muito diferentes do pó natural que se consumia nos lares, balcões e Cafés. Mas, enquanto o consumidor nacional ainda estranhava, o produtor enxergou longe e com bons olhos o surgimento do café solúvel, uma nova possibilidade de colocação do grão. Na composição do solúvel entrava também o café tipo *robusta*, pouco cultivado no Brasil, mas com possibilidades de introdução no país.

Em tempos de grandes transformações, dos hábitos mundiais àquelas vivenciadas internamente, a tradicional paisagem do café se alterou. O Brasil continuou a ser o primeiro produtor do mundo, mas a participação dos estados na produção nacional se dava em outra ordem. Após a terrível geada de 1975, no Paraná, o estado de Minas Gerais ascendeu na liderança, reservando a São Paulo o segundo lugar no *ranking* da produção nacional.

Interferência de grande monta sobreveio no quadro dos governos militares empenhados, por caminhos diversos, em políticas modernizantes. A crise internacional do petróleo, nos anos 1970, exigiu reordenamento de pesquisas e investimentos, movimento que interferiu duramente na produção cafeeira. A criação do Programa Pró-Álcool substituiu, da noite para o dia, as lavouras de café do estado paulista pela cultura da cana, que agora recebia incentivos governamentais. Em certo sentido, o ciclo era de alguma forma retomado, a lembrar-se de que o café surgiu entre nós substituindo a cana. A implantação das usinas de açúcar e de álcool introduziu no estado outra força de trabalho, na sua maioria composta de migrantes nordestinos, trabalhadores boias-frias, assim como passaram a ser também boias-frias os trabalhadores das remanescentes fazendas cafeeiras.

Na perspectiva da história do café, era o fim de uma época. Diversamente do passado, quando o declínio das terras exigia mudança e avanço para a frente pioneira, mantendo-se intacta a fidelidade ao cafezal, agora o movimento se dava em outras bases e a cultura era outra. Tratava-se apenas de alterar a produção, plantando cana-de-açúcar em lugar de café, ou de arrendar a propriedade para que outro a cultivasse, desde que fosse com cana ou com soja. Esta última, entrava como grão da vez, de forte interesse comercial.

A onda verde se transformava em mar de cana, enquanto a agronomia moderna levava o café para estados e regiões até então insuspeitos de fertilidade para a rubiácea. Os cafezais despontavam agora com vigor no Espírito Santo, mas também em Goiás, Rondônia e Bahia. Com eles, novos trabalhadores rurais, proprietários de perfil diverso, amanho e cultivo diferenciados, intensificando-se a mecanização da lavoura.

Antes de encerrar definitivamente este ciclo, convém recordar alguns desses homens e mulheres do café, que agora saíam de cena, transformados em história e memória, agentes mobilizadores do Império e dos primeiros tempos da República.

Gerações de fazendeiros

O café criava compromissos afetivos, uma reciprocidade
de benefícios, um pacto de Fausto: a fortuna efêmera
em troca de uma ligação para sempre.
Luís Martins, *A fazenda*

O sucesso do fazendeiro de café do Império se deveu em grande parte às condições favoráveis: grande extensão de terras virgens, mão de obra escrava farta, conjuntura internacional propícia e mercados externos em alta. Dessa geração inicial – dos "barões do café" – são muito lembradas as propriedades e fortunas do barão de Nova Friburgo (1795-1869), do comendador Joaquim José de Souza Breves (1804-1880), do barão Pati do Alferes (1824-1885), nomes lendários do Império que se destacaram no cultivo do produto, predominando então as grandes propriedades cafeicultoras.

As dificuldades de administração destas empresas começaram a surgir, sobretudo, a partir das limitações da mão de obra, fosse pela suspensão do tráfico, encarecimento do cativo e subsequente abolição da escravatura. A introdução do trabalho livre, ao final do século XIX, a necessidade de investimento em maquinário moderno, os novos mecanismos financeiros, a relação com comissários e casas exportadoras e as tantas variáveis de mercado, sujeito agora à maior concorrência, tornaram complexa a gerência daquelas unidades de produção, exigindo muito tino dos proprietários. Mais difícil ainda para homens nascidos no quadro do Império, com dificuldades de lidar com as tantas novidades do correr do século. Mas enriquecer "afazendando-se" era símbolo forte a reger as metas, não só dos *homens livres da ordem escravocrata,* mas também de adventícios da República, que tinham a terra e o grão de café como bens maiores, emblemas de fortuna.

Dessa *geração da transição,* referências ainda do fim do Império e advento da República, figuram cafeicultores que não só souberam administrar seus negócios como ainda ensaiaram a diversificação do capital. O conde do Pinhal (1827-1901), o visconde de Cunha Bueno (1829-1903) e o conde de Parnaíba (1831-1888), entre outros, foram agentes modernos a seu tempo, que otimizaram e potencializaram os lucros do cafezal, investindo em novas atividades. O conde do Pinhal transformou seu capital agrícola em comercial e financeiro no espaço de trinta anos, ao adquirir a Companhia de Estrada de Ferro Rio Claro, revendê-la e, na sequência, criar o Banco de São Paulo; o visconde de Cunha Bueno montou sua fazenda em moldes industriais nas proximidades do rio Mogi, transformando-a em propriedade modelar; o conde de Parnaíba lançou-se no empreendimento da ferrovia e na criação da Sociedade de Imigração.

Entrando na República, os fazendeiros de café que souberam se adequar à administração da empresa cafeeira figuravam como senhores de fortunas poderosas – até porque agregavam a elas o capital social e político que lhes advinha como representantes de especial segmento da oligarquia agrária. Basta lembrar os presidentes da República, em particular Prudente de Morais, Campos Salles, Rodrigues Alves e Washington Luís, grandes proprietários, provindos de famílias cafeicultoras ou consorciados com representante delas.

Contudo, a instabilidade econômica passou a reinar para o segmento que inaugura a República. Acentuou-se no contexto da política de valorização da moeda, implementada por Washington Luís em detrimento do café e mais ainda na dramática Crise de 1929. Nesta, como o leitor observou, a bancarrota de muitos foi definitiva, enquanto para outros, que persistiram no cultivo sem outra alternativa econômica, a insegurança tornou-se crônica. Coube aos imigrantes, indiretamente beneficiados pela crise, a aquisição de terras na baixa, prosseguindo com a cultura do produto e ocupando nichos do mercado. Seu cotidiano era despojado, diversificava na medida do possível a agricultura em suas terras, reinvestia os lucros no beneficiamento da propriedade, o que lhe garantiu enriquecimento, colocação e, mais tarde, ascensão social.

Nesta complexidade do setor, foi louvável a atuação de fazendeiros não só bem-sucedidos, mas sobretudo norteadores das políticas necessárias ao produto, especialmente quando a indústria passou a dar o tom da economia no país, em detrimento da ênfase agrária e da agroexportação.

Três personagens, quase contemporâneos, ilustram não só outras formas de uso do capital para a lavoura, mas também a capacidade administrativa das novas gerações no difícil quadro de transição e crises sucessivas. São agentes do cenário cafeeiro que, por razões não muito distintas, foram cognominados "reis do café": Francisco Schmidt, Carlos Leôncio de Magalhães e Geremia Lunardelli, três cafeicultores de extratos sociais diferentes que ilustram esta excelência. Vale um breve retrospecto das respectivas biografias, atuações e encaminhamentos, que determinaram suas atuações singulares.

Francisco Schmidt: primeiro rei do café

Em 1890, o imigrante alemão Francisco Schmidt (1850-1924) adquiriu de João Franco a fazenda Monte Alegre, na região de Ribeirão Preto. Sintomática foi a venda por um *formador de fazenda* de café, proprietário de uma fazenda que, apesar de próspera e moderna, servida por energia elétrica antes mesmo da cidade, acabou tendo que ser vendida a um imigrante. Isso se deu porque não era fácil para homens com a mentalidade de comerciantes de escravos – como o fora João Franco – lidar com a realidade diversa da República: homens livres, liberalismo econômico, economia complexa.

Mais afinado com aquele momento, o imigrante Francisco Schmidt, familiarizado com o capital comercial, beneficiou-se das possibilidades do novo mercado, obtendo empréstimo da firma Theodor Ville, exportadora alemã de café com escritórios em Santos, uma das mais fortes no Brasil. Uma vez capitalizado, Schmidt pôde investir na aquisição de terras e progredir. Certo que conviveu com a terrível crise de superprodução de 1897, mas, independentemente dela, como hábil negociante, soube construir um império particular com o melhor cafezal, que brotava nas terras roxas da Mogiana, então o grão preferido do mercado.

Em 1913, tornou-se o primeiro produtor mundial de café, conhecido internacionalmente como "rei do café". Na propriedade com 14 mil colonos, chegou a cunhar moeda própria de alumínio, utilizada como instrumento de

À direita, Francisco Schmidt, que chegou a possuir muitos milhões de cafeeiros, quando então passou a ser conhecido como o "rei do café". Acima, o quadro de apresentação de Schmidt, que mostra a localização de suas fazendas e a qualidade de sua produção – até mesmo com dados estatísticos.

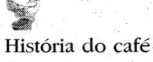

compra pelos colonos. Tornou-se figura lendária, fosse pela rápida ascensão como pela qualidade de sua produção. Ao falecer, em 1924, ainda tinha contas a ajustar com a Theodor Ville, e boa parte de seus bens passaram àquela exportadora. A fazenda, nas mãos de seu filho Jacob, apresentou sinal de decadência, que se acentuou severamente pela quebra da bolsa em 1929. Em 1940, a propriedade foi adquirida pelo governo getulista, que ali instalou a Escola Prática de Agricultura Getúlio Vargas. Hoje, abriga o *campus* da Faculdade de Medicina de Ribeirão Preto – USP. Na antiga sede da fazenda encontra-se o Museu do Café.

Carlos Leôncio de Magalhães: segundo rei do café

As origens de Carlos Leôncio de Magalhães (1875-1931) o colocam em posição diferenciada de seus congêneres "reis do café" e mesmo de seus pares fazendeiros. A melhor percepção de sua trajetória pede breve retrospecto familiar.

A família paterna deitava raízes no comércio do Rio de Janeiro. Ali, seu avô Magalhães, nascido em Portugal, prosperou como comerciante, proporcionando educação seleta ao filho Carlos Baptista de Magalhães, que cursou o Colégio Pedro II, contemporâneo de Joaquim Nabuco e Rodrigues Alves. Posterior derrocada econômica familiar levou o jovem Carlos Baptista a arriscar-se como representante comercial na então mais longínqua boca de sertão paulista, os Campos de Araraquara. Casou-se com Leôncia, filha do comerciante Justino de Freitas e neta do tropeiro Jesuíno de Arruda, um dos fundadores da cidade de São Carlos. Na região, projetou-se como empreendedor atilado. Mudou-se para Santos, onde teve como sócio o conde do Pinhal, na firma Botelho & Magalhães. Mais tarde, ao desfazer-se a sociedade, ligou-se à Casa Bancária Lara, Magalhães e Foz. Homem da elite local, apoiado no capital comercial e financeiro, só foi abrir sua primeira fazenda em 1890, aos 48 anos, a fazenda Cucuí.

Nestas trajetórias pioneiras, mundos diversos se confrontavam, convivendo no mesmo agente social o modernizador econômico e o conservador político. Em Carlos Baptista, coexistiram ambos: o comerciante e fazendeiro bem-sucedido, empreendedor da ferrovia, fundador da Companhia de Estrada de Ferro de Araraquara e o romântico restaurador da Monarquia, que, em 1902, insurgiu-se contra o governo republicano de Campos Salles, no movimento fracassado conhecido como Revolução de Ribeirãozinho.

Seu filho, Carlos Leôncio de Magalhães, conhecido como Nhonhô Magalhães, testemunhou as experiências paternas: a estada em Santos a serviço dos negócios do café, os investimentos modernizadores na região, a criação de Casa Bancária e a abertura da Cucuí. Conhecia, portanto, toda a dinâmica que regia a lida com a rubiácea e, acima disso, a sensibilidade da cultura do grão e os casuísmos e improvisos dos planos de estabilização econômica.

Com tal bagagem, lançou-se em empreendimento mais arrojado, compatível com as exigências da moderna empresa cafeeira, adquirindo a fazenda Cambuí, na região de Matão, vasta como as antigas sesmarias, ainda em boa parte coberta por mata virgem. Administrou-a como complexo industrial, denominada Companhia Industrial Agrícola e Pastoril d'Oeste de São Paulo, empresa que realimentava todos os negócios a ela afetos – do trato agrícola à comercialização do produto e aplicação de seus lucros em novos ativos.

Com sabedoria, preservou intacta vasta cobertura de matas, ricas em madeiras de lei. De alguns milhares de pés de café, atingiu a marca de três milhões de cafeeiros. Formou pastagens para cerca de mil cabeças de gado em cinco mil alqueires de terras. Estendeu seis mil rolos de arame farpado para conter os rebanhos. Dividiu a fazenda em vinte seções ligadas por linhas telefônicas. Empregava três mil pessoas naquele universo rural, cuja produção chegou a trezentas mil arrobas de café por ano, fora outros produtos. Pelo interior da propriedade avançavam setenta quilômetros de trilhos da Estrada de Ferro Araraquara e Douradense, com nove estações; para os serviços internos, foram construídos trezentos quilômetros de estradas de rodagem.

Logo, a Cambuí tornou-se a maior propriedade agrícola do estado de São Paulo e a maior produtora de café em coco, com uma superfície de 750 quilômetros quadrados, estendendo-se pelos municípios de Matão, Araraquara e Ibitinga. Era famosa mundialmente.

Todo o complexo da Companhia Industrial Agrícola e Pastoril d'Oeste de São Paulo, referenciado pela fazenda Cambuí, constituía-se das fazendas Cambuí, Alabama, Boa Vista, Santa Josefa, Retiro, Palmas, Guanabara, Niterói, Água Sumida, São João, Flórida, Califórnia, Arizona, Contribuição, Mato Grosso, Barreiro, Virgínia, Tamandaré e Pedregulho. Mais do que formar uma grande propriedade para depois revendê-la como negócio, Carlos Leôncio criou uma verdadeira empresa, que só poderia ser comprada por uma empresa multinacional.

Foi o que aconteceu em 1924, quando a fazenda Cambuí foi vendida por vinte mil contos de reis para a Brazilian Warrant, *holding* de capital investido em atividades do café. Até então esse valor nunca fora alcançado por nenhuma propriedade. A quantia fabulosa levou, inclusive, à publicação do cheque em jornal, assinado por Edward Green contra o British Bank of South América Limited, emitido em 4 de novembro de 1924, notícia que foi veiculada até mesmo no *Il Piccolo* da Itália. Ao ser adquirida pelo grupo inglês, a antiga sesmaria de Cambuí passou a chamar-se Cambuhy Coffee and Cotton Estades Limited.

Daquela imensidão de terras, ainda muitos ativos ficaram em mãos do antigo proprietário, com destaque para a fazenda Itaquerê, avaliada em 3.200 contos. Nesta propriedade de 5.570 hectares, implantou usina geradora de energia elétrica para iluminar uma cidade de 80 a 100 mil habitantes e reservou uma área de 242 hectares, protegida dos efeitos da erosão, onde obteve maior colheita por unidade de área e menor custo de produção por café beneficiado. Coube-lhe ainda o Prêmio de Conservação do Solo, instituído pela Secretaria de Agricultura.

Em 1928, assumiu outro negócio de grande envergadura: uma área de oito mil alqueires de matas e pastagens denominada Barreiro Rico, na região de Piracicaba e Botucatu.

Inevitável, pois, que Nhonhô Magalhães virasse lenda e seu nome ressoe até o presente como referência no trato da terra, nos negócios do café e na excelência dos negócios. A residência que construiu em São Paulo, na avenida Higienópolis – onde não chegou a morar, pois faleceu antes de sua conclusão – é um exemplar palacete paulistano, hoje tombado pelo Patrimônio. A seu lado – também construído por Nhonhô – figura o edifício Pedro II, de três andares, uma das primeiras edificações verticalizadas no bairro, sinalizando a modernidade de seu empreendedor. Na denominação do imóvel – edifício Pedro II – as contradições de um segmento da elite do país, com vistas largas para empreendimentos da vanguarda econômica, enquanto reverenciava símbolos de um Brasil monárquico e rural, que já era passado.

Com sua morte, em 1931, aos 56 anos, encerrou-se um ciclo. Já se consolidara, porém, uma nova geração de homens de negócios, que ia além do café. Seus filhos tocaram a empreitada administrando a fazenda Barreiro Rico, às margens da represa de Barra Bonita, onde se dedicaram ao cultivo de bovinos nelore.

Geremia Lunardelli: terceiro rei do café

Geremia Lunardelli (1885-1962) figura como exemplo recorrente do imigrante italiano que "fez a América". O caminho dessa construção passou pelo café.

Geremia Lunardelli é exemplo do imigrante italiano que "fez a América". Acima, o palacete erguido na Avenida Brigadeiro Luís Antônio, na capital paulista. À direita, hall de uma das residências de Lunardelli, em São Paulo, da década de 1930, com ambientação e móveis idealizados por John Graz. Ao fundo, o mural em relevo com temas sobre o café, base e símbolo de sua fortuna.

Com a família, originária da província de Treviso, desembarcou em 1886 no porto de Santos, com 1 ano de idade. Na Hospedaria dos Imigrantes, em São Paulo, o destino foi definido: fazenda Boa Vista, em Corumbataí, ao lado de Rio Claro, onde os Lunardelli permaneceriam apenas dois anos. Em busca de melhores condições, a família seguiu para Jundiaí, onde cultivou cebola e, depois, para São Bernardo, onde lidou com carvão vegetal, até aceitar um contrato mais vantajoso na fazenda Dumont, em Sertãozinho, zona de Ribeirão Preto, uma das melhores do estado. Naquela propriedade exemplar, Geremia viveu dez anos com a família, benquisto pelos patrões, aperfeiçoando-se no trato do cafezal. Sua educação formal foi precária, autodidata, aprendendo apenas a ler e escrever. O tino para os negócios, porém, revelou-se cedo.

Em 1905, aos 18 anos, criou uma pequena manada de leitões, que depois revendeu. Com o lucro da venda, comprou uma novilha, economizou e, aos 20 anos, adquiriu, em sociedade com o padrasto e a família Modolo, um sítio com 50 mil pés de café e um engenho de cana. Ao desfazer a sociedade, permaneceu com uma parte do sítio e o direito de usar o engenho oito dias ao mês. Esse foi o início de quem, na sequência, negociou café em coco, partiu para a comercialização do produto, firmou contratos com a Casa Comissária Bezerra Paz, em Santos, e adquiriu nova fazenda, em sociedade com um parente. Mas também perdeu dinheiro com a quebra da Bezerra Paz, desfez-se da fazenda e, mais experiente, retomou suas atividades econômicas. Obteve empréstimo na Brazilian Warrant, onde levantou 9 contos de penhor sobre sua máquina de beneficiar café, que, mais tarde, vendeu por 150 contos; adquirindo cafezais, conseguiu dominar o mercado da zona de Ribeirão Preto. Tinha pouco mais de 30 anos e já criara uma rede de negócios, com sólida financiadora por trás e muito prestígio pessoal.

Seu tino comercial revelou-se especialmente ao alterar o roteiro do transporte dos grãos para Santos, transferindo-o da Mogiana para a Paulista, via Pontal, obtendo a economia de 450 réis por saca, o que, na época, significava grande poupança.

Figura carismática, que longe de monopolizar procurava facilitar novos negócios aos envolvidos naquela cadeia produtiva, adquiriu em 1915, no município de Olímpia, a fazenda Pau D'Alho, onde construiu a casa de morada.

Vivenciou todas as crises que levaram muitos fazendeiros ao desânimo: a estiagem de 1916, a geada de 1918 e, doze dias após a compra da vizinha fazenda Recreio, o boato de sua ruína. Mas, com bom nome na praça, renegociou suas dívidas com a Brazilian Warrant, plantou mais pés de café e adquiriu novas fazendas, afrontando a classe cafeicultora paralisada, temerosa das crises. Em nova escalada, visto não mais como aventureiro, mas como investidor arguto, valeu-se do apoio da Casa Comissária Cunha Bueno e do Banco de Comércio e Indústria, retaguarda que lhe permitiu consolidar a fortuna.

Em 1927, era conhecido como rei do café, com fazendas na Noroeste e Alta Paulista. Contudo, inferira que não convinha mais plantar café, pela superprodução dos estoques em relação à baixa demanda internacional. Diversificou parte de suas lavouras, e na Crise de 1929 não desanimou. Limitou sua atividade no setor e contou com o apoio do Banco de São Paulo, em função do bom conceito que gozava. Nos oito anos que durou a crise, aguardou o momento de novamente cuidar de café, quando então se dirigiu para o norte do Paraná. Ali, o homem que começara com a venda de uma pequena manada de leitões desmatou terras e plantou sete milhões de pés da rubiácea, criou vias de comunicação, construiu pistas de aterrissagem para aviões e investiu na lavoura do algodão e da cana-de-açúcar, assentando suas novas propriedades em bases industriais. E mais: criou núcleos coloniais, loteando vinte mil alqueires de terra.

Foi o último "rei do café".

A recuperação da trajetória de três personagens vitoriosos do universo cafeicultor permite inferir que a atuação exigida na quadra inicial do século xx era a de ousado empresário investidor, interessado nas questões do trato do produto. Francisco Schmidt valeu-se de sua experiência de comerciante e dos empréstimos da poderosa firma alemã Theodor Ville; Nhonhô Magalhães estabeleceu em bases empresariais sua indústria cafeeira, comercializando com a Brazilian Warrent; Geremia Lunardelli soube fazer e desfazer sociedades, relacionar-se com casas comissárias, da Bezerra à Cunha Bueno, e bancos, que lhe garantiram equilíbrio nas crises e investimentos em tempos mais favoráveis.

Eram, portanto, homens ousados e de vistas largas, fazendeiros que foram além de seus antecessores, enfronhando-se e dominando de ponta a ponta a complexa cadeia que regia o produto esteio do país: do plantio da muda à chegada do grão no mercado internacional. Com eles, findou a geração das fortunas alicerçadas no café. Até porque, naquela altura, em quadro econômico diverso movido por novas engrenagens do universo capitalista, se descobriu que o café não dava mais para tudo.

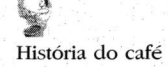

Mulheres do café

Os relatos da história do café, construídos durante muito tempo a partir da ótica masculina, privilegiaram tão só as realizações dos homens, ocultando quando não deformando, a atuação das mulheres. De algum tempo para cá, a figura feminina vem sendo recuperada pelos historiadores num outro diapasão, como agente decisivo no universo cafeicultor. Desde o primeiro momento do percurso cafeeiro, a mulher desempenhou seus papéis tradicionais, mas, com frequência mais do que esperada, também se desgarrou da norma. Embora seu desempenho fosse pouco valorizado, participou, sim, da gerência de fazendas, da renovação do trato técnico agrícola, de projetos de diversificação do capital e, inclusive, atuou politicamente. Essas têm sido algumas das condutas flagradas em biografias ainda pouco difundidas, que merecem consideração.

Desde aqui cabe trazer uma lembrança inevitável, evocando a conhecida história da entrada do café no Brasil com Francisco de Melo Palheta. O relato recorrente e consagrado é aquele de Melo Palheta que, com seu garbo e sedução, conseguiu as sementes de Madame D'Orvilliers, esposa do governador de Caiena, capital da colônia detentora da cobiçada planta. Esse gesto decantado, fato ou não, introduz uma mulher como personagem inaugural no processo cafeicultor brasileiro, desempenhando papel político inegável. Muitos lhe atribuem função decisiva no sucesso da empreitada para obtenção do então "fruto proibido", que anos mais tarde alavancaria o Brasil. Madame D'Orvilliers, de quem não se conhece nem mesmo o primeiro nome, sempre referendada pelo sobrenome do marido, aparece como figura mítica a confirmar o tratamento dado à mulher: mera coadjuvante, quando não situada de modo tendencioso.

As narrativas subsequentes de viajantes, que observaram a mulher da elite em seu cotidiano, não deram conta de retratá-la nas reais dimensões, até porque não era esse o fulcro de suas análises, envolvidos, sobretudo, com pesquisas científicas e embevecidos com a natureza exuberante dos trópicos e os costumes exóticos do país.

O viajante Jacques Lambert, quando de sua passagem pelo Brasil, em 1896, assim descreveu a figura feminina da elite:

> afastada das preocupações da vida e, nas classes mais abastadas, não tem a menor suspeita do que seja a luta pela existência. Nas preocupações do pai, na casa paterna, assim como mais tarde nas do marido, não toma a mínima parte, exatamente porque é educada como uma boneca.

A percepção não poderia ser mais equivocada. Hoje se sabe que, em especial no complexo cafeeiro, a atuação da mulher de elite proprietária foi abrangente, sobretudo nas frentes de expansão agrícola, como esposa, mãe e, em vários casos, como administradora da produção. Embrenhar-se nos sertões e passar uma existência apartada aos caprichos da roda da fortuna foi seu destino até meados do século xx.

Ocorre que o papel normativo da mulher na sociedade patriarcal brasileira confinou sua imagem, relegou-a ao silêncio, perpetuando sua representação em postura recôndita, obediente e reverente ao proprietário, senhor das terras e da família. No cotidiano, porém, estas mulheres severas, de olhar absorto ou infeliz – conforme mostram os retratos –, desestabilizavam as fronteiras simbólicas entre os sexos, desfazendo papéis ancestralmente construídos. Aliás, na galeria das mulheres do café, todas comparecem com efetiva significação social, fosse escrava, imigrante, sinhá, agregada, fazendeira poderosa, esposa de proprietário despossuído ou arruinado, viúva que tocava sozinha suas terras.

Convém lembrar exemplos e lançar alguma luz nesse passado de personagens mal divisadas, vistas tão só como figurantes de velhas fotografias. Em trabalho sensível, a historiadora Marina Maluf pôs em cena duas mulheres fortes do complexo cafeeiro nas zonas de sua expansão para o oeste, em fins do século xix e início do século xx: Floriza Barbosa Ferraz e Brasília Oliveira Franco de Lacerda. Ambas, descendentes de famílias ilustres, acompanharam os maridos ao sertão e cumpriram o duplo papel do gerenciamento do lar e da retaguarda na produção cafeeira. Além disso, elas também trocaram e improvisaram papéis, alguns deles masculinos, por força das necessidades da fazenda na ausência do marido, longe de permanecerem à margem das relações de produção. Privilegiadas, observaram também sob ótica diversa a atuação da mulher do campo, a colona.

Floriza Ferraz, que jamais se "descuidava dos filhos", mesmo quando se encontrava em atividade no terreiro da fazenda do engenho ajudando no desembarque do café, anotou em seu diário:

> Muitas vezes fui forçada a trabalhar na cozinha porque não convinha ensinar as mulheres da colônia e nem eu queria sacrificá-las tirando-as da lavoura. Todas ajudavam muito os maridos na roça, e em casa tratavam dos seus filhos e criações. Além disso, elas gostavam de serem livres, eu achava que tinham razão.

Nesse registro, a dupla informação: em todas as fases do trabalho produtivo, da casa-grande à colônia, das lides domésticas às da terra, as mulheres estavam presentes, desempenhando tanto seus papéis tradicionais como aqueles da produção da empresa cafeeira. Logo, a casa, na fazenda, não era apenas o espaço do privado e a mulher não estava confinada à sua domesticidade, da porta para dentro, mas interagia com o lado de fora, o da grande produção, fosse quando, à luz de querosene "fraca e fumacenta", fazia ao lado do marido a escrituração da fazenda, ou "ajudava" a receber o café que vinha da roça, ou "ajudava" a amontoar os grãos no terreiro quando o tempo anunciava chuvas.

O relato sempre crítico da alemã Ina von Binzer, preceptora de filhos de famílias fazendeiras, descreve a mãe de família a quem servia – uma Prado –, confirmando a dimensão da empresa doméstica:

> D. Maria Luiza está em toda a parte, não perde as pretas de vista, assa ela mesma um excelente pão branco [...] Ela própria faz a manteiga apesar das grandes dificuldades, servindo-se de uma desnatadeira para bater creme; costura incansavelmente na máquina Singer confeccionando roupas brancas e vestidos para as crianças e até mesmo camisas e casacos grossos de inverno para os pretos da casa. Resumindo: ela é mais ativa do que qualquer dessas célebres "donas de casa alemãs", em condições muito mais penosas, e se impõe à consideração e ao respeito de todos.

Vale recuperar mais duas personagens de trajetórias e momentos distintos, mas que ganham força de exemplos pela frequência com que se dedicaram ao trato das propriedades, isoladas na imensidão dos cafezais.

Constância Delphina da Conceição (1842-1918)

Na zona da Mogiana, viveu a matriarca Constância Delphina da Conceição, viúva, conhecida como fazendeira na recém-criada cidade de Guariba (1895), vizinha de Jaboticabal. Originária de Casa Branca, ficou viúva do primeiro casamento de Carlos Virgílio de Mattos, com quem teve quatro filhos e, do segundo casamento, de Antônio Francisco Lemes, com quem teve nove filhos.

Em 1892, a aquisição de suas terras, parte da antiga sesmaria dos Pintos, ao lado de Jaboticabal, era considerada decisiva para o avanço da ferrovia e fundação da cidade de Guariba, então próspero núcleo cafeicultor.

A propriedade de Constância Delphina da Conceição, a fazenda Macaúbas, foi disputada por seus vizinhos, os tradicionais clãs dos Vaz de Arruda e dos Abreu Sampaio, interessados tanto no avanço da linha férrea como na fundação de um povoado valorizador de suas terras. A Estação de Guariba era cogitada como última parada do avanço dos trilhos, prevista no percurso Araraquara-Jaboticabal, e deveria se implantar exatamente, de acordo com a engenharia do trajeto, nas terras de Constância Delphina da Conceição, então com 50 anos. Estavam em jogo ali grandes negócios, que envolviam altos interesses imobiliários nas terras que se valorizariam com a chegada do trem e a fundação do povoado, definindo mais um porto seco para o escoamento do café. Razão pela qual não foram poucas as pressões exercidas sobre a proprietária da Macaúbas, cujas terras estavam em posição estratégica para concretização daquele projeto.

Ao contrário do que se poderia supor, não foi uma negociação fácil para homens acostumados ao mandonismo local e mesmo para os administradores da The Rio Claro São Paulo Railway Company. Só após muitas tratativas e com a aquiescência legal da matriarca, a ferrovia que avançava naquela direção pôde prosseguir. No ano de 1892, os trilhos de ferro atingiram a localidade, inaugurando-se a Estação de Guariba. Com as terras restantes valorizadas, dona Constância soube negociar com os vizinhos a demarcação do novo povoado, vendendo, em 1894, parte de seus lotes, também localizados no sítio previsto para o núcleo urbano, com marco fundante em 1895, quando do assentamento da capela de São Matheus de Guariba.

Apesar do papel decisivo desta mulher fazendeira na concretização daqueles propósitos, até há pouco sua atuação era ofuscada – quando não ocultada – em favor das biografias dos demais fundadores, homens de famílias pioneiras, descendentes de tradicionais troncos paulistas, aparentados entre si.

Sebastiana Pimentel Cunha Bueno (1895-1977)

Avançando no século xx, a atuação múltipla da fazendeira Sebastiana Pimentel Cunha Bueno permite recompor os vários papéis desempenhados pela mulher cafeicultora, em registros ainda mais inovadores, além daquele da construção e manutenção da propriedade: a busca da qualificação do produto, da diversificação do capital obtido com o café e o desempenho político. Nesse caso, sem deixar de cumprir as funções predestinadas pela norma "esposa, mãe e figura benemérita", até porque a filantropia era uma das poucas atividades públicas então consentidas para a mulher da elite.

Ainda a seu tempo, Sebastiana Cunha Bueno virou mito, e em torno dele muitos relatos se construíram e inúmeras histórias foram contadas, algumas ao sabor de fantasias e suposições.

Casou-se com o coronel Henrique Cunha Bueno, de tradicional família de cafeicultores, e viveu em outro momento do avanço da cultura e do trato dos negócios. Não foi, como várias de suas antecessoras, administradora-coadjuvante da fazenda estilo antigo, cuja escrituração se fazia à luz de velas ou querosene nas longas mesas das salas de jantar, mas, sim, da fazenda-empresa, propriedade cuja contabilidade estava a cargo de administradores profissionais, escritórios na capital e em Santos. Tais fatores tornavam mais difícil a tarefa de gerenciamento e controle da propriedade, em especial para uma mulher. No caso de Sebastiana Cunha Bueno, não se tratava apenas de uma fazenda, mas três imensas propriedades – a Bela Vista, a Mombuca e a Himalaia. Nas duas primeiras, Sebastiana permaneceu dos 20 aos 82 anos, trabalhando até as vésperas de sua morte.

Não enfrentou as dificuldades dos antigos trajetos, pois já chegou às suas terras de trem, em 1916. Mas foi ao encontro de um cotidiano difícil, na lonjura das barrancas do Paranapanema, na Média Sorocabana, onde os serviços eram precários, as epidemias rondavam a população, o banditismo grassava solto e as brigas entre camaradas, uma constante.

Com a Crise de 1929 e perda de parte do patrimônio, Sebastiana soube tocar a Bela Vista e a Mombuca, recuperando a antiga situação econômica, enquanto o marido permanecia, sobretudo, em São Paulo e nos escritórios de Santos, tratando da comercialização do produto e dos negócios financeiros da família.

Em 1944, com a morte do marido, assumiu o papel que fora do "coronel" no âmbito político, pois dois anos após foi nomeada prefeita da cidade onde se localizavam as fazendas – Ipaussu – por José Carlos Macedo Soares, então interventor federal no estado de São Paulo. Sua posse na prefeitura local se deu graças ao poder econômico concentrado em suas mãos e às relações de poder com a administração getulista. Ao assumir a prefeitura, Sebastiana Cunha Bueno geriu a cidade como sua própria casa, numa prática então corrente entre os que exerciam funções públicas, em que o público e o privado se confundiam. A benemerência marcou seu cotidiano. Em 1946, criou a Fundação Henrique Cunha Bueno, voltada para menores carentes; organizou um Lar para Velhas; recolheu e encaminhou para instituições especializadas doentes, morféticos e mendigos.

Sebastiana Cunha Bueno, fazendeira inovadora e competente, formou lavouras qualificadas, foi exímia provadora de café, condecorada por Getúlio Vargas pelos trabalhos prestados à cafeicultura, benemérita social, tendo sido uma das primeiras mulheres prefeitas, ocupando a prefeitura de Ipaussu, na Média Sorocabana, no ano de 1946.

Em 1946, no surto cafeeiro do pós-guerra, reconhecida pela excelência de seus cafezais, colocou-se em mais um espaço inusitado para a mulher, integrando o Alto Conselho Agrícola do Estado de São Paulo. Em 1952, por indicação da Sociedade Rural Brasileira, foi condecorada pelo presidente Getúlio Vargas com a Medalha da Perseverança, juntamente com o rei do café, Geremia Lunardelli.

Com uma vida dedicada à lavoura, começava seu dia com a vistoria do cafezal, a cavalo. O testemunho de seu administrador elucida: "D. Sebastiana ficava a cavalo e mandava eu descer: 'Levanta a saia (do pé de café) que eu quero ver'. Se tivesse alguma folha, alguma sujeira, perguntava de quem era aquela tabela de café e já mandava chamar para a limpeza."

A excelência do grão *bourbon* da Bela Vista e Mumbuca, de grande aceitação no mercado, sobrepunha-o aos demais. Com uma particularidade: o produto não seguia em coco, mas já selecionado pelo paladar de sua proprietária, exímia experimentadora de café.

Até o fim da vida, prosseguiu no jogo político, elegendo deputados e controlando o eleitorado para o seu partido, o PSD. O farmacêutico Pinho, que a serviu por muitos anos, rememora: "Tinha que rezar pela cartilha de D. Sebastiana. [...] Até ela morrer, decidiu por aqui quem seriam os representantes políticos. E olhe que a oposição não era fácil..."

273

O personagem Sebastiana Cunha Bueno, aqui lembrado, foi figura de exceção. Cabe reter, porém, que, no complexo cafeeiro, a atuação feminina – da escrava à proprietária – foi determinante no contexto da produção, onde mesmo figuras triunfantes, como sinhá Junqueira ou Sebastiana Cunha Bueno, aparecem com dificuldade na documentação. Recuperar as inúmeras vozes das mulheres do café, ainda silenciadas, permitirá recontar outras histórias, com novos matizes, que possibilitarão compor a diversidade do amplo e rico universo cafeicultor.

Mulheres da "panha" do café

Mudando de classe social, da fazendeira para a colona, ressalta-se a atuação ainda mais abrangente da mulher imigrante na lavoura de café. Hoje, como "boias-frias", elas seguem em caminhões para a "panha do café", expressão usada por elas mesmas para referirem-se à sua atividade na colheita do grão. Consideradas mais habilidosas que os homens para o delicado trabalho da derriça, permanecem pouco reconhecidas no cotidiano da lavoura cafeeira.

Acompanhe, leitor, um breve retrospecto da atuação desta força de trabalho nas terras de cafezais.

Os registros iconográficos do passado as inserem de pronto no mundo do trabalho ao documentarem a família no cafezal, em tratamento bucólico e até repousante. Nada, porém, mais falso. Essa construção do trabalho ameno da mulher no cafezal se consagrou a partir de imagens produzidas pelo governo como propaganda das lavouras do país, visando atrair braços para as fazendas de café. O fotógrafo Guilherme Gaensly, por encomenda oficial, produziu uma série delas, por volta de 1902, divulgando visão paradisíaca e idealizada do trabalho no campo.

Outras tomadas de mulheres imigrantes sucederam-se, percebidas em fotografias precariamente tiradas, colorizadas, compostas para ilustrar a família bem-sucedida, que triunfara na América. Nelas, os rostos estão cansados, os trajes não são bem talhados, mas a matriarca ao centro, cercada de várias gerações, como que sacraliza uma vitória. Só mais tarde, numa percepção crítica, o celebrado pintor Cândido Portinari retratou colonas de pés inchados e pernas grossas, desprovidas de delicadeza, denotando o embrutecimento da mulher no trabalho do café.

De fato, no cotidiano, a colona se desdobrou em inúmeros papéis – esposa, mãe, filha, trabalhadora da roça –, mas este último, em especial, era praticamente anulado, dada a inexistência de um contrato formal de trabalho.

Famílias inteiras trabalhavam nos cafezais e a mulher imigrante se desdobrou em diversos papéis: esposa, mãe, filha, trabalhadora da roça e administradora do lar.

Cabia ao homem, o chefe da família, negociar o contrato de trabalho da unidade familiar com o proprietário das terras, funcionando como verdadeiro "pai/marido/patrão". Logo, esse "trabalho familiar" contratado acabava por "mascarar" o trabalho específico e significativo realizado por mulheres e crianças no trato do cafezal.

Desde o primeiro momento em que entravam no país com a família, as crianças imigrantes, a partir de 12 anos de idade, já eram consideradas "de trabalho". Em algumas zonas cafeeiras, inclusive, a mulher adulta era considerada *meia enxada*, expressão alusiva à metade do trabalho realizado pelo homem adulto. Mesmo que, de fato, produzisse tanto quanto um homem no trato do café, isso não era reconhecido ou devidamente remunerado. Muitas vezes, trabalhavam mais que os homens, pois acumulavam de dia a lida na lavoura – fosse com a colheita ou com o trato da roça de subsistência – e à noite e de madrugada, o serviço doméstico.

Os trabalhos domésticos, a cargo das mulheres, acabavam também por confundir-se com aqueles da lavoura, já que as colonas levavam para a plantação até seus bebês, onde amamentavam, viam os filhos engatinhando e dando os primeiros passos. Uma ex-colona, relembrando sua vida nos tempos da fazenda de café, explicou singelamente a origem das pintas pretas nas costas de um de seus filhos: seriam as marcas deixadas pelos grãos que caíram no menino, que ficava dormindo à sombra do cafezal, enquanto a mãe trabalhava.

No rol de suas tarefas costumeiras é necessário lembrar aquelas da "indústria doméstica" de produtos voltados para consumo próprio e, por vezes, para a complementação do orçamento familiar: preparo de carnes de vaca e de porco, gordura, doces, conservas, farinha de milho, de mandioca, de polvilho; fabricação de sabão; costura de roupas para a família; confecção de colchões e cobertores; produção de rapaduras, queijo, manteiga; beneficiamento de arroz e café, nos pilões.

No trato do café propriamente, no antigo eito do escravo, a tarefa preferencial dirigida para a mulher colona foi aquele da colheita. Tidas como mais ágeis e jeitosas para o serviço da derriça, sua participação, muitas vezes com a colaboração dos filhos nos cafezais, confirma a amplitude do trabalho feminino e sua exploração para o máximo rendimento daquela lavoura. Até o presente, é nessa função que ela se faz presente como "boia-fria" da "panha do café".

Na literatura tem-se a narrativa de cotidianos e de condutas típicas da mulher colona, que confirmam a pluralidade de papéis desempenhados com estoicismo e valentia. Relatos há, também, mais raros, que as situam como transgressoras da norma. Nesse sentido, tem-se o registro de fugas de mulheres da colônia, ansiosas por se desgarrem do grupo familiar, em resposta a paixões que as levavam para longe. Sabe-se que, por vezes, a fuga também era um modo de escapar das despesas do casamento, poupando gastos familiares. Mas também se davam, por terem "caído em desgraça", expressão utilizada para referir-se às fugas de colonas que engravidavam, por conta de violações ou mesmo de sexo consentido, conduta socialmente reprovada pela comunidade.

Num registro popular de sua presença no campo, tem-se quadrinhas que dão conta de aspectos da vivência cotidiana, no mundo do trabalho dos imigrantes do café:

> Quem tive fia bonita
> Não mande apanhá café
> Si fô minina, vem moça;
> Si fô moça, vem muié.

Ou naquela outra:

> Eu quisera sê penera,
> Na coieta do café,
> Para andá dipindurado
> Nas cadera das muié.

Ao contrário, portanto, do registro harmonioso das fontes iconográficas produzidas pelo serviço de imigração, como propaganda dos cafezais do Brasil no exterior, outra história deve ser lida da participação feminina naquele universo. Histórias que vêm se completando através da historiografia recente, que inserem a colona, e hoje a "boia-fria", numa engrenagem complexa, em que figuram como exemplos fortes da força de trabalho do café.

Café, cultura, representações e sociedade

O café dava para tudo!
Dito popular

O café pontilhou inúmeras paisagens, deixando em seu rastro criações e práticas culturais que definiram a política, a sociedade e a cultura de parte do território. Ao tempo do Império, o *Brasil era o café,* mas ao longo da Primeira República duas imagens se embricaram: *O Brasil era o café,* o país do ouro verde, e *São Paulo, a capital do café.*

Da antiga sede da Corte à jovem capital da República, Rio de Janeiro, assistiu-se ao projeto de modernidade introduzido pelos lucros do cafezal. Ferrovia, telégrafo sem fio, reforma urbana, novas sociabilidades, instituições culturais, o preliminar aparelhamento científico do país, tudo decorreu das safras generosas das lavouras cafeeiras. A longa duração do produto no país de tradição monocultora vincou indelevelmente seu *ethos* cultural.

Das fortunas cafeeiras moveram-se as engrenagens do comércio, da indústria e dos investimentos financeiros. Estas tiveram, especialmente na capital paulista – a capital dos fazendeiros – o *locus* da produção cultural, que se irradiou a partir do café.

Não convém principiar recorrendo à Semana de 1922 – sempre evocada como síntese e corolário deste jorrar prolífico. Tudo iniciou bem antes, com inúmeras manifestações decorrentes do dinheiro do cafezal. A começar pelo "aformozeamento" dos espaços urbanos, a partir da segunda metade do século XIX. Nos então toscos "largos da matriz" dos centros cafeeiros pujantes, nasceram escolas e bibliotecas populares com acervo renovado e até contestador; edificaram-se palacetes, que em escala reduzida reproduziam aquele do barão de Nova Friburgo, do Rio de Janeiro (mais tarde Palácio do Catete e hoje Museu da República), ou aquele outro, do marquês de Três Rios, na capital paulista (mais tarde primeira sede da Politécnica e hoje demolido). Assistiu-se também à emergência da arquitetura apalacetada que se instaurou em algumas sedes cafeeiras, com alegorias do café figurando em seus afrescos, enquanto pianos – até de cauda – subiam serra acima, para acompanhar modinhas entoadas sobre o café. Teatros e casas de ópera, às expensas dos potentados locais, passaram a qualificar as cidades, recebendo turnês internacionais.

Infindável a extensa lista de objetos alusivos ao café, legado da cultura material decorrente do produto. Viu-se que, antes que atingisse o primeiro lugar em nossa balança de exportação, seus frutos já figuravam no escudo de armas do Império, criado por decreto em 18 de setembro de 1822, onze dias após o "Grito", sob inspiração de José Bonifácio de Andrade e Silva e rubrica do príncipe regente. Daí desfraldou-se em bandeiras, cantado em hinos, celebrado em alegorias, bordado e pintado em tecidos e porcelanas celebrativas. Colherinhas de prata com grãos de café, molduras lavradas a ouro com folhas e frutos do cafeeiro, móveis talhados com ramagens fartas de galhos de café, encadernações em couro destacando o ramo frutificado – uma profusão de objetos decorativos e utilitários firmou-se como testemunha eloquente das marcas da rubiácea no país, selando o percurso de um tempo: o tempo do café.

Na música, uma composição tangenciando o tema se encontra em Carlos Gomes, na ópera *Lo Schiavo*, com argumento do Visconde de Taunay e libreto de Paravicini. Concluída na Itália, em 1888, foi levada ao palco no ano seguinte no Teatro Lírico do Rio de Janeiro, pelo próprio compositor, em homenagem à princesa Isabel e à Lei Áurea.

Na capital paulista, várias instituições culturais passaram a existir ao abrigo de fortunas geradas nos campos do ouro verde. A criação da Sociedade Cultura Artística, em 1912, por iniciativa do grupo de *O Estado de S. Paulo*, sinalizava que a cidade comportava uma agremiação de caráter privado, voltada especialmente para a propagação das manifestações artísticas. Em outro âmbito, cabe mencionar a figura emblemática de Santos Dumont, cujos feitos se devem a seu talento criador, mas financiados pela fortuna do pai, próspero fazendeiro de café em Ribeirão Preto. *Le petit Santos*, em seu figurino de dândi e estilo de vida requintado, encarnou o modelo da elite brasileira afrancesada pelas benesses das safras cafeeiras.

Logo, a sucessão de realizações culturais decorrentes do café é extensa, exigindo um recorte. Literatura, artes plásticas, música, artes decorativas, arquitetura, artes gráficas e sociabilidades são aqui retomadas em brevíssimos tópicos, passíveis apenas de sugerirem o vasto campo da produção cultural, legado pelo "licor dos trópicos".

Letras e livros

Se no século XVIII a manifestação literária dos árcades floresceu na paisagem mineira das cidades do ouro, as estéticas literárias posteriores transcorreram sob a trajetória cafeeira, pelo menos até 1930. Uma literatura romântica se insinuou a partir daquele cotidiano, mais inebriada de perfume de café que do odor das senzalas, enquanto um imperador loiro de olhos azuis inaugurava exposições internacionais no exterior, onde também o café figurava como galardão do *pays de l'or rouge* (país do ouro vermelho), em alusão à fruta madura do cafeeiro.

Romantismo, naturalismo, regionalismo, parnasianismo, simbolismo e modernismo desabrocharam ao longo do "Império do café" e da Primeira República, com obras pontuais que tiveram o produto como inspiração, temática e cenário. Alguns poucos exemplos ilustram sua força, em vários gêneros e abordagens. A começar pelo romance *O capitão Silvestre e frei Veloso ou A plantação de café no Rio de Janeiro*, de Luís da Silva Alves d'Azambuja Susano, talvez o primeiro romance do Brasil; as obras de José de Alencar, *O til* e *O tronco de ipê*; de Júlio Ribeiro, *A carne*; de Veiga Miranda, *A ressurreição*; do Visconde de Taunay, *A mocidade de Trajano*; de Cornélio Pires, *Conversa ao pé do fogo*; de Oswald de Andrade, sobretudo *Marco zero*; e de Mário de Andrade, em obras infindáveis no quadro do café – de *Amar, verbo intransitivo* aos poemas evocativos do tema. Monteiro Lobato foi além: com a venda de uma fazenda de café, comprou uma revista, a *Revista do Brasil,* e criou uma editora, a Editora Revista do Brasil, com a qual iniciou a produção balizadora da literatura do país.

O drama da decadência da lavoura cafeeira, no contexto da Crise de 1929, mereceu tratamento de Luiz Martins, na obra *Fazenda,* pontual e expressa da desmontagem do cenário rural e da desagregação de fortunas, enquanto a caminhada do café para o novo oeste teve, com Francisco Marins, o relato da saga do produto e, em *Clarão na serra*, um de seus pontos altos.

Na poesia, o festejar da temática é vasto, lembrando a exaltação do café pelo poeta Cassiano Ricardo, inscrito na chave da inserção do produto como expressão do trabalho de uma "raça", uma marca nacional. Em seu decantado poema "Soldados verdes", dá o tom marcial do café na paisagem: "O cafezal é a soldadesca verde que salta morros na distância iluminada [...]", tão ao gosto da atmosfera pós-1932. Mas é em "Moça tomando café", de feliz inspiração, que o poeta evoca, em síntese do curso produtivo da planta, seu significado de longo alcance, já aqui mencionado.

Em contribuição posterior, Carlos Drummond de Andrade evocaria o declínio do grão outrora poderoso no poema "Casarão morto".

Vale retomar, porém, a última imagem do poema de Cassiano Ricardo. Da "moça feliz, que toma café em Paris". Nela, divisa-se, por mera associação, a pintora Tarsila do Amaral, então jovem fazendeira que frequentava a Academie Julian, parisiense. A lembrança da artista neste cenário, que efetivamente foi de seu circuito, desencadeia uma conexão imediata: a da produção das artes plásticas sob as benesses do café, campo prolífico de seu florescimento.

Entre telas, ornamentos e alegorias, um mercado promissor

Por conta do dinheiro do café, Sarah Bernhardt, a diva dos palcos franceses, esteve três vezes no Brasil. Em 1886, 1893 e 1905. Ainda em 1893, ao deixar a cidade de São Paulo, definiu-a como a "capital artística do Brasil". Foi o que bastou para este epíteto agregar-se à capital paulista, muito embora a cidade estivesse longe de responder pela aduladora qualificação. Tratava-se, isto sim, de promissor empório comercial, em que os lucros do cafezal transformavam-se em investimentos de ordem vária e – com bastante urgência – para a representação de uma elite que se queria educada e cultivada. Investir no palacete urbano, nos móveis de procedência francesa e em obras de arte agregava-lhe signos de civilidade e distinção, dos quais não convinha descurar. E o incipiente mercado de arte paulista tornou-se até atraente, associando-se a cidade ao celeiro dinâmico do fluxo do dinheiro dos cafezais. Instituições culturais, salões,

Santos Dumont. Figura emblemática, seus feitos se devem ao seu talento criador, financiado pela fortuna do pai, próspero fazendeiro de café do interior paulista.

mecenas, as primeiras exposições de arte, aulas de pintura, o ensaio de galerias improvisadas e uma imprensa vivaz – enfim, um conjunto de manifestações culturais e sociabilidades artísticas desabrochou na capital paulista, convergindo para ela talentos que floresceram com a República, acentuando-se no curso da política do "café com leite".

Na cidade que crescia e carecia de mão de obra especializada já se fundara, em 1873, a Sociedade Propagadora de Instrução Popular – o Liceu de Artes e Ofícios –, voltado para a formação de artesãos que trabalhassem com matérias-primas da construção civil. Era o início de um processo de estímulo à produção artística, que teve no desdobramento do Pensionato Artístico do Estado de São Paulo, entre 1912 e 1931, uma das mais férteis iniciativas da área. Como cenário e metáfora desta efervescência artística na terra do café brilhava o Salão da Villa Kyrial, de Freitas Valle, figura decisiva na seleção de bolsistas que seguiam para aperfeiçoamento no exterior. Daquele pensionato artístico, inúmeros talentos trouxeram contribuição de peso para a arte brasileira: os pintores Marcelino Vélez e Osvaldo Pinheiro, os músicos Francisco Mignone e João de Sousa Lima, o compositor Romeu Pereira, os cantores Mário Mendes e Leonor Aguiar, os pintores Mário Barbosa, Monteiro França, Dario Barbosa, Paulo do Valle, Campos Ayres, Benedito Calixto, Wasth Rodrigues, Anita Malfatti (com bolsa obtida só em 1923), a pianista Guiomar Novaes, os escultores Francisco Leopoldo e Silva e Victor Brecheret. Salvo Anita Malfatti e o escultor Victor Brecheret, muitos deles retornaram da Europa ainda mais apegados às suas tradicionais estéticas e, na esteira do cultivo do nacional, aperfeiçoaram suas naturezas-mortas, marinhas e paisagens.

Mas a cena artística paulistana permanecia acanhada, marasmo eventualmente quebrado por exposições improvisadas em salões de livrarias e confeitarias do *Triângulo*, datando uma das primeiras, de 1872, na Casa Garraux, a livraria que vendia de tudo, de vinhos a unguentos, inclusive os últimos lançamentos literários de Paris. Em 1880, o criativo impressor Jules Martin causou impacto ao organizar uma grande exposição, com vistas fotográficas da província tiradas por Marc Ferrez. Em 1904, a revista *Antártica Ilustrada*, que tinha o pintor Alfredo Norfini como diretor artístico e Phoca como caricaturista, patrocinava a exposição do pintor Antônio Parreiras, ao fundo da Castelões.

No campo gráfico, um grupo de ilustradores apresentava arte original e interessante, nomes festejados na imprensa do país, muitos deles envolvidos com a arte da caricatura: Rodrigues, Paim, Carnicelli, Ruy Ferreira, Rasmussen, J. Prado,

O pintor italiano Antonio Ferrigno produziu um dos melhores documentos da paisagem do café, através de telas que retratavam as etapas de seu beneficiamento. Uma das propriedades mais reproduzidas foi a fazenda Victória do Barão de Serra Negra, em Botucatu. Na foto, a cena da colheita, onde se pode observar os colonos trabalhando e o imenso cafezal a perder de vista.

Voltolino, Belmonte, Della Latta, Norfini. Emiliano Di Cavalcanti destacava-se então como artista do lápis, ilustrando o periodismo qualificado que saía das modernas máquinas impressoras, também otimizadas com os lucros do café.

Aporte relevante na produção pictórica alusiva ao café coube a Afonso d'Escragnolle Taunay, politécnico transmutado em historiador e reconhecidamente "historiador do café". Ao assumir, em 1916, a direção do Museu Paulista, às vésperas dos preparativos do Centenário da Independência, convocou, como já vimos, pintores expressivos do meio para reproduzir em tela fazendas, técnicas e antigos maquinários de beneficiamento do produto, em extinção, fosse pelo abandono de algumas delas, fosse pela introdução de recursos modernos no campo. Tem-se dessa fase um dos mais importantes acervos da temática, a partir, sobretudo, do pincel de Benedito Calixto, Antonio Ferrigno e Alfredo Norfini, ou, para melhor fruição, no acervo do Museu Paulista da USP, popularmente conhecido como "Museu do Ipiranga".

Na segunda metade do século xx, a temática do café foi reproduzida por vários artistas que ensaiavam novas linguagens estéticas. Acima, em trabalho de xilogravura, Djanira reproduz a colheita de café.

Espaços cênicos e monumentais

As transformações foram de monta nas capitais da inicial República, onde a política atrelada ao café dava o tom. Rio de Janeiro, Belo Horizonte e São Paulo investiram na remodelação e construção da imagem urbana, transformando-as pelo figurino europeu, agregando-lhe equipamentos e signos que as referendava ao investidor estrangeiro, atraindo novos capitais.

Todavia, nessas tantas "operações arrasa-quarteirões" ou nos recorrentes "bota-abaixo" da época, São Paulo, que figurava como epicentro desta riqueza, ainda se ressentia de um teatro à altura da capital. Nesse sentido, 1911 foi ano marco na vida artística paulistana, com a inauguração do Teatro Municipal e da Exposição de 1911, realizações da administração longeva, de 11 anos, do prefeito Antonio Prado, ele próprio a personificação mais acabada de poderoso cafeicultor. Finalmente, a cidade tinha uma casa de espetáculos equivalente aos palcos europeus, com projeto arquitetônico neorrenascentista, de autoria de Cláudio Rossi, associado posteriormente a

Domiciano Rossi e Ramos de Azevedo. No centro do teto abobadado, três telas decorativas, pintadas diretamente no forro por Oscar Pereira da Silva, referentes ao teatro grego, à música e à dança. A capa do programa inaugural vinha gravada em ouro. O barítono italiano Titta Ruffo, que retornava de turnê pela Argentina, abriu com a protofonia de *O guarani*. Entre 1912 e 1926, foram levadas à cena 88 óperas, consignando o repertório geral das temporadas em 270 espetáculos! Naquele palco, em 1919, também se encenou a peça *O contratador de diamantes,* de Afonso Arinos, representada por membros da elite cafeeira – um capricho daquele segmento, amparado com dinheiro do café.

Em torno de 1922

Contudo, havia inquietação no ar. A metrópole do café – que a despeito da recente produção cultural ainda não se elevara artisticamente na proporção de seu crescimento – dava sinais culturais diferenciados e dissonantes. Não exatamente pelos seus focos de cultura, em que ainda uma ronceira Faculdade de Direito – a despeito de abrigar talentos literários e vocações políticas – primava por conservadorismo intelectual. Mas por questionamentos de toda a ordem, que pulsavam nas mesas dos Cafés, nas redações dos jornais, nas edições das inúmeras revistas de variedades então em voga, nas rodas literárias.

De repente, mas não tão de repente, anunciou-se a Semana de Arte Moderna, no Teatro Municipal, em cartaz desenhado por Di Cavalcanti. Por trás dela, o dinheiro do café, traduzido nos aportes financeiros de René Thiollier, Paulo Prado e Washington Luís. Espetáculo que transcorreu entre vaias, aplausos e perplexidade. A partir dali, teve início a construção de uma "memória de ruptura", que conferiu à terra paulista foros de uma vanguarda discutível. Certo que a manifestação de 1922 foi contestadora dos valores artísticos daquela sociedade assentada no cafezal, de arcabouço político conservador e que tinha no PRP (Partido Republicano Paulista) a representação do poder. Mas, passada a Semana, a estupefação extinguiu-se. Do evento, como permanência material simbólica do novo modelo, a revista *Klaxon*, estampando já em sua capa, com letras vermelhas e pretas, novo tratamento gráfico, fatura diversa, conteúdo inovador. Circulou por todo o Brasil, onde se ansiava por renovação, emblemática da quebra de modelos. E deixou marcas.

Cartaz da Semana de Arte Moderna de 1922, concebido por Di Cavalcanti, então jovem artista gráfico que convivia com a elite paulistana.

Mais de cem anos de permanência do "ouro verde" – produto monocultor e base da economia do país – confirmavam sua força, símbolo da riqueza de uma era que marcara a economia, a política, a sociedade, o cotidiano e impregnara o imaginário do país. Em celebração recorrente, a fruta vermelha permaneceu festejada em prosa e verso, em medalhas, nas alegorias das glórias oficiais, na decoração de interiores, na ornamentação de objetos, nas artes plásticas e até em espaços recônditos, a exemplo dos velhos pés de café abandonados em jardins e quintais da cidade, teimando em florescer e frutificar, planta de adorno de evocação afetiva da fazenda distante, para muitos árvore simbólica de lembranças quiméricas dos tempos de abastança.

Em 1942, Mário de Andrade compunha a ópera *Café,* com música de Francisco Mignone. A obra permaneceu inacabada, com o autor já tomado pela fragilidade física que o levaria à morte em 1945. É curiosa esta retomada do tema pelo festejado autor modernista, em pleno Estado Novo, quando as sacas brasileiras do produto concorriam com as chaminés de rolos de fumo negro da indústria paulista e a metrópole do café ia distante, já reconhecida como centro industrial. Na ópera, a história se inicia no contexto da queda da Bolsa.

Sua narrativa compreende três atos que trazem o subtítulo: Porto parado; A companhia cafeeira; Dia novo, enfocando a crise cafeeira, com seus desdobramentos sociais perversos. O libreto é ponto de inflexão do percurso da rubiácea, em que um Mário, engajado e com laivos revolucionários, põe em cena a sociedade espoliada que emergiu da tragédia do café: colonos, estivadores, mulheres famintas, mulheres lutadoras ocupando agora o espaço urbano de humildes casas operárias, espaços de cortiço, o cais do porto. Na fala inicial, está posto o drama: "Café!... O seu fruto me trazia o calor no coração/Era o cheiro da minha paz/o gosto do meu riso/E agora ele me nega o pão.../Que farei agora, que o café não vale mais!". Nas cenas finais, tem-se o confronto no pátio de cortiço de subúrbio, onde o coral, em uníssono, entoa: "É guerra! É guerra! /É revolução!/ É de parte a parte/Fogo na nação".

Ficavam para trás os campos verdejantes e os morros ondulados de cafezais. Os lucros da lavoura, agora aplicados na cidade, transferiam para o espaço urbano as realizações de uma sociedade industrial, onde despontavam outras etnias, fisionomias diversas, novas utopias. A despeito das engrenagens de máquinas poderosas, dos arranha-céus que se apinhavam no velho centro, dos carros que trafegavam espavorindo a população, do ritmo acelerado da dinâmica moderna presidida pelo horário dos trens ou do apito das fábricas, uma imagem maior do país permaneceu indelével, figurando em várias de suas representações até o presente: Brasil, terra do café.

Goles finais de uma história

Amanhã, de manhã, vou pedir o café para nós dois...
Roberto Carlos, *Café da manhã.*

Nos anos de 1970, o *hit* de Roberto Carlos era sucesso absoluto. O ritual do café ali mencionado guardava significados e provocava sensações. Naquela canção, balizava um instante pleno e radioso, confirmando numa simples rima melódica, repleta de poesia, a presença da bebida nos momentos de celebração e no dia a dia.

Porém, não é só no cotidiano imediato, presente, que o café é algo arraigado na vida dos brasileiros. Em suas múltiplas imagens e significados, como se viu, faz parte da história e da memória de várias gerações. De certa forma, é a cara do país, um "líquido nacional".

São muitas as evocações suscitadas pela bebida milenar.

Para os saudosistas, o prazer de preparar o café na forma tradicional evoca um período de tranquilidade, outros ritmos, hábitos e costumes, conforme rememora uma apreciadora:

> Sim, eu sou saudosista quando o assunto é água de filtro de barro, *café passado no coador de pano*, cheiro e brilho do piso de cimento

queimado encerado com cera Cachopa vermelha, leite comprado na porta, pé de fruta no quintal, panela de alumínio que de tão areada vira espelho pendurada na cozinha, cortina de pano embaixo da pia, bule, leiteira, fogão a lenha... Eu quero isso pro fim da minha vida. Tal qual o começo.

Miloca Meireles, quituteira zelosa da culinária mineira, orgulha-se de nunca ter se bandeado para os lados da culinária moderna. O típico "café da tarde" mineiro é uma de suas especialidades. Aos seus cuidados, essa refeição não tem nada de parca, com biscoitos de polvilho, roscas, pães e geleias variadas. Miloca não vê nenhum exagero nesse cardápio, pois "comida tem muito de sagrado". Quem se beneficia é a família, que mantém a tradição do café da tarde na fazenda. Nas ocasiões especiais, é servido em porcelanas chinesas, compradas na época da Monarquia para receber a visita de D. Pedro II. Os herdeiros, nascidos e crescidos em plena República, servem em grande gala suas tardes de café.

Para o chefe de cozinha Charlot, na infância feliz de fazenda, a lembrança da cultura do café ainda é muito viva:

> Achava ótimo brincar no cafezal, andar de carona no trator. Acompanhava a lavagem e a secagem do café espalhado no terreiro. Pulava por cima, comia o grão e ganhava do avô um centavo por saca de café derrubada e um centavo por litro de leite ordenhado.

Hoje, em pleno século XXI, o café amplia sua legião de fãs. É assunto infindável na internet. Certa consumidora feliz e antenada, plugada na internet, conta com graça suas descobertas e sensações com as novidades do *expresso*:

> E daí, lalará, eu fui no Centro e sentei num café lá na rua do Comércio e bebi um adorável café *latte* que tinha um coração desenhado na espuma do leiiiiiiite.

> Agora: alguém me explica por que é que café e leite dá onda? Porque dá, *I swear*. Ah, a pequena felicidade do expresso com leite... Depois de dias sem sentir o gosto de nada... Expresso com leite, agora que eu tô de regime, tem sido minha pequena felicidade mais constante, parceira e, *trusty, You can always trust an expresso* com leite. *Trust me.*

Brincar com o grão de café no terreiro é parte da memória da infância no interior. No entanto, hoje sabe-se que os grãos precisam ser preservados.

Uma outra sugere: "Alguém aceita um biscoitinho? Com uma bela xícara de café, salva qualquer dia nublado do marasmo."

Talvez, mais que o biscoitinho, o essencial seja o café. Com esse líquido de ébano, quem há de resistir aos sequilhos, aos bolos, às tortas, às torradas, ao pão com manteiga, ao entusiasmo pela vida? Sem ele, não vale! Realça os sabores, permite o desfrute pausado e calculado em busca da melhor dosagem para o paladar, levanta o astral, começa bem o dia, finaliza magnificamente qualquer refeição.

O recado carinhoso de outra internauta recomenda: "Comece pelo café da manhã. Faça para sua companhia (ele ou ela, tanto faz) um café com *jazz*. Som no aparelho, baixinho. Café mais forte que a média do que você toma. Torradas. Geleia. Pão fresco."

Por trás das sensações, prazeres, amores e deleites propiciados pelo café, há a engrenagem complexa que põe o produto nas mesas, nos lares, nas fábricas, nos escritórios. Mais do que supunha a linda moça, que absorta tomava café em Paris, indiferente às matas derrubadas e à longa travessia do produto pelo imenso oceano azul, hoje a complexidade se amplia, no quadro

291

da globalização, altamente competitivo. Cifras econômicas, técnicas avançadas e manejos qualificados não podem deixar de funcionar de forma excelente, pois os mercados precisam ser supridos e, significativamente, pela produção brasileira.

Nesta altura, com concorrentes de peso pelo mundo, o leitor deve estar a se indagar: Mas o Brasil ainda é o primeiro produtor mundial de café?

Sim, caro leitor, essa marca é nossa! E cuidar dessa posição tem sido um dos maiores desafios dos produtores e das políticas econômicas que incidem sobre o nosso café. Novas condutas e investimentos de toda ordem vêm sendo realizados nas últimas décadas por cafeicultores e profissionais que atuam nesse riquíssimo mercado, no qual todo o comércio derivado, circunscrito e/ou dependente dele conheceu transformações de monta, sobretudo, a partir dos anos 1990. Mudanças que alcançam as mais diversas mesas e consumos. Do "café da roça", que vê o dia nascer, coado no pano e tomado contemplativamente, por vezes com canto de galo ao fundo – aliás, delicioso! – chega-se à parada rápida na mesa de *design* moderno do café da moda, nas metrópoles. Ali, a ambiência é *clean* e apenas o barulho das máquinas marca o tempo, veloz, enquanto o homem contemporâneo "se permite" uma pausa, sem culpa, e lê o jornal, passando o mundo em revista, enquanto sorve o expresso, que pode ser curto, carioca, matiado, ou *latte*, com espuminha, sem espuminha, aromatizado. As receitas e hábitos são infinitos. Mas há também o gole servido em copo, no balcão das vendas do interior, ou nas lanchonetes das pequenas cidades. E ainda aquele dos *cyber*-cafés, a aguçar os sentidos diante das telas dos computadores.

Entre tantas modalidades de consumo, a grande novidade é aquela dos cafés *gourmet*, grãos altamente selecionados, "cafés finos" para paladares exigentes. Nessa linha estão os orgânicos, descafeinados, aromatizados, que não são apenas vogas de moda, mas produtos que vieram para ficar no mercado, com investimentos que movimentam os mais diversos setores para seu resultado final apurado. Novos manejos, instalações de beneficiamento otimizadas, *marketing* qualificado, embalagens criativas, máquinas sofisticadas, espaços de consumo charmosos, culinária ampliada e a divulgação crescente de seus valores medicinais fazem do café, em tempos de globalização, grão de consumo garantido nos mercados do mundo.

Um batalhão de baristas coloca-se à disposição dos interessados. Esse segmento de "profissionais do café" domina o conhecimento do grão, do aroma e do sabor, obtendo, através de máquinas maravilhosas, a extração da melhor alquimia entre dosagem, cremosidade e apuro na apresentação, controlando as medidas ditadas pelo "bar". O significado dessa palavra, para sermos rigorosos, é física pura. Vem do grego *barys*, e se trata de unidade de medida de pressão igual a 10 pascal (o pascal, também uma unidade de medida de pressão) correspondente a aproximadamente 750 mmHg, ou 0,987 atmosfera. Difícil? Não importa. O resultado, a tirada do melhor café, é o que interessa. Na verdade, não é preciso dominar a física para tirar um bom café expresso. Basta bom-senso, algumas leituras e certa prática no manejo da máquina. Para os mais exigentes, porém, a excelência dos resultados depende do talento do barista. Na "terra do café", as várias legiões de cultores da bebida começam a se interessar pelo domínio da técnica do expresso e seus derivados. Proliferam cursos de baristas, com diploma e tudo o mais de direito, para iniciantes, amadores ou para profissionais. Não por acaso, os recentes concursos de baristas, com júri internacional, têm tido dificuldade em selecionar os vencedores diante do talento dos concorrentes.

Por sua vez, produtores e demais envolvidos com a comercialização do café procuram ampliar o conceito de qualidade, aumentando o consumo ainda restrito dos cafés finos, hoje reduzido a uma elite, visando atingir novos públicos. Aliás, já não sem tempo. O primeiro produtor de café do mundo tem o dever de responder de forma competente por todo o ciclo deste produto, do pé à xícara.

Vamos espiar um pouco a quantas anda esta produção.

Repassando a produção

A lavoura cafeeira, entremeada de subsequentes momentos de apogeu, declínio e ruína, deixou em seu rastro marcas de opulência e registros da decadência que vincaram a história do país e amadureceram as novas gerações para o trato do produto. A despeito dos tantos avanços técnicos e científicos da área, assim como da formação graduada de modernos cafeicultores, o produto continua sujeito às oscilações temerárias de mercado e mesmo de manejo. É permanente a ronda de ameaças, sejam aquelas provenientes das intempéries climáticas, das pragas e doenças, das casuísticas políticas de governo e da variação dos mercados internacionais.

E mais. A competitividade se amplia, considerando-se a progressão das plantações do Vietnã e de países da África, que, ao lado dos tradicionais concorrentes – Colômbia e Venezuela –, desenham novo quadro no concerto internacional da globalização. Para ter uma ideia desta progressão, veja só, leitor, a lista dos atuais produtores de café: África do Sul, Angola, Austrália, Bolívia, Brasil, Burundi, Camarões, China, Colômbia, Costa do Marfim, El Salvador, Equador, Filipinas, Guadalupe, Haiti, Honduras, Ilhas Galápagos, Madagascar, Martinica, Moçambique, Panamá, Peru, Porto Rico, República

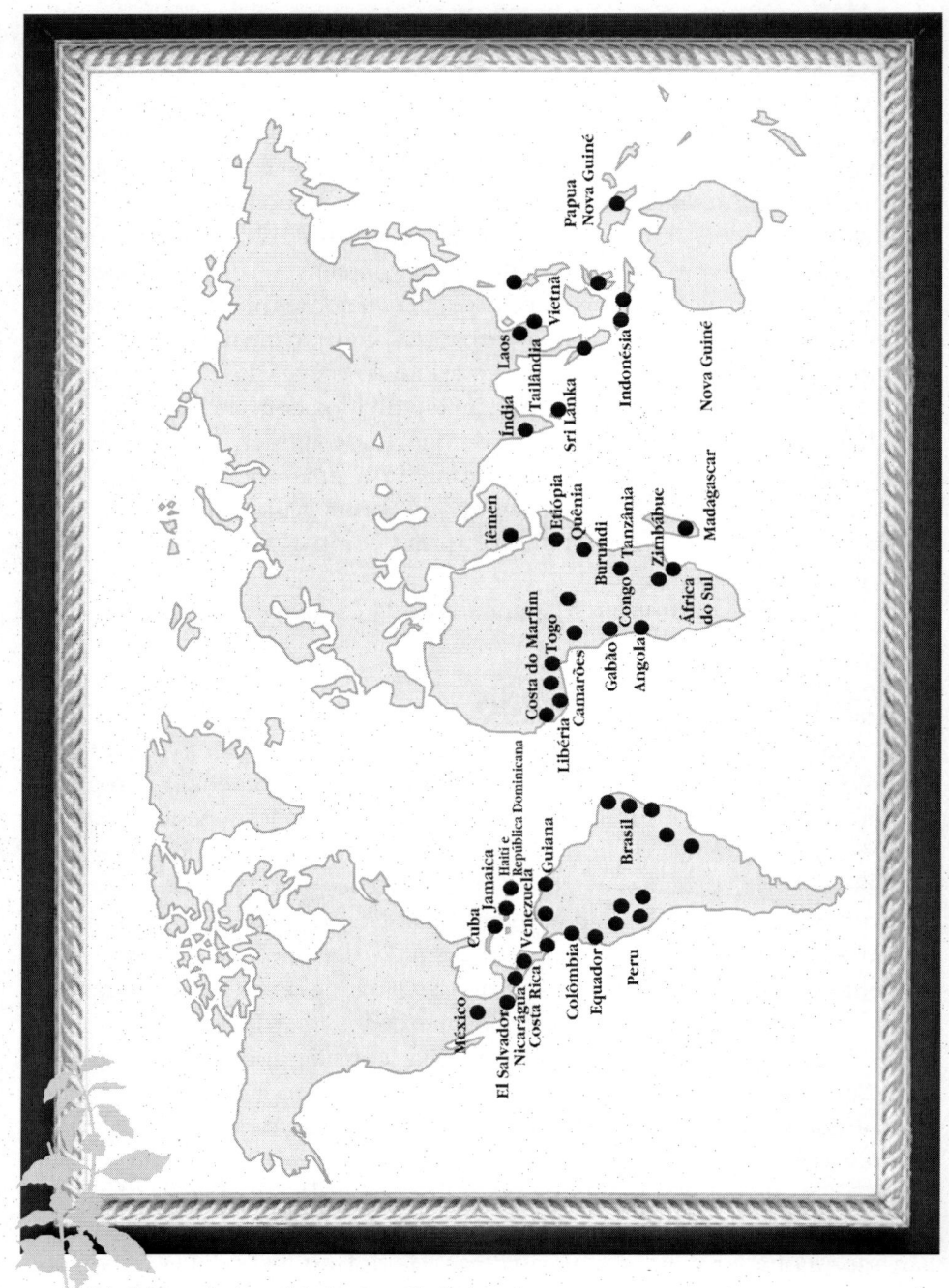

Principais países produtores de café atualmente.

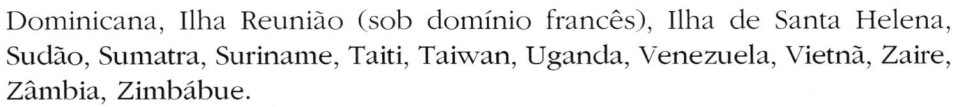

Dominicana, Ilha Reunião (sob domínio francês), Ilha de Santa Helena, Sudão, Sumatra, Suriname, Taiti, Taiwan, Uganda, Venezuela, Vietnã, Zaire, Zâmbia, Zimbábue.

Certo que o mercado consumidor se ampliou nas últimas décadas, uma vez que o café – seja expresso ou coado – tornou-se a bebida de preferência mundial, inclusive superando o consumo do chá na Inglaterra. Em meio à alta competitividade e detendo o posto de primeiro produtor do mundo, o Brasil investe significativamente na cultura, descortinando novas fronteiras e técnicas renovadas para seu plantio. Com o mesmo ímpeto do avanço nas franjas pioneiras da primeira metade do século xx, em direção ao novo oeste paulista e norte do Paraná, o café se espraiou mais recentemente por outros estados, atingindo áreas a princípio inviáveis para seu cultivo, a exemplo da região Norte e Nordeste do país, inclusive, experimentando, com sucesso, novas variedades do produto. Para esses avanços, a agricultura praticada tanto nas lavouras recentes como naquelas abandonadas e retomadas vem requerendo técnicas avançadas, muita irrigação nas regiões sujeitas à seca e o uso controlado de fertilizantes.

As principais áreas cafeeiras ainda se concentram no Centro-Sul do país, representadas por quatro estados produtores, aqui citados em ordem de colocação no *ranking* de produção: 1º Minas Gerais; 2º São Paulo, 3º Espírito Santo e 4º Paraná. Na sequência, vem o Nordeste, com plantações na Bahia, e a região Norte, com a produção de Rondônia, seguindo-se a produção de Mato Grosso, Pará, Rio de Janeiro, Mato Grosso do Sul e Acre.

Quanto à distribuição dos tipos de café, a produção de café *arabica* se concentra em São Paulo, Minas Gerais, Paraná, Bahia e parte do Espírito Santo, enquanto o café *robusta* é plantado principalmente no Espírito Santo e em Rondônia.

Repassar esta nova geografia dos cafezais no Brasil, assim como as tendências que presidem estas plantações, permitirá ao leitor a apreensão mais acurada do café na paisagem e na economia brasileiras.

Nas Minas Gerais, xô "água de batata"! Por aqui, só cafés finos!

O estado mineiro é o primeiro colocado em volume de produção desde meados dos anos 1980. Sua tradição cafeicultora remonta ao século xix, com as plantações dos cafezais da Zona da Mata. Dotado inicialmente de produção modesta, Minas Gerais ascendeu para o terceiro posto, na primeira metade do século xx, tendo a cidade de Juiz de Fora como referência desse novo surto. A partir de 1970, o estado galgou o segundo lugar no *ranking*, favorecido pelas novas plantações do sul de Minas, do Sudeste e o declínio da produção paranaense, vitimada pela geada. Colaboraram ainda a especial topografia, o clima favorável, as terras produtivas e a preexistência de ramal ferroviário. Uma década depois, a produção mineira passou a ocupar o primeiro lugar no quadro nacional, posição mantida até o presente, acompanhada de investimentos em tecnologia de ponta, incrementando a qualidade final do produto.

Na sua maioria, estas produções atendem às exigências modernas para seu trato, mas cabe ao cerrado mineiro o nível de excelência, decorrente, sobretudo, do clima favorável, de verões quentes e chuvosos e invernos amenos e secos. As cidades de Araguari, Araxá, Indianópolis, Monte Carmelo e Patrocínio centralizam as maiores lavouras da região do cerrado, a principal abastecedora do mercado de café *gourmet* internacional, um dos nichos mais convidativos do setor na Europa e nos Estados Unidos.

O cerrado mineiro, com altitude de 800 metros, cultiva o café arábica, predominando as variedades Mundo Novo e Catuaí. As regiões das Matas de Minas e Jequitinhonha, com altitude média de 650 metros, possuem lavouras de arábica, especialmente das variedades Catuaí e Mundo Novo. Mas é no sul de Minas, com altitude média de aproximadamente 950 metros, que o café corresponde a 70% da renda das propriedades rurais da região, conhecida pela produção de bebidas finas. Além de cultivar o café arábica e as variedades Catuaí e Mundo Novo, mantém lavouras das variedades Icatu, Obatã e Catuaí Rubi. Ali, a cafeicultura foi introduzida na década de 1850, e muitos núcleos urbanos surgiram a partir das grandes fazendas. As principais cidades produtoras da região são Três Pontas, Guaxupé, Ouro Fino, São Sebastião do Paraíso, Varginha, São Tomás de Aquino, Itamogi, Alpinópolis e Santa Rita do Sapucaí. Na safra de 2004/5, Minas contribuiu com quase 48% da oferta nacional.

Em São Paulo, o consumo dos *gourmet*

No estado de São Paulo, segundo colocado na produção brasileira, as principais regiões produtoras são a Mogiana, a Alta Paulista e a região de Piraju, praticamente confirmando as áreas históricas das últimas frentes pioneiras do estado.

A Mogiana, uma das mais tradicionais em território paulista, localizada ao norte, possui cafezais cultivados a uma altitude que varia entre 900 e 1.000 metros, em solo arenoso. Mantendo a tradição de produzir "cafés de bebida mole", cafés mais finos, a região cultiva somente a espécie arábica, principalmente as variedades Catuaí e Mundo Novo. As principais cidades produtoras são Espírito Santo do Pinhal, Mococa, Franca, Cristais Paulista, Jeriquara, Pedregulho, Rifaina, Itirapuã, Patrocínio Paulista, São José da Bela Vista, Altinópolis, Batatais e Restinga.

A Alta Paulista, localizada a oeste do estado, a uma altitude média de 600 metros, dedica-se particularmente à produção da Mundo Novo. Tende, porém, ao cultivo da Obatã, em razão de sua qualidade, resistência à ferrugem e porte baixo, que facilita a colheita. Até porque a topografia favorável do solo permite a utilização de máquinas. Com déficit hídrico relativo, o problema da região é a ocorrência de doenças e pragas, sobretudo a ferrugem. Também incomodam a cochonilha, o bicho mineiro, a broca e o ácaro. A região, conhecida pela produção da "bebida dura", é formada pelas cidades de Garça, Gália, Vera Cruz, Marília, Alvinlândia, Lupércio, Álvaro de Carvalho, Parapuã, Junqueirópolis, Lucélia, Adamantina e Osvaldo Cruz, entre outros municípios produtores.

A região de Piraju, a uma altitude média de 700 metros, produz café arábica, com cerca de 75% sendo da variedade Catuaí, 15% da variedade Mundo Novo e 10% de novas variedades, como Obatã, Icatu, entre outras.

No Espírito Santo, nas terras do *robusta* Conillon

No Espírito Santo, terceiro colocado na produção cafeeira do país, são cultivadas as espécies arábica e robusta, sendo esta na variedade Conillon. O cultivo da robusta tem sido marcante no estado, expandindo-se principalmente nas regiões baixas, de temperaturas elevadas. Atualmente as lavouras de robusta ocupam mais de 73% do parque cafeeiro estadual e respondem por 64,8% da produção brasileira da variedade. O estado coloca o Brasil como segundo maior produtor mundial de Conillon. Ali também o café foi responsável pelo desenvolvimento de um grande número de cidades, destacando-se no cultivo da rubiácea os municípios produtores de Linhares, São Mateus, Nova Venecia, São Gabriel da Palha, Vila Valério e Águia Branca.

No Paraná, cultivo em altitudes variadas

O estado do Paraná, quarto colocado, chegou a ter 1,8 milhão de hectares dedicados ao cultivo de café. Entre 1950 e 1970, foi o primeiro produtor do grão, cobrindo de cafeeiros 1,8 milhão de hectares na região, responsável por mais de 50% da oferta nacional. A despeito do avanço no trato do produto, as geadas de 1975 atingiram drasticamente suas plantações, com sérios prejuízos no mercado

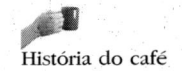

internacional. Só nas décadas de 1980 e 1990, o café foi ali retomado, em escala bem mais modesta, com pouco mais de 150 mil hectares ocupados.

Hoje esse número é de apenas 156 mil hectares, mas o café ainda está presente em aproximadamente 210 municípios, responsável por 3,2% da renda agrícola paranaense. Seu cultivo se dá nas regiões do norte pioneiro, norte, noroeste e oeste do estado. Suas áreas de cultivo muito extensas possuem grande variação de altitudes. A altitude média é de aproximadamente 650 metros, sendo que na região do Arenito, próximo ao rio Paraná, a altitude é de 350 metros e na região de Apucarana chega a 900 metros. A espécie mais cultivada é a arábica e as variedades predominantes são Mundo Novo e Catuaí.

Na Bahia, alta tecnologia e café irrigado

O estado da Bahia é o quinto colocado na produção do país, com 5% da produção nacional. Ali, a cafeicultura surgiu a partir da década de 1970, com grande influência no desenvolvimento econômico de alguns municípios. São três as regiões produtoras hoje consolidadas: a do planalto, mais tradicional produtora de café arábica; a região oeste, também produtora de café arábica, sendo uma região de cerrado com irrigação; e a litorânea, com plantios predominantes do café robusta, variedade Conillon. A região oeste, em particular, vem utilizando alta tecnologia para café irrigado. No parque cafeeiro estadual predomina a produção de café arábica, com 76% da produção – 95% sendo da variedade Catuaí –, contra 24% de café robusta.

Rondônia, cultivando só robusta

O estado de Rondônia representa o sexto maior estado produtor de café e o segundo maior estado produtor de café robusta, especificamente, com uma área de 165 mil hectares e uma produção de 2,1 milhões de sacas, constituídas exclusivamente pelo café robusta – variedade Conillon. A produção está concentrada nas cidades de Vilhena, Cafelândia, Cacoal e Rolim de Moura.

Ainda a questão da qualidade

A despeito da concorrência de tantos novos países produtores, o Brasil comparece com quase um terço da produção internacional de sacas, volume equivalente à soma da produção dos outros seis maiores países produtores. Somos, também, o segundo mercado consumidor, atrás somente dos Estados Unidos. Esta informação, contudo, precisa ser vista com reservas. A imensa

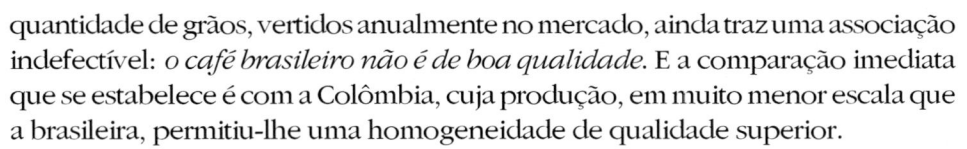

quantidade de grãos, vertidos anualmente no mercado, ainda traz uma associação indefectível: *o café brasileiro não é de boa qualidade*. E a comparação imediata que se estabelece é com a Colômbia, cuja produção, em muito menor escala que a brasileira, permitiu-lhe uma homogeneidade de qualidade superior.

No passado, as grandes exportações brasileiras, de fato, em face de um mercado menos exigente, despachavam o café mal selecionado, com muitas impurezas. E, por isso mesmo, era um café mais barato. Tornou-se competitivo, também, por esta deficiência, isto é, pela possibilidade de venda a preços mais baixos, em razão da qualidade inferior do produto. Essa tendência de exportar mais, com menos qualidade, a preço baixo ainda se mantém e não é mais desejável, pois se trata de um dos motivos do decréscimo da participação brasileira nas vendas internacionais a cada década.

As razões para esse desempenho são históricas. Vimos que, no Brasil, desde o início, o café foi mal plantado e mal beneficiado, prevalecendo a busca do lucro imediato, a qualquer custo, em detrimento do cultivo qualificado, que significava investimentos em maquinário e pesquisas criteriosas. Sua comercialização também passou por vicissitudes, em mãos de agentes comissários comprometidos tão só com a especulação perversa. Concomitantemente, as políticas de governo, ainda que tenham investido na valorização do produto, o fizeram de forma equivocada e casuística, longe de se preocupar em aprimorar a mercadoria-referência do país.

Enquanto esses dados explicam as dificuldades da produção interna, que interferem em seu prestígio no exterior, a queda dos preços internacionais comparece como entrave para sua melhor colocação.

No mercado internacional, a imagem do produto brasileiro ainda não é favorável. Além da permanência de alguns problemas crônicos reais que afetam a produção como um todo, o café do Brasil não goza de boa reputação em termos de qualidade, a despeito de consumido mundialmente. É um estigma que vem sendo sensivelmente combatido pelos produtores, embora em sua veiculação no mercado ainda faltem aportes que projetem as recentes melhorias de manejo e os cuidados especiais na produção, com vistas à criação de produtos diferenciados, em particular os cafés *gourmet*. Cabe também à má qualificação nominal do grão parte da responsabilidade pelo desmerecimento do produto.

Mole, baixo, riada e rio: que classificação é essa?

Data de 1949 o Decreto nº 27.173, responsável pela classificação do grão. Não bastasse seu atual anacronismo, em face das mudanças de mercado

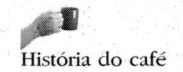

do novo milênio, este dispositivo mantém conteúdo desconcertante ao determinar que o café seja qualificado por seus defeitos, isto é, o número de deficiências é a referência de classificação do produto. No topo da tabela, o grão mais bem classificado é o *tipo 2*, com quatro defeitos. Mas a classificação por pequenos defeitos é prática retrógrada.

Certo que naquele pós-guerra, no ímpeto de abrir novos mercados, a tendência foi exportar ao máximo o produto, liberando-o de pré-requisitos que pudessem prejudicar sua competitividade em termos de preço. Assim, não só o café com defeito saía mais barato como ainda poderia ser despachado com impurezas, figurando como um produto de carregação. Na sequência, consolidou-se a visão do café brasileiro como "produto comercial", uma *commodity* que servia de base para misturas sem qualidade. Essa imagem internacional desfavorável foi acentuada, sobretudo, na concorrência com o café da Colômbia, geneticamente superior e objeto de tratos que o qualificaram progressivamente no mercado.

Mais uma vez o estigma de "produto sem trato" associado à imagem do café brasileiro – e atualmente infundado – até há pouco foi mal trabalhado pelo *marketing*, contribuindo para a decrescente colocação do produto.

A começar pela nomenclatura utilizada na qualificação de sabor, pouco recomendável como apelo de consumo. As denominações pífias – *mole, baixo, riada e rio* – são pouco atraentes para consolidação de venda de uma imagem. *Mole* diz respeito à bebida naturalmente adocicada, agradável e ácida; a bebida *dura*, de gosto amargo e adstringente; em seguida a *riada*, de sabor ligeiramente químico; e, por fim, a bebida *rio*, com gosto químico-medicinal. Basta lembrar a diferença de denominação do café colombiano no exterior, identificado como *supremo* e *excelsior*, para se perceber a diferença do apelo.

CLASSIFICAÇÃO	ANALOGIA COM A ÁGUA
Mole	Água leve como água mineral
Dura	Água tratada
Riada	Água não tratada
Rio	Água de cano velho

Tabela básica de classificação do café na qualificação de sabor utilizada no Brasil.

Selo de pureza: um emblema para a retomada do café

A elevação do consumo interno e melhoria da imagem no exterior são metas para qualificar e potencializar a inserção do café brasileiro no mercado.

Nesse sentido, o ano de 1989 pode ser considerado marco para essa retomada, quando se desfez a estrutura do Acordo Internacional do Café, que durante décadas regulou preços e oferta. Em 1990, também foi positiva a extinção do IBC – Instituto Brasileiro do Café –, que assegurava a produção de todo cafeicultor com preço de garantia, misturando grãos ruins aos de qualidade superior.

Decisiva, porém, tem sido a ação da ABIC – Associação Brasileira da Indústria do Café (ABIC), que desde 1989 vem desenvolvendo programas de melhoria da qualidade. Inicialmente procedeu à análise do café em circulação, inferindo que 38% das amostras das marcas analisadas apresentavam impurezas, de cascas e paus até pó de madeira, terra e limalha de ferro. Os produtores passaram a ter mais cuidado e, hoje, são detectadas impurezas em menos de 5% das amostras das marcas analisadas.

Como estratégia para divulgar o novo controle de qualidade da produção, a ABIC instituiu o *selo de pureza*, para constar nas embalagens do café torrado e moído, apostando também em seu investimento em caráter de "produto diferenciado".

Selo de pureza.

Publicidade qualificada

Várias iniciativas de caráter publicitário vêm sendo tomadas na divulgação do café brasileiro. Em 1999, o Brasil foi país-tema na 12ª Feira e Conferência da Associação Americana de Cafés Especiais, realizada em São Francisco, nos Estados Unidos. O grão brasileiro ocupou o maior dos 700 estandes desse evento, que atraiu milhares de visitantes. Divulgou para os compradores de cafés especiais de todo o mundo os diferentes tipos produzidos no país, em concorridas sessões de prova e classificação para especialistas. Segundo Carlos Brando, da P&A, empresa responsável pelo programa "Cafés do Brasil", de divulgação do café brasileiro no exterior, a feira não só demonstrou que o Brasil tem a oferecer produtos ao gosto dos mais variados clientes como ainda teve o mérito de deixar bem claro à delegação brasileira – composta por trezentos membros, entre produtores, exportadores e torrefadores – que há um mercado sedento por cafés especiais e disposto a pagar bem por isso.

Empresas promotoras de concursos vêm premiando os melhores produtores, como pagam ágios de até 100% sobre os preços do café comum.

Desde 1999, torrefadoras estrangeiras vêm comprando toneladas de grão brasileiro e vendendo café por aqui, sob a forma de sachês, produzindo seu *blend* e personalizando-se no mercado. A cada dia cresce mais o mercado de consumidores nacionais interessados, que se tornam fiéis apreciadores do produto.

À sombra das árvores, a nova paisagem do café

A descoberta de que o pé de café gosta de companhia é recente. Alguns produtores perceberam que pés que brotavam à sombra das árvores eram mais viçosos. O cafeicultor Paulo Sérgio, da fazenda Santa Terezinha, decidiu que por lá não se corta nenhuma árvore. "O café aqui da fazenda elegeu a taiuveira (conhecida também como taiuva ou amoreira-branca) como companhia predileta: debaixo dela é muito maior o número de galhos e frutos. Ainda não sei por que, mas vou descobrir!".

Já o agrônomo e fazendeiro José Romero, que "sabe tudo do café", transformou seu cafezal na fazenda de Ouro Fino em verdadeiro pomar. José Neto, nas terras de Mococa, deixa até crescer ervas daninhas no pé dos cafezais, produzindo um café da Mogiana, consumido e muito apreciado até no Japão.

Apostando na virada!

O elixir brasileiro vem se aprumando para se apresentar cada vez melhor no mercado, e a busca por excelência tem surtido efeito. Um dos primeiros resultados foi a retomada do consumo doméstico, também afetado ao longo das últimas décadas, mas que ganhou fôlego em anos recentes. De 8 milhões de sacas comercializadas no início dos anos 1990, o Brasil saltou para 12,5 milhões no final da década, representando um consumo *per capita* de 3,8 quilos. O país só perdeu em volume para os Estados Unidos, que consomem anualmente de 19 a 20 milhões de sacas.

Contudo, mesmo por aqui, a retomada não está sendo fácil, puxada principalmente pela locomotiva do café expresso, que tem crescido a taxas de 10% ao ano, o dobro da média de evolução do consumo total de café no país, dominado pelo grão em pó. Segundo estudos do Sindicato da Indústria de Café do Estado de São Paulo, a venda interna de expresso subiu mais de vinte vezes em oito anos. Além de inúmeras padarias que possuem a máquina para expresso, estima-se que o Brasil tenha oitocentas casas de venda de café, geralmente vinculadas a redes de franquia, que estão trazendo de volta o velho costume nacional de saborear calmamente a bebida, de preferência sentado, e não mais em pé, e em goles rápidos. Segundo Nathan Herszkowicz, presidente do Sindicafé, "o processo de extração do expresso destaca os melhores aromas e sabores e está criando o hábito cultural de consumir um café mais requintado, como já acontece nos Estados Unidos, que tem 6.500 casas de café". Nesse sentido, cabe cuidado no uso de grãos, pois, assim como o expresso realça o sabor do grão qualificado, também o faz com relação ao grão inferior.

A chegada ao mercado dos "cafés de origem", com garantia de procedência e características definidas, veio mudar a comercialização do grão. Os primeiros produtores que se organizaram para a venda foram aqueles do cerrado mineiro, como se viu, região climaticamente privilegiada para o cultivo de grãos de alta qualidade. Entusiasmados com o diferencial alcançado no preço (mais de 20%), cafeicultores das demais regiões produtoras do país caminham para adoção do mesmo procedimento.

Entre diferentes formas de distinção pelo qualitativo, ganha prestígio também a produção de cafés orgânicos, atualmente a cargo de 22 fazendas entre Minas Gerais e São Paulo, num volume em torno de 40 mil sacas. Em 1998, eram apenas dez produtores, com colheita de 26 mil sacas. Tanto o mercado japonês como o norte-americano pagam por esse café de 15% a 50% a mais que pelo tipo comum.

A comparação com a Colômbia é inevitável. Esse país produz 10 milhões de sacas do grão (um terço de nossa colheita), exporta 90% de sua safra, tem participação de 13% no mercado global e goza da fama mundial de vender café de qualidade superior à nossa.

Há motivos para apostar numa virada também lá fora. O Brasil detém boa estrutura de comércio e de logística de transporte, com capacidade para embarcar ao redor de três milhões de sacas de café por mês. Com o manejo cada vez mais aperfeiçoado e aportes de *marketing* qualificado, nossa marca vem se colocando nas mesas mais exigentes, em momento de beberagem em alta. Afinal, o café substituiu o chá, até na Inglaterra!

Assim como o vinho, os cafés também são especiais

Hoje, 10% da comercialização mundial é formado pelos cafés especiais, segmento dominado pela Colômbia e que, além do expresso como carro-

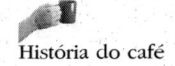

chefe, inclui outros tipos de qualidade diferenciada, como cafés finos ou *gourmet*, com selo de origem, de produção orgânica, ecológica, e ainda os aromatizados.

Não sem razão, a indústria e produtores brasileiros começam a abrir os olhos para o mercado de cafés especiais, cuja produção aqui já representa de 1,5% a 2% do consumo total, volume entre 180 e 200 mil sacas por ano. Pretende-se dar ao café o mesmo tratamento que fabricantes de vinho dispensam ao seu produto. Os vinhos se distinguem uns dos outros e são mais valorizados de acordo com a variedade da uva, a região produtora e especificidades do processamento. É exatamente isso o que querem indústrias de torrefação e produtores com o mercado de cafés especiais: revelar aos consumidores que a bebida café vai muito além do aroma e da cor, pois oferece, no sabor, graus diferenciados de acidez, doçura, amargor e corpo. Como se os cafés brasileiros variassem numa escala similar à que vai de um vinho branco leve a um tinto mais encorpado.

Como detêm a parcela do mercado que mais cresce, os cafés especiais viraram praticamente sinônimos de qualidade. Uma produção reduzida, no entanto. Acredita-se, porém, que a produção de cafés especiais deva transferir procedimentos de qualidade ao pó de café comum, aquele comprado em supermercados e mercadinhos, pela maioria dos brasileiros. Quando isso acontecer, o conceito de qualidade não estará mais reduzido à elite dos cafés finos. Será repartido entre todos os tipos de café para diferentes consumidores, conforme lembrou um internauta, aficionado da bebida:

> desde o que pode tomar o expresso sentado à mesa de um restaurante na metrópole até o outro que toma um gole servido em copo nas lanchonetes das pequenas cidades ou aquele que está lá encostado na beira do fogão a lenha, segurando sua caneca e espiando o dia acabar de nascer.

Por trás de todos eles, não só está uma imensa cadeia produtiva – de homens, máquinas e mercados –, mas também a longa história e as tantas memórias que acabamos de contar. Eta cafezinho bom!

Bibliografia

ADORNO, Sérgio. *Os aprendizes do poder:* o bacharelismo liberal na política brasileira. São Paulo: Paz e Terra, 1988.

ALCÂNTARA, Aureli Alves de. *Taunay e a iconografia cafeeira:* discurso e recurso. São Paulo: Monografia, Museu de Arqueologia e Etnologia – USP, 2000. mimeo.

ALENCAR, José. *O tronco do ipê:* romance brasileiro. Rio de Janeiro: José Olympio, 1951.

ALENCASTRO, Luiz Felipe de; RENAUX, Maria Luiza. Caras e modos dos migrantes e imigrantes. In: _____. *História da vida privada no Brasil Império:* a corte e a modernidade nacional. São Paulo: Companhia das Letras, 1997.

ALVIN, Zuleika M. F. *Brava Gente!* Os italianos em São Paulo. São Paulo: Brasiliense, 1986.

AMARAL, Rubens. *Terra roxa.* São Paulo: C.E.N., 1934.

ANDRADE, Carlos Drummond. *Nova reunião:* 19 livros de poesia. Rio de Janeiro: José Olympio, 1985.

ANDRADE, Dorival Martins de (coord.). *Jaboticabal:* sesquicentenário. 1928-1978. São Paulo: Edições Populares, s/d.

ANDRADE, Eloy de. *O vale do Paraíba.* Rio de Janeiro: Real Gráfica, 1989.

ANDRADE, Marcos Ferreira de. Casas de vivenda e de morada: estilo de construção e interior das residências da elite escravista sul-mineira – século XIX. *Anais do Museu Paulista. História e Cultura Material.* São Paulo: USP, jan.-dez. 2004, v. 12, pp. 91-128, Nova Série.

ANDRADE, Rômulo Garcia. Escravidão e cafeicultura em Minas Gerais: o caso da Zona da Mata. *Revista Brasileira de História.* São Paulo, v. 11, n. 22, maio/ago. 1991.

ANDRADE, Wilma Therezinha Fernandes de. *O discurso do progresso:* a evolução urbana de Santos. 1870-1930. São Paulo, 1989. Tese – Faculdade de Filosofia, Letras e Ciências Humanas – Universidade de São Paulo.

ARAÚJO FILHO, J. R. O café, riqueza paulista. Separata do *Boletim Paulista de Geografia,* n. 23, jul. 1956, pp. 78-135.

ARAÚJO, Maria Lucília Viveiros. Os interiores domésticos após a expansão da economia exportadora paulista. In: *Anais do Museu Paulista.* São Paulo: Museu Paulista da Universidade de São Paulo, v. 12, jan.-dez. 2004. pp. 91-128, Nova Série.

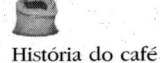
ARRUDA FILHO, Oroncio Vaz de. *Andanças*. São Paulo: Nobel, 1987.

_____. *Memorando*. São Paulo: s/n, 1973.

AZEVEDO, Célia Maria Marinho de. *Onda negra medo branco*. O negro no imaginário das elites, séc. XIX. Rio de Janeiro: Paz e Terra, 1988.

BACELLAR, Carlos de Almeida Prado; BRIOSCHI, Lucila Reis (orgs.). *Na estrada do Anhanguera. Uma visão regional da História Paulista*. São Paulo: Humanitas/FFLCH; CERU, 1999.

BACHA, Edmar Lisboa. Política brasileira do café: uma avaliação centenária. In: MARTINS, Marcellino; JOHNSTON E. *150 anos de café*. Rio de Janeiro: Marcellino Martins & E. Johnston Exportadores Ltda., 1992.

BANKS, Mary; MCFADDEN, Christine; ATKINSON, Catherine. *Manual enciclopédico do café*. Lisboa: Editorial Estampa, 2000.

BARBEIRO, Heródoto. *Ensaio geral, 500 anos de Brasil*. São Paulo: Nacional, 2000.

BARBOSA, Ana Maria de Souza. *Memórias da Rua XV*. Edição Comemorativa da Reinauguração do Palácio da Bolsa Oficial do Café de Santos. Santos: s/n, 1998.

BARBUY, Heloisa. A cidade-exposição: comércio e cosmopolitismo em São Paulo. 1860-1914. São Paulo: Edusp, 2006.

BARRETO, Luiz Pereira. A colonização. In: *Revista Agrícola de São Paulo*. São Paulo, jul. 1901, pp. 263-74.

BARROS, Gilberto Leite de. *A cidade e o planalto:* processo de dominância da cidade de São Paulo. São Paulo: Martins Editora, 1967, 2 vols.

BATISTUZZO, Leda Coelho de Oliveira. *De Mansuè-Vêneto-Itália... para Tietê-São Paulo-Brasil*. São Paulo: s/n, 1984.

BEIGUELMAN, Paula. *A formação do povo no complexo cafeeiro:* aspectos políticos. São Paulo: Pioneira, 1977.

BASSANEZI, Maria Silvia Casagrande Beozzo. *Fazenda de Santa Gertrudes: uma abordagem quantitativa das relações de trabalho em uma propriedade rural paulista*. 1895-1930. Rio Claro, 1973. Tese (Doutorado) – Universidade Estadual Paulista.

_____. Absorção e mobilidade da força de trabalho numa propriedade rural paulista. 1890-1930. In: *O café. Anais do Congresso de História*, II. São Paulo: 1975.

BELLUZ, Carlos Alberto Del Bel. *Santa Rita do Passa Quatro:* imagens da época do café. Campinas: Cartgraf, 1991.

BENINCASA, Vladimir. *Velhas fazendas:* arquitetura e cotidiano nos campos de Araraquara. 1830-1930. São Paulo: Imprensa Oficial do Estado/São Carlos: Edufscar, 2003.

BETHEL, Leslie. *A abolição do tráfico de escravos no Brasil*. Rio de Janeiro: Expressão e Cultura/Edusp, 1976.

BINZER, Ina Von. *Alegrias e tristezas de uma educadora alemã no Brasil*. São Paulo: Anhembi, 1956.

BOMFIM, Paulo. *Tecido de lembranças*. São Paulo: Book Mix, 2004

BRUNO, Ernani da Silva. *O planalto e os cafezais*. São Paulo: s/n, 1959.

_____. Café e negro. In: ARAÚJO, Emanoel (coord.). *O café*. Catálogo da exposição *O Café*. São Paulo: Banco Real-ABN AMRO Bank, s/d.

_____. O suíço que desbravou a Alta Paulista. *Folha de S.Paulo*. São Paulo, 25 dez. 2006. Caderno Cidades/Metrópole, C4.

CAMARGO, José Francisco de. Crescimento da população no estado de São Paulo e seus aspectos econômicos (ensaio sobre as relações entre demografia e economia). *Boletim*. n. 153, Economia Política n. 1, v. II, São Paulo: USP, 1952.

CAMILLO, Ema E. R. *Guia histórico da indústria nascente em Campinas*. 1850-1887. Campinas: Mercado de Letras/Centro de Memória/Unicamp, 1998.

CANDIDO, Antonio. *Formação da literatura brasileira:* momentos decisivos. Belo Horizonte: Itatiaia; São Paulo: Edusp, 1975, 2 vols.

CANOVAS, Marília Klaumann. *Hambre de tierra*, Imigrantes espanhóis na cafeicultura paulista. 1880-1930. São Paulo: Lazuli, 2005.

CAPALBO, Clovis Roberto. *A história de Jaboticabal*. 1828-1978. Jaboticabal: s/e, 1978.

CAPRI, Roberto. *O estado de São Paulo e o centenário da Independência*. 1822-1922. São Paulo: Est. Gráphico Pocai & Cia., s/d.

CARDOSO, Denis. A expansão da cafeicultura no Brasil. *História viva*. Temas Brasileiros. São Paulo: Duetto, 2005, n. 1.

CARDOSO, Rosa Cristina de. *Estado e meio ambiente no Brasil:* do descobrimento à industrialização. São Paulo, 1991. Dissertação (Mestrado em Geografia) – Faculdade de Filosofia Letras e Ciências Humanas – Universidade de São Paulo.

CARNEIRO, Glauco. *Cunha Bueno*. História de um político. São Paulo: Instituto Histórico Guarujá Bertioga/ Livraria Pioneira Editora, 1982.

CARONE, Edgar; HAKAMADA, Isabel S. (orgs.). *Anais do II Congresso de História de São Paulo*. São Paulo: s/e, 1975.

CARRILHO, Marcos José. *As fazendas de café do Caminho Novo da Piedade*. São Paulo, 1994. Dissertação (Mestrado) – Faculdade de Arquitetura e Urbanismo – Universidade de São Paulo.

_____. Fazendas de café oitocentistas no vale do Paraíba. *Anais do Museu Paulista*. Nova Série. São Paulo, v. 14. n. 1, jan.-jun. 2006, pp. 59-80.

CARVALHO, José M. de. *A construção da ordem:* a elite política imperial; Teatro das sombras: a política imperial. Rio de Janeiro: UFRJ/ Relume-Dumará, 1996.

CARVALHO, Vicente de. *Solução para a crise do café*. São Paulo: Livraria Civilização, 1903.

CARVALHO, Marcelo Soares de. *A constituição de Campinas como grande centro urbano:* movimentos da cafeicultura e as ferrovias entre o 1º rush cafeeiro e a década de 1930. Campinas, Monografia do Instituto de Economia – Universidade de Campinas, s./d.

CASTRO, Hebe Maria Mattos; SCHNOOR, Eduardo (Orgs.). *Resgate:* uma janela para oitocentos. Rio de Janeiro: Topbooks, 1995.

CATELLI Jr., Roberto. *Brasil:* do café à indústria. Transição para o trabalho livre. São Paulo: Brasiliense, 1992.

CENNI, Franco. *Italianos no Brasil*. São Paulo: Martins Editora, 1958.

CHICHORRO. Memória em que se mostra o Estado econômico, militar e político da capitania de São Paulo. *Revista do Instituto Histórico e Geográfico Brasileiro*, v. 36, 1788.

CLARENCE-SMITH, William Gervase; TOPIK, Steven. *The Global Coffee Economy in Africa, Asia, and Latin America*. 1500-1989. New York: Cambridge University, 2003.

CORALINA, Cora. *Poemas dos becos de Goiás e estórias mais*. 11. ed. Rio de Janeiro: Global, 1985.

CORINALDESI, Federico. *Gl' Italiani dell' Araraquarense*. São Paulo: Oficinas Graphicas Vida Paulista, 1925.

COSTA, Emília Viotti da. *Da Monarquia à República:* momentos decisivos. São Paulo: Grijalbo, 1977.

COSTA, Manoel Baltazar Batista da. Rastro de destruição. *História viva*. Temas Brasileiros. São Paulo: Duetto, 2005, n. 1.

COUTY, Louis. *O Brasil em 1884:* esboços sociológicos. Rio de Janeiro: Fundação Casa de Rui Barbosa; Brasília: Senado Federal, 1984.

DAVATZ, Thomas. *Memórias de um colono no Brasil*. 1850. Trad., prefácio e notas de Sérgio Buarque de Holanda. Belo Horizonte: Itatiaia; São Paulo: Edusp, 1980.

DEAN, Warren. *Rio Claro:* um sistema brasileiro de grande lavoura. Rio de Janeiro: Paz e Terra, 1977.

DEBES, Célio S. *A caminho do oeste:* subsídio para a história da Companhia Paulista de Estradas de Ferro e das Ferrovias de São Paulo (1832-1869). São Paulo: s/n, 1975.

DEBRET, Jean Baptiste. *Viagem pitoresca e histórica ao Brasil*. São Paulo: Martins/Edusp, 1972.

_____. *Exposição comemorativa aos 150 anos de lançamento da primeira edição da "Viagem pitoresca e histórica ao Brasil" (1834-1984)*. São Paulo: Secretaria de Estado da Cultura, 1984.

D'ELBOUX, Roseli Maria Martins. *As palmeiras imperiais como símbolo de poder e classe na configuração dos espaços públicos da elite cafeeira*. Do Rio de Janeiro imperial à São Paulo republicana. Texto apresentado no I Seminário de História do Café. Itu, 2006.

DELFIM NETO, Antonio. *O problema do café no Brasil*. São Paulo: FEA-USP, 1959.

DENIS, Pierre. *O Brasil no século XX*. Lisboa: Antiga Bertrand-José Bastos Editores, 1911

DINIZ, Diana Maria de Faro Leal. Ferrovia e expansão cafeeira: um estudo dos meios de transporte. *Revista de História*. São Paulo, v. II, n. XXVI, out.-dez., 1975.

DINIZ, Firmo de Albuquerque (Junius). *Notas de viagem*. São Paulo: Governo do Estado de São Paulo, 1978.

ECCARDI, Fulvio; SANDALJ, Vincenzo. *O café*. Ambientes e diversidade. Trad. Raffaela de Fillipis Quental. Apres. Marcelo Vieira. Rio de Janeiro: Casa da Palavra, 2003.

ELLYS JUNIOR, Alfredo. *Tenente coronel Francisco da Cunha Bueno:* pioneiro no oeste paulista. São Paulo: s/n, 1960.

ELLIS, Myrian. *O café, literatura e história*. São Paulo: Melhoramentos/USP, 1977.

FALEIROS, Rogério Naques. *Os colonos de café e a crise de 29:* o dever e o haver nas cadernetas da fazenda Pau D'Alho de Campinas. Texto apresentado no I Seminário de História do Café. Itu, 2006

FAUSTO, Boris. Expansão do café e política cafeeira. *História Geral da Civilização Brasileira*. O Brasil Republicano. Tomo III, v. 8, pp. 195-248.

FAUSTO, Boris (org.). *Fazer a América*. São Paulo: Memorial/Edusp/Fundação Alexandre de Gusmão, 1999.

FERRÃO, André Munhoz de Argollo. *Arquitetura do café*. Campinas: Unicamp/São Paulo: Imprensa Oficial do Estado, 2004.

FERREZ, Gilberto. *Pioneiros da cultura do café:* a iconografia primitiva do café. Rio de Janeiro: HHGB, 1972.
FILIPPINI, Elizabeth. *À sombra dos cafezais:* sitiantes e chacareiros em Jundiaí. 1890-1920. São Paulo, 1998. Tese (Doutorado) – Faculdade de Filosofia, Letras e Ciências Humanas – Universidade de São Paulo.
FORJAZ, Djalma. *O senador Vergueiro.* Sua vida e sua época. 1778-1859. O homem social e o colonizador. O homem empreendedor. O homem político. São Paulo: Oficinas do Diário Oficial, 1924.
FRAGOSO, João. A gênese do quatrocentão. *Folha de S. Paulo,* 28 jan. 2007. Caderno Mais.
FRANÇA, Ary. *A marcha do café e as frentes pioneiras.* Rio de Janeiro: Conselho Nacional de Geografia, 1960.
FRANCO, Maria Sylvia de Carvalho. *Homens livres na ordem escravocrata.* São Paulo: IEB, 1969.
FREITAS, Sônia Maria de. *E chegam os imigrantes.* O café e a imigração em São Paulo. São Paulo: Edição da autora, 1999.
FURTADO, Celso. *Formação econômica do Brasil.* São Paulo: Companhia Editora Nacional, 1967.
GADELHA, Regina Maria D'Aquino Fonseca. *Os núcleos coloniais e o processo de acumulação cafeeira (1850-1920):* contribuição ao estudo da colonização em São Paulo. São Paulo, 1982. Tese (Doutorado em História) – Faculdade de Filosofia, Letras e Ciências Humanas – Universidade de São Paulo.
GEBARA, A. *O mercado de trabalho livre no Brasil.* 1871-1888. São Paulo: Brasiliense, 1986.
GODOY, Joaquim Floriano de. *A província de São Paulo, trabalho estatístico, histórico e noticioso.* São Paulo: Governo do Estado de São Paulo, 1978.
GORDINHO, Margarida Cintra. *A casa do Pinhal.* São Paulo: C. H. Knapp, 1985.
GRANDI, Guilherme. *Café e expansão ferroviária.* A companhia E. F. Rio claro. 1880-1903. São Paulo: Annablume/Fapesp, 2007.
GRIEG, Maria Dilecta. *Café: histórico, negócio e elite.* São Paulo: Olho d'Água, 2000.
HOLOWELL, Thomas. *Imigrantes para o café.* Café e sociedade em São Paulo. 1886-1934. São Paulo: Paz e Terra, 1980.
HUTTER, Lucy Maffei. *Imigração italiana em São Paulo.* 1880-1889. São Paulo: IEB/USP, 1972.
IANNI, Octavio. O progresso econômico e o trabalhador livre. HGCB. São Paulo: Difel, t. II, v. 3, 1976.
IVANO, Rogério. *Negro e amargo:* vestígios da história do "romance do café". Assis, 2005. Tese (Doutorado) – Faculdade de Ciências e Letras de Assis – Universidade Estadual Paulista.
LAMAS, Fernando G.; SARAIVA, Luiz Fernando; ALMICO, Rita de Cássia da. *A Zona da Mata Mineira:* subsídios para uma historiografia. Disponível em: <www.abphe.org.br/congresso2003/Textos/Abphe_2003_09.pdf.>.
LAMEGO, Alberto Ribeiro. *O homem e a serra.* Rio de Janeiro: IBGE, 1950.
LAMOUNIER, Maria Lúcia. *Da escravidão ao trabalho livre.* Campinas: Papirus, 1986.
LANNA, Ana Lúcia. *A transformação do trabalho.* A passagem para o trabalho livre na Zona da Mata Mineira. 1870-1920. Campinas, 1985. Dissertação (Mestrado) – Universidade de Campinas.
_____. A força de um porto. *História viva.* Temas brasileiros. São Paulo: Duetto, 2005, n. 1.
LAPA, José Roberto do Amaral. *A economia cafeeira.* São Paulo: Brasiliense, 1983.
LAURITO, Ilka Brunhilde. *A menina que fez a América.* São Paulo: FTD, 1994.
LEAL, Vitor Nunes. *Coronelismo, enxada e voto:* o município e o regime representativo no Brasil. São Paulo: Alfa-Omega, 1986.
LEMOS, Carlos A. C. *Arquitetura brasileira.* São Paulo: Edusp/Melhoramentos, 1979.
_____. *Alvenaria burguesa.* São Paulo: Nobel, 1985.
LEVI, Darrel E. *A família Prado.* São Paulo: Cultura 70/Livraria Editora S/A, 1977.
LIMA, Cláudia. *Tachos e panelas:* historiografia da alimentação brasileira. Recife: Edição da autora, 1999.
LIMA, L. Zacharias de. *O problema do café.* São Paulo: *O Estado de S. Paulo,* 1927.
LIMA, Tania Andrade et al. Sintomas do modo de vida burguês no vale do Paraíba, séc. XIX: fazenda São Fernando, Vassouras, RJ (exploração arqueológica e museológica). *Anais do Museu Paulista,* 1, São Paulo: Museu Paulista da Universidade de São Paulo, 1994. Nova Série.
LINHARES, Maria Yeda; SILVA, F. T. *História da agricultura brasileira:* combates e controvérsias. São Paulo: Brasiliense, 1981.
LLOYD, Reginald (coord.). *Impressões do Brasil no século XX.* Londres: Lloyd's Greater Britain Publishing Company, 1913.
LOBATO, Monteiro. *A onda verde.* São Paulo: Revista do Brasil, 1921.
_____. Velha praga. *Urupês.* São Paulo: s/n, 1955.
LOVE, Joseph. *A locomotiva.* São Paulo na Federação Brasileira. 1889-1937. São Paulo: Paz e Terra, 1982.
LUCA, Tânia Regina de. *A Revista do Brasil:* um diagnóstico para a [N]ação. São Paulo: Unesp, 1999.
LUÍS, Pedro; MONTEIRO A. *Os italianos no Brasil:* ensaio histórico, bibliográfico, jurídico sobre bens, tradições e colaboração de elementos italianos no Brasil. São Paulo: Nova Jurisprudência, s/d.

Bibliografia

LUNA, Francisco Vidal. População de atividades econômicas em Areias (1817-1836). Estudos Econômicos (IPE/USP), São Paulo, 1994, v. 24, n. 3, pp. 433-63.

LUNA, Francisco Vidal; KLEIN, Herbert S. *Ascensão da produção de café em São Paulo no início do século XIX*. Conferencia de abertura do I Seminário de História do Café: História e Cultura Material. Itu: Museu Republicano da USP, 2006.

MADUREIRA, M. *A diversificação das atividades urbanas em São Carlos do Pinhal face à cafeicultura*. 1860-1920. Araraquara, 1989. Dissertação (Mestrado) – Faculdade de Ciências e Letras – Universidade Estadual Paulista.

MAGALHÃES, Basílio de. *O café na história, no folclore e nas Belas Artes*. São Paulo: Editora Nacional, 1939.

MALAVOLTA, E. *História do café no Brasil. Agronomia, agricultura, comercialização*. São Paulo: Editora Agronômica Ceres Ltda, 2000.

MALUF, Marina. *Ruídos da memória*. São Paulo: Brasiliense, 1995.

MARQUESE, Rafael de Bivar. Moradia escrava na era do tráfico ilegal: senzalas rurais no Brasil e em Cuba. c. 1830-1860. *Anais do Museu Paulista*. São Paulo: v. 13. 2, jul.-dez. 2005, pp. 165-88, Nova Série.

_____. Revisitando casas-grandes e senzalas: a arquitetura das *plantations* escravistas americanas no século XIX. *Anais do Museu Paulista*. Nova Série. São Paulo, v. 14. n. 1, jan.-jun. 2006, pp. 11-58.

MARINS, Francisco. *Clarão na serra*. São Paulo: Melhoramentos, 1974.

MARINS, Paulo César Garcez. Queluz e o café: quotidiano e cultura material no século XIX através de inventários. *Cotidiano doméstico e cultura material no século XIX*. Columbia: The University of South Carolina, 1995.

_____. *Art nouveau nas fronteiras do café:* arquitetura residencial e representação social na área da Mogiana. *Anais do I Seminário de história do café:* história e cultura material. Museu Paulista/USP, Centro de Demografia Histórica da América Latina/USP, 2006, Itu, 2006, pp. 18-19.

MARTINS, Ana Luiza. *República, um outro olhar*. São Paulo: Contexto, 1989.

_____. *Império do café. A grande lavoura no Brasil*. 1850-1890. Coleção História em Documentos. Coord. Maria Helena Simões Paes; Marly Rodrigues. São Paulo: Atual, 1991.

_____. *O trabalho nas fazendas de café*. Coleção A Vida no Tempo. Coord. Maria Helena Simões Paes; Marly Rodrigues. São Paulo: Atual, 1994.

_____. *Guariba, 100 anos*. Guariba: Prefeitura Municipal de Guariba, 1990.

_____. BARBUY, Heloisa. *Arcadas*. História da Faculdade de Direito do Largo de São Francisco – USP. São Paulo: Alternativa/Melhoramentos, 1999.

_____. Aspectos econômicos da presença britânica no Brasil. Catálogo da Exposição *Os Britânicos no Brasil*. São Paulo: Sociedade Brasileira de Cultura Inglesa, 2001.

_____. *Cerquilho:* do pouso de tropas ao parque industrial. Cerquilho: Prefeitura Municipal de Cerquilho: Oficin@ da História, 2004.

MARTINS, Ana Luiza; COHEN, Ilka Stern. *O Brasil pelo olhar de Thomas Davatz*. 1856-1858. São Paulo: Atual, 2000. (Col. O Olhar Estrangeiro).

MARTINS, José de Souza. *O cativeiro da terra*. São Paulo: Hucitec, 1986.

_____. *A imigração e a crise do Brasil agrário*. São Paulo: Pioneira, 1973.

MARTINS, Luis. *A fazenda*. Curitiba/São Paulo/Rio de Janeiro: Guairá, 1940.

MARTINS, Marcellino; JOHNSTON, E. *150 anos de café*. Textos de Edmar Bacha e Robert Greenhill. São Paulo: Marcellino Martins & E. Johnston Exportadores Ltda., 1992.

MATOS, Maria Izilda Santos de. *Trama & poder*. Trajetória e polêmica em torno das indústrias de sacaria para o café. 2. ed. Rio de Janeiro: Sette Letras, 1996.

MATOS, Odilon Nogueira de. *Café e ferrovias:* a evolução ferroviária de São Paulo e o desenvolvimento da cultura cafeeira. São Paulo: Alfa-Omega, 1974.

MAUAD, Ana Maria. Imagem e autoimagem do Segundo Reinado. In: NOVAIS, Fernando (coord.); ALENCASTRO, Luiz Felipe de (org.). *História da vida privada*. São Paulo: Companhia das Letras, 1997.

MEDINA, Cremilda (org.). *Caminho do café*. Paranapiacaba: museu esquecido. São Paulo: ECA/USP, 2003. (Col. São Paulo de Perfil).

MELARÉ, Maria Ivanete Grando. *1º Centenário da Imigração*. Cerquilho: s/n, 1988.

MENDONÇA, Sonia Regina. *O ruralismo brasileiro*. São Paulo: Hucitec, 1998.

MERCADANTE, Paulo et al. *Fazendas:* solares da região cafeeira no Brasil Imperial. Rio de Janeiro: Nova Fronteira, 1986.

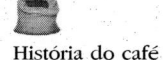

Messias, Rosane Carvalho. *O cultivo do café nas bocas de sertão paulista.* Mercado interno e mão de obra no período de transição. 1830-1888. São Paulo: Unesp, 2003.

Milliet, Sérgio. *Roteiro do café e outros ensaios.* São Paulo: Hucitec/INL, 1982.

Mombeig, Pierre. O problema da divisão regional de São Paulo. *Aspectos geográficos da terra bandeirante.* Rio de Janeiro: IBGE, 1954.

_____. *Pioneiros e fazendeiros de São Paulo.* Trad. Ary França e Raul de Andrade e Silva. São Paulo: Hucitec/Polis, 1984.

Monteleone, Joana. *Cafés, quitandas, quiosques.* I Seminário de História do Café – História e Cultura Material. Itu: Museu Republicano Convenção de Itu, 2006, mimeo.

Moraes, Maria Luiza de Paiva Melo. *A atuação da firma Theodor Wille & Cia. no mercado cafeeiro do Brasil.* 1844-1918. São Paulo, 1988. Tese (Doutorado) – Faculdade de Filosofia, Letras e Ciências Humanas – Universidade de São Paulo.

Morton, C. Nash. *Fazenda Ibicicaba.* In: RIHGSP, v. XXIII, 1925.

Moura, Carlos Eugênio Marcondes de. (org.) *A vida cotidiana em São Paulo, século XIX:* memórias, depoimentos e evocações. São Paulo: Ateliê Editorial/Fundunesp/Imprensa Oficial do Estado,/ Secretaria de Estado da Cultura, 1998.

_____. *O visconde de Guaratinguetá:* um fazendeiro de café no vale do Paraíba. 2. ed. São Paulo: Studio Nobel, 2002.

_____. Fazendas de café do vale do Paraíba: o que os inventários contam. In: Araújo, Emanoel (coord.). *O café.* Catálogo da Exposição *O Café.* São Paulo: Banco Real-ABN AMRO Bank, s/d.

Moura, Denise A. Soares de. *Saindo das sombras.* Homens livres no declínio do escravismo. Campinas: Fapesp/Centro de Memória/Unicamp, 1998. (Col. Campiniana).

Motta Sobrinho, Alves. *A civilização do café.* 1820-1920. Prefácio de Caio Prado Junior. São Paulo: Brasiliense, s/d.

Muller, Daniel Pedro. *Ensaio d'um quadro estatístico da província de São Paulo.* São Paulo: Governo do Estado de São Paulo, 1978.

Muller, Nice Le Coq. *O fato urbano na bacia do rio Paraíba.* Rio de Janeiro: IBGE, 1969.

Neves, Ary Pinto das. *Álbum comemorativo do centenário da ferrovia.* 1884-1984. São Carlos na esteira do tempo. Ilustrações de Júlio Bruno. São Carlos, s/d.

Oliveira, Teixeira de. *Vida maravilhosa e burlesca do café.* Rio de Janeiro: Irmãos Pongetti Editores, 1942.

Osterroht, Edgar Werner. *Homenagem ao cinquentenário de Maringá.* Década de 1950-1960. Paraná: Gráfica Regente, 1997.

Pacheco, João. *Recuo do Meridiano.* São Paulo: Saraiva, 1960, p. 210.

Palmério, Mário. *Vila dos confins.* Rio de Janeiro: José Olympio, 1969.

Pascoal, Luís Norberto. *Aroma de café.* São Paulo: Fundação Educar/Dpaschoal, 1999.

Pereira, João Baptista Borges. *Italianos no mundo rural paulista.* São Paulo: Pioneira/IEB/USP, 1974.

Perissinotto, Renato M. *Estado e capital cafeeiro em São Paulo. 1889-1930.* São Paulo: Annablume/ Fapesp, 1999, 2 vs.

Perret-Gentil, Carlos. *A colônia senador Vergueiro.* Santos: Typ. Imparcial de F.M.R. D'Almeida, 1851.

Petrone, T. Imigração assalariada. In: Holanda, S. B. de. *História geral da civilização brasileira.* Tomo II. O Brasil monárquico. Reações e transações. 3. ed. São Paulo/Rio de Janeiro: Difel, 1976.

Pinsky, Jaime. *Escravidão no Brasil.* 20. ed. São Paulo: Contexto, 2006.

Pinto, Adolfo Augusto. *História da viação pública em São Paulo.* São Paulo: Tip. Vanordem, 1903.

Pinto, Carvalho. *Política cafeeira.* Brasília: Senado Federal, 1973

Pisani, Salvatore. *Lo Stato di San Paolo nel cinquantenario dell'immigrazione.* Roma, s/n, 1.938.

Polesi, O; Magalhães, W. M.; Silva, H. M. M. Barreto. *Bonfim, Fortaleza, Santa Leonor.* São Paulo: Fotaleza Empreendimentos Gerais S/A, s/d.

Prado, Antonio Arnoni (coord.). *Sergio Buarque de Holanda.* O espírito e a letra. São Paulo: Companhia das Letras, 1996.

Prado Junior, Caio. *História econômica do Brasil.* São Paulo: Brasiliense, 1967.

Prado, Paulo. *Paulística, etc...* 4. ed. rev. e ampl. por Carlos Augusto Calil. São Paulo: Companhia das Letras, 2004.

Primeiro Congresso Mundial do Café. *Exposição Internacional do Café.* Curitiba: s/n, 1954.

Queiroz, Carlota Pereira de. *Um fazendeiro paulista no século XIX.* São Paulo: Conselho Estadual de Cultura, 1965.

Queiróz, Suely Robles de. *A escravidão negra em São Paulo, século XIX.* Rio de Janeiro: José Olympio, 1977.

Ramos, Augusto. *O café:* no Brasil e no estrangeiro. Rio de Janeiro: Papelaria Santa Helena, 1923.

Bibliografia

RAMOS, Saulo. *Café:* a poesia da terra e das enxadas. Prefácio de Guilherme de Almeida. São Paulo: Livraria Martins Editora, s/d.

REVISTA DO INSTITUTO DE CAFÉ DO ESTADO DE SÃO PAULO. São Paulo, 1935, n. 97.

RHEINGANTZ, Carlos. *Titulares do Império.* Rio de Janeiro: 1960.

RIBEIRO, Júlio. *A carne.* Rio de Janeiro: Francisco Alves, 1917.

RIBEIRO, Luiz Cláudio M. A invenção como ofício: as máquinas de preparo e benefício do café no século XIX. *Anais do Museu Paulista..* São Paulo, v. 14. n. 1, jan.-jun. 2006, pp. 121-66, Nova Série.

RICARDO, Cassiano. *Martim Cererê.* São Paulo: Editora Nacional, 1936.

REIS FILHO, Nestor Goulart. *Evolução urbana do Brasil.* São Paulo: Pioneira, 1968.

RODRIGUES, Helio Suêvo Rodrigues. *A formação das estradas de ferro no Rio de Janeiro:* o resgate da sua memória. Rio de Janeiro: Memória do Trem, 2004.

ROMERO, José Peres; ROMERO, José Carlos Peres. *Cafeicultura prática:* cronologia das publicações dos fatos relevantes. São Paulo: Editora Agronômica Ceres, 1997.

ROMERO, João C. P. O café no IAC. Instituto Agronômico. 60 anos de artigos científicos publicados na revista Bragantia. 1941-2001. São Paulo: Agronômica Ceres, 2002.

ROMIO, Eda. *500 anos de sabor.* São Paulo: Birô Er-Comunicações, 2000.

SAVARIN, Brillat. *Fisiologia do gosto.* São Paulo: Companhia das Letras, 1995.

SCANTIMBURGO, João de; FERREIRA, Barros. *Carlos Leôncio de Magalhães.* Um desbravador de sertão. Ed. comemorativa do centenário de seu nascimento. 6 de julho de 1875-6 de julho de 1975. São Paulo: s/n, 1975.

SCANTIMBURGO, João de. *O café e o desenvolvimento do Brasil.* São Paulo: Melhoramentos, 1980.

SAES, Flavio Azevedo Marques de. *As ferrovias de São Paulo (1870-1940):* expansão e declínio do transporte ferroviário em São Paulo. São Paulo: Hucitec /INL, 1981.

_____. *Café, indústria e eletricidade em São Paulo.* Cadernos de História & Energia. São Paulo: n. 1, 1986.

SAGA. *A grande história do Brasil.* São Paulo: Abril, 1981, v. 3, 4, 5.

SANTOS, Marco Antonio Cabral dos. República dos oligarcas. *História Viva.* Temas brasileiros. São Paulo: Duetto, 2005, n. 1.

SAINT-HILAIRE, Auguste. *Segunda viagem a São Paulo e quadro histórico da província de São Paulo.* São Paulo: Comissão do IV Centenário, 1954.

_____. *Viagem pela província de São Paulo.* Belo Horizonte: Itatiaia; São Paulo: Edusp, 1976.

SALLUM JÚNIOR, B. *Capitalismo e cafeicultura:* oeste paulista, 1888-1930. São Paulo: Duas Cidades, 1982.

SAMARA, Eny de Mesquita. *As mulheres, o poder e a família:* São Paulo, século XIX. São Paulo: Marco Zero/ Secretaria de Estado da Cultura, 1989.

SAPIENZA, Vitor. *Café amargo:* resistência e luta dos italianos na formação de São Paulo. São Paulo: Meta, 1991.

SETÚBAL, Maria Alice (Coord.). *Terra paulista:* histórias, artes, costumes. São Paulo: Cenpec/Imprensa Oficial, 2004, 3 vols.

SILVA, Áurea Pereira. Engenhos e fazendas de café em Campinas (séc. XVIII-séc. XX). *Anais do Museu Paulista.* São Paulo, v. 14. n. 1, jan.-jun. 2006, pp. 81-120, Nova Série.

SILVA, Eduardo. *Barões e escravidão.* Rio de Janeiro: Nova Fronteira/Pró-Memória/INL, 1984.

SILVA, Maria Aparecida. De colona a boia-fria. In: DEL PRIORE, Mary (org.); BASSANEZI, Carla (coord. de textos). *História das mulheres no Brasil.* São Paulo: Contexto, 1997.

SILVA, Moacir Pereira da. *Centenário do porto de Santos.* Santos: Publisan Publicidade de Santos Ltda, 1992.

SILVA, Sérgio. *Expansão cafeeira e origem da indústria no Brasil.* São Paulo: Alfa-Omega, 1976.

SIMONSEN, Roberto. Aspectos da história econômica do café. *Revista do Arquivo Municipal.* São Paulo: Prefeitura do Município de São Paulo, 1940, v. LXV.

SIQUEIRA, Lucília. *Sitiantes e cafezais:* o desenvolvimento da cafeicultura nas pequenas propriedades de Socorro/SP. 1840-1895. Texto apresentado no I Seminário de História do Café. Itu, 2006.

SLENES, Robert W. *Na senzala, uma flor:* esperanças e recordações da família escrava. Brasil Sudeste, século XIX. Rio de Janeiro: Nova Fronteira, 1999.

SMITH, Herbert Huntington. *Uma fazenda de café no tempo do Império.* Rio de Janeiro: Departamento Nacional do Café, 1941.

SOARES, Mário Varela. *Cartilha do amante de café:* história, lendas e receitas. Sintra: Colares Editora, 1998.

SOBRAL, Lina Ribeiro. *O trabalhador rural brasileiro no café.* Ideologia e identidade. 1920-1930. São Paulo, 1992. Dissertação (Mestrado em História) – Pontifícia Universidade Católica de São Paulo.

Soukef Junior, Antonio. *Estrada de Ferro Sorocabana:* uma saga ferroviária. Fotos Eduardo Albarello. São Paulo: Dialeto Latin American Documentary, 2001.

_____. *Leopoldina Railway:* 150 anos de ferrovia no Brasil. São Paulo: Dialeto, 2005.

Stolcke, Verena; Hall, Michael. A introdução do trabalho livre nas fazendas de café de São Paulo. *Revista Brasileira de História,* n. 6. São Paulo: Marco Zero, 1983.

Stolcke, Verena. *Cafeicultura.* São Paulo: Brasiliense, 1986.

Stein, Stanley J. *Grandeza e decadência do café no vale do Paraíba.* São Paulo: Brasiliense, 1961.

Susano, Luís da Silva Alves D'Azambuja. *O capitão Silvestre e frei Veloso ou A plantação de café no Rio de Janeiro.* (romance brasileiro). Rio de Janeiro: Eduardo e Henrique Laemmert, 1847.

Schwarcz, Lilia. *As barbas do imperador.* São Paulo: Companhia das Letras, 1996.

Taunay, Afonso d'E. *História do café no Brasil Imperial.* 1822-1872. Rio de Janeiro: Edição do Departamento Nacional do Café, 1939, v. xi.

_____. *Pequena história do café no Brasil.* Rio de Janeiro: Departamento Nacional do Café, 1945.

Telles, J. Q.; Testa, J. *Lavoura de São Paulo.* São Paulo: Sociedade Impressora Paulista Ltda, 1935.

Toni, Flávia Camargo. *A música popular brasileira na vitrola de Mario de Andrade.* São Paulo: Senac, 2004.

Tosi, Pedro Geraldo; Falerios, Rogério Naques; Teodoro, Rodrigo da Silva. *Fragmentos de um modelo:* pequenas lavouras de café e acumulação de capitais. Franca/São Paulo 1890-1914. Franca, História, 2005, v. 24, n. 2, pp. 291-327.

Trento, Ângelo. *Outro lado do Atlântico:* um século de imigração italiana. São Paulo: Nobel, 1989.

Truzzi, Oswaldo. *Café e indústria.* São Carlos (1850-1950). São Carlos: Edufscar, 1986.

Tschudi, Johann Jakob von. J. *Viagem às províncias do Rio de Janeiro e São Paulo.* Introd. Afonso d'E. Taunay. Trad. Eduardo de Lima Castro. Belo Horizonte/São Paulo: Itatiaia/Edusp, 1980.

Valverde, Orlando. A fazenda de café escravocrata, no Brasi. *Revista Brasileira de Geografia.* Rio de Janeiro: ibge, no. 1, ano 29, jan.-mar. 1967. pp. 37-81.

Vegro, Celso Luís Rodrigues. *Café:* um guia do apreciador. São Paulo: Saeco/Café do Centro/Saraiva, 2005.

_____. O processo de beneficiamento. *História Viva.* Temas Brasileiros. São Paulo: Duetto, 2005, n. 1.

Veloso, Carlos. *A alimentação em Portugal no século xviii:* no relato dos viajantes estrangeiros. Coimbra: Livraria Minerva, 1992, pp. 127-31.

Vilhena, Elizabeth Silveira Cabral. *A imprensa periódica e o café.* São Paulo, 1979. Dissertação (Mestrado) – Faculdade de Filosofia, Letras e Ciências Humanas – Universidade de São Paulo.

Weinberg; Bennett Alan; Bonnie K. Bealer. *The World of caffeine:* the Sscience and culture of the world's most popular drug. New York/London: Routledge, 2002.

Werneck, Francisco Peixoto de Lacerda (barão de Pati do Alferes). *Memória sobre a fundação de uma fazenda na província do Rio de Janeiro.* Introd. Eduardo Silva. Brasília: Senado Federal/Rio de Janeiro: Fundação Casa de Rui Barbosa, 1985.

Wild, Antony. *Coffee:* a dark history. New York/London: W. W. Norton & Company, 2005.

Witter, José Sebastião. *Um estabelecimento agrícola da província de São Paulo nos meados do século xix.* São Paulo, Coleção Revista de História, 1974.

Zaluar, Augusto Emílio. *Peregrinação pela província de São Paulo (1860-1861).* São Paulo: Martins Editora, 1953.

Zanotti, Elísio Francisco. *Bariri:* o café e a República. São Carlos: Editora e Distribuidora Jaburu Ltda., 1988.

Zenha, Edmundo. *O município no Brasil (1532-1700).* São Paulo: Progresso Editorial, 1948.

Zimmerman, Maria Emilia. "O prp e os fazendeiros de café". Campinas: Editora da Unicamp, 1986. Série Teses.

LIVROS RAROS

Banésio, Fausto Nairono. *Discurso sobre a salubérrima bebida chamada cahue ou café.* Rio de Janeiro: Depto. Nacional do Café, 1945.

Berneg, Andreas Sprecher. *O café.* Rio de Janeiro: O Cruzeiro, 1938

Memória sobre o café, sua história, sua cultura, e amanhos. *O Patriota.* Jornal Litterario, Político, Mercantil, &. Rio de Janeiro: Na Impressão Regia, 1813, maio, n. 5. Com Licença. Vende-se na Loja de Paulo Martin, Filho, na rua da Quitanda, n. 34, por 800 reis.

Notícia da importação e exportação das possessões portuguezas no porto de Liverpool nos meses de julho, agosto, setembro e outubro de 1812, extraída dos Mappas Oficiais. *O Patriota.* Jornal Litterario, Politico, Mercantil, &. Rio de Janeiro: Na Impressão Regia, 1813, n. 4, v. 1.

HOEPLI, Manuali; BELLI, B. *Il Caffè*: il suo paese e la sua importanza. S. Paulo del Brasile. Milano: Hulrico Hoepli Editore – Librato Della Real Casa, 1910. Con 48 tavole, 7 diagrammi e Cartadelle Zone Cafeeire.

REZENDE, Dr. Antonio de Padua Assis. *Relatório sobre os trabalhos da Comissão do Brazil na Exposição Turim-Roma de 1911 e Propaganda do Café no Extrangeiro*. Apresentado ao Snr. Ministro da Agricultura, Indústria e Commercio pelo Commissiario Geral em 31 de Dezembro de 1910. Torino, 1911.

TABELLA ESTATÍSTICA REMETIDA AO CONSELHO ULTRAMARINO EM 1806. *O Patriota*. Jornal Litterario, Politico, Mercantil, &. Rio de Janeiro: Na Impressão Regia, 1813, n. 3.

VELLOSO, Fr. José Mariano da Conceição. *O fazendeiro do Brasil, cultivador, melhorado na economia rural dos gêneros já cultivados, e de outros, que se podem introduzir; e nas fábricas, que lhe são próprias, segundo o melhor, que se tem escrito a este assunto*: debaixo dos auspícios e de ordem de sua Alteza Real o Príncipe Regente Nosso Senhor. Rio de Janeiro: na Officina de Simão Thadeo Ferreira, Anno M. DCCC, Tomo III, Bebidas Alimentosas, Parte I.

Iconografia

Introdução

p. 15: "Colheita de café", John Graz, *c.* 1940, coleção Annie Graz.

Capítulo "Origens"

p. 18: Xilogravura, s.d., coleção particular. p. 19: Autor desconhecido, ilustração, *c.* 1900. p. 22: a) Cafeteria turca, autor desconhecido, litografia, 1855; b) gravura, autor desconhecido, c. século XVIII; c) autor desconhecido, s.d., Museu de Londes. p. 24: Coleção particular. p. 27: "Café crescendo na ilha de Reunião", P. de Rosemond, s.d. p. 31: "Caffé Grecco, ou Roma", Ludwig Passini, 1832-1903. p. 34: "*Coffea arabica*", *Revista de Botânica*, Londres, 1810. p. 34: Xilogravura, s.d., coleção particular. p. 41: Primeiro Congresso Mundial do Café – Exposição Internacional do Café, Paraná, 1954. p. 54: Litografia baseada no desenho original de Johan Moritz Rugendas, *c.* 1836. p. 59: J. J. Steinemann, 1830.

Capítulo "Império do café"

p. 72: "Carregamento de café sendo levado para a cidade", Jean-Baptiste Debret, desenho aquarelado, 1826. p. 75: Coleção particular. p. 86: "Derrubada da mata", Johan Moritz Rugendas, desenho litografado, 1835. p. 89: "Partida para a roça", Marc Ferrez, foto s/ papel albuminado, 1881-1886. p. 90: "Colheita de café", Rosalbino Santoro, óleo s/ tela, 1902. p. 92: Cartão-postal, editor não identificado. p. 93: "Terreiros, secagem do café", cartão-postal, Rosenhain & Meyer, coleção "O café".

p. 95: a) "Monjolo movido a água", Afredo Norfini, s.d.; b) "Descascando café à pata de bois", Alfredo Norfini, ólseo s/tela, s.d.; c) "Carretão ou ripes", Alfredo Norfini, 1934; d) "Despolpador de fabricação industrial", J. B. Wiegandt, litografia, s.d. p. 97: "Malhação de vara", Alfredo Norfini, s.d. p. 99: Despolpador duplo Liedgerwood. p. 103: "Ensacamento de café", Antonio Ferrigno, óleo sobre tela, 1903. p. 106: "Tropeiros pobres de Minas", Jean-Baptiste Debret, 1823. p. 109: Ambas, Victor Frond, fotografias litografadas, c. 1850. p. 111: Victor Frond, fotografia litografada, 1859. p. 120: Desenho litografado, coleção particular. p. 127: Comissariat General du Gouvenerment de l'État de S. Paulo, Bruxelas. p. 130: "Os emigrantes", Antonio Rocco, óleo s/ tela, c. 1910. p. 133: "Colheita do café", Guilherme Gaensly, fotografia, 1902-1903. p. 141: figura superior, "Fazenda Pau-d'Alho", autor desconhecido, 1817; figura inferior, Cartão-postal, Rosenhain & Meyer. p. 143: "Fazenda de café", George Grimm, óleo s/ tela, c. 1880. p. 149: José Maria Villaronga, c. 1860. p. 151: Casa dos colonos, fazenda Veridiana, c. 1905. p. 158: Comissariat General du Gouvenerment de l'État de S. Paulo, Bruxelas. p. 159: Cartão-postal, J. Marques Pereira. p. 162: Revista *História Viva – Temas Brasileiros*. Um país chamado café. São Paulo, edição especial temática nº 1. p. 168: Fachada do Palácio da Mogiana, Arquivo Condephaat. P. 185: Propaganda da Abolição, c. 1889, coleção particular.

Capítulo "A República"

p. 191: Caricatura, Oswaldo Storini, c. 1910. p. 193: Guilherme Gaensly, fotografia, 1902. p. 214: Ambas as fotos, livro *Impressões do Brasil no século xx*, 1914. p. 216: *Revista Instituto do Café*, c. 1920. p. 217: foto superior, Marc Ferrez, c. 1870; foto inferior, TECON Santos, Claus Bunks. p. 219: Palácio do Café, revista *História Viva – Temas Brasileiros*. Um país chamado café. São Paulo, edição especial temática nº 1. p. 244: Arquivo do Conselho Nacional do Café, 1931. p. 250: foto superior, Anais do II Congresso de História de São Paulo, 1975; foto inferior, Primeiro Congresso Mundial do Café – Exposição Internacional do Café, Paraná, 1954. p. 255: Arquivo do Conselho Nacional do Café. p. 261: Imagem superior, quadro de apresentação de Fracisco Schmdit, coleção particular; imagem inferior, coleção particular. p. 265: foto superior, Palacete de Geremia Lunardelli, São Paulo, s.d.; foto inferior, coleção particular de Annie Graz. p. 273: coleção particular. p. 275: "Cultura de café numa fazenda", cartão-postal, Cesar Mateos. p. 281: Santos Dumont, coleção particular. p. 283: "Colheita do café", Antonio Ferrigno, óleo sobre tela, c. 1898. p. 284: Djanira, xilogravura, coleção particular. p. 286: cartaz da Semana de Arte Moderna de 1922.

Capítulo "Goles finais de uma história"

p. 291: Ambas as fotos, "Fazenda Santa Bárbara", Maristela do Valle. p. 301: Selo de pureza ABIC, Associação Brasileira da Indústria do Café.

Agradecimentos

Agradecimentos especiais para:
Adelaide Magalhães, Adriana Fráguas, Aldo de Cresci Neto, Ana Maria Martins, Antonio Dimas, Antonio Soukef, Anna Mariani, Annie Graz, Ari Camargo de Oliveira, Cláudio Giordano, Cristina Antunes, Daisy de Camargo, Eduardo Cunha Bueno, Henrique Galutti, João Neto, José E. Mindlin, José Fabrício Rodrigues Junior, José Perez Romero, Luiz Fernando Brandão, Maria Emília Kubrusly, Paula Chaccur de Cresci, Paulo Bomfim, Paulo Garcez Marins, Renata Mellão, Renato Imbroisi, Sérgio Pizzoli.

A autora

Ana Luiza Martins é Doutora em História Social pela FFLCH-USP, onde se graduou e realizou seu mestrado. Historiadora do Condephaat (Conselho de Defesa do Patrimônio Histórico, Artístico, Arqueológico e Turístico do Estado de São Paulo), trabalha questões do patrimônio cultural, especializando-se na história do café. É autora de diversos livros e artigos, entre eles *O despertar da República* e *História da imprensa no Brasil* (organizadora junto com Tania Regina de Luca), ambos publicados pela Contexto.